DA CONDUTA (DEFENSIVA) DA ADMINISTRAÇÃO "OPADA"

ORLANDO VOGLER GUINÉ
Mestre em Direito

DA CONDUTA (DEFENSIVA) DA ADMINISTRAÇÃO "OPADA"

DA CONDUTA (DEFENSIVA)
DA ADMINISTRAÇÃO "OPADA·

AUTOR
ORLANDO VOGLER GUINÉ

EDITOR
EDIÇÕES ALMEDINA, SA
Av. Fernão Magalhães, n.º 584, 5.º Andar
3000-174 Coimbra
Tel.: 239 851 904
Fax: 239 851 901
www.almedina.net
editora@almedina.net

PRÉ-IMPRESSÃO I IMPRESSÃO I ACABAMENTO
G.-C. GRÁFICA DE COIMBRA, LDA.
Palheira – Assafarge
3001-453 Coimbra
producao@graficadecoimbra.pt

Novembro, 2009

DEPÓSITO LEGAL
301653/09

Os dados e as opiniões inseridos na presente publicação
são da exclusiva responsabilidade do(s) seu(s) autor(es).

Toda a reprodução desta obra, por fotocópia ou outro qualquer
processo, sem prévia autorização escrita do Editor, é ilícita
e passível de procedimento judicial contra o infractor.

Biblioteca Nacional de Portugal – Catalogação na Publicação

GUINÉ, Orlando Vogler

Da conduta (defensiva) da administração
"Opada". - (Teses de mestrado)
ISBN 978-972-40-4013-4

CDU   347
      336

Für meine Grosseltern
PAUL und HILDA

Para a MIRIAM

Especialmente
para a RITA

ÍNDICE

Introdução 11

CAPÍTULO PRELIMINAR
"OPA" e "medidas defensivas"

Conceito de OPA 15
   1. OPA e OPD 16
   2. Destinatário 16
   3. Procedimento 17
   4. Controlo 19
   5. Hostilidade 21
   6. Conceito de OPA. Conclusão 22

Conceito de medidas defensivas 23
   7. Escopo 23
   8. Universo 24
   9. Objectivos 24
   10. Eficácia 25
   11. Autonomia 25
   12. Tempo 26
   13. Natureza 27

CAPÍTULO I
Exemplos de medidas defensivas

Operações sobre activos da visada 31
   14. Paraquedas dourados 31
   15. Distribuição de bens aos sócios 34
   16. Jóias das coroa 34

Operações sobre activos de terceiro 37
    17. Aquisição de acções do oferente 37
    18. Pac-man.. 38
    19. Obstáculos jusconcorrenciais.. 38
    20. Fat man 39
    21. Acções próprias.. 40

Emissão de valores mobiliários.. 43
    22. Acções.. 43
    23. Obrigações 46

Lobbying... 49
    24. Cavaleiro branco 49
    25. Relações públicas... 50

Desproporção entre capital e controlo 51
    26. Limitações ao exercício do direito de voto 53
    27. Acções douradas 55
    28. Directiva das OPAs.. 57

CAPÍTULO II
A conduta fiduciária dos administradores

Critério geral de actuação.. 59
    29. Dever de administração 59
    30. Critérios de actuação.. 61
    31. Critério final positivo e negativo 64
    32. Construção do interesse social... 65
    33. O interesse dos sócios.. 66
    34. Os sócios e os stakeholders: princípio geral................................. 70
    35. Os stakeholders e os sócios: excepção 77

Critério de actuação em caso de OPA... 85
    36. A jurisprudência norte-americana: Unocal.................................... 85
    37. Medidas defensivas objectivas... 89
    38. Medidas defensivas subjectivas 91
    39. Accionistas... 93
    40. Justificação jurisprudencial tradicional de Delaware 94
    41. Desvio motivacional 97
    42. Ponderação 98

Da Conduta (Defensiva) da administração "Opada"   9

43. O mandato de administrar 99
44. O art. 182.º do CVM e o poder de negociação 102

Maximização dos interesses de curto prazo dos accionistas 107
45. A jurisprudência norte-americana: Revlon 107
46. A Administração como agente (agent) dos accionistas 109
47. O princípio da boa fé 111
48. O relatório da Administração 116

Business judgement rule 123
49. A business judgement rule 123
50. A business judgement rule e conduta dos administradores na pendência
da OPA 127

CAPÍTULO III
A regra de não frustração

51. Introdução 133

O art. 182.º/1-1.ª-parte do CVM 137
52. Início do período de limitação 137
53. Objecto mínimo da oferta 141

O acto proibido 147
54. Requisitos cumulativos 147
55. Alteração patrimonial relevante 148
56. Alteração patrimonial relevante e ofertas concorrentes 153
57. Alteração patrimonial relevante e a Directiva das OPAs 154
58. Gestão normal 156
59. Gestão normal versus gestão corrente 157
60. Gestão normal e alta direcção 159
61. Gestão normal e conservação/impacto patrimonial 160
62. Gestão normal e objecto social 162
63. Gestão normal e comparabilidade 163
64. Gestão normal e estratégia social 164
65. Gestão normal. Conclusão 166
66. Gestão normal e a Directiva das OPAs 170
67. Objectivos do oferente 173

Âmbito	177
68. Decisões prévias	177
69. Grupos	180
70. Conselho Geral e de Supervisão	182
Excepções	185
71. Cumprimento de obrigações prévias	185
72. Reciprocidade	187
73. Assembleia geral	192
Assembleia geral	195
74. Momento	195
75. Convocatória e âmbito	199
76. Prazo	202
77. Maioria	203
78. Break-through rule	205
79. Conflito de interesses	206
80. Natureza da intervenção	209
Consequência	215
81. (In)Eficácia do acto?	215
82. A regra da não frustração e dever de lealdade	223
Conclusões	225
Fontes	229
Definições	261

INTRODUÇÃO

O presente texto corresponde ao culminar de um caminho iniciado em 2005, com a apresentação de um relatório de mestrado na disciplina de Direito Comercial e a publicação do meu artigo no n.° 22 dos Cadernos do Mercado de Valores Mobiliários, de Dezembro de 2005 (A Transposição da Directiva 2004/25/CE e a Limitação dos Poderes do Órgão de Administração da Sociedade Visada). Esse caminho interrompeu-se, depois, por razões profissionais e somente foi possível retomá-lo em finais de 2007, tendo esta tese de mestrado sido entregue em Junho do ano seguinte e defendida em Março de 2009, na Faculdade de Direito da Universidade de Coimbra, perante um júri composto pelos Senhores Professores Jorge Coutinho de Abreu, Paula Costa e Silva e Alexandre Soveral Martins, com a atribuição da nota de 18 valores.

Entretanto, em finais de 2005 integrei na CMVM o grupo de trabalho para a transposição da DirOPA e de preparação da Reforma Societária, tendo o primeiro trimestre de 2006 assistido ao lançamento das maiores OPA's de que o país tem memória, sobre a PT e a PTM, por um lado, e sobre o BPI, por outro. E muito se discutiu, como seria de esperar, no (longo) decurso de cada uma delas. Na medida do possível, incorporam-se no presente as discussões e os materiais publicados nesse âmbito.

Ao nível das fontes consultadas, para efeitos do segundo capítulo tive em especial atenção a doutrina e casuística norte-americana (isto é, de Delaware), dado que, por um lado, a Reforma Societária se inspirou claramente nesse ordenamento nas matérias aqui especialmente relevantes dos deveres fiduciários dos administradores e da BJR e, por outro, porque foi no âmbito do ordenamento estadunidense que a adopção de medidas defensivas e, em particular, a sua relação com aquelas matérias mais foi estudada nas últimas décadas. Quanto ao terceiro capítulo, tive em especial conta a DirOPA e as experiências legislativas (de transposição e a antecedente) no espaço comunitário. Em ambos os capítulos foi bastante útil a doutrina alemã estudada, que muito se debruçou sobre a temática da adopção das medidas defensivas, especialmente a propósito da preparação e entrada em vigor da WpÜG. No final do livro enunciam-se todos os materiais directamente consultados na elaboração do presente texto, incluindo os bibliográficos (que são citados ao estilo anglo-saxónico), e respectivas identificações completas, que prescindi de enunciar ao longo do texto. Optei também por fazer as citações legais, jurisprudenciais e doutrinais normalmente na língua original, disponibilizando, quando se justifique, a sua tradução. Da última página consta uma lista das definições utilizadas. Como é natural, as fontes investigadas atêm-se temporalmente, por regra, até Junho de 2008, embora se tenham actualizado e acrescentado algumas referências. Introduzi igualmente algumas alterações em função das críticas e sugestões recebidas desde essa data e da discussão da tese. Procurei confirmar a actualidade dos *links* utilizados durante o mês de Abril de 2009, pelo que prescindi de enunciar as respectivas últimas datas de consulta.

Intitula-se este trabalho: Da Conduta (Defensiva) da Administração "Opada". Falar-se-á, portanto e essencialmente, do comportamento "anti-OPA" dos membros do órgão de administração de uma sociedade visada por uma oferta pública de aquisição. Mas tratar-se-á igualmente, como não podia deixar de ser, de novos ou renovados temas jussocietários, tais como a chamada *business judgement rule* e o interesse social.

Começa-se por, num capítulo preliminar, dar conta de duas definições essenciais para a economia do trabalho: os conceitos de OPA e de medidas defensivas. Entra-se, depois, num primeiro capítulo, de tom mais expositivo do que problemático, em que brevemente se procura dar uma ideia das principais medidas defensivas ao dispor das sociedades visadas ou potencialmente visadas por uma OPA. Seguem-se os dois capítulos principais.

No primeiro deles, começa-se por dar algumas notas sobre os critérios gerais de actuação da Administração e, em particular, sobre o entendimento do autor sobre o interesse social. Não sendo este um trabalho especificamente sobre o interesse social, expõem-se, contudo, os principais argumentos e toma-se a posição que se assume como pressuposto no resto do trabalho.

Feito isso, entra-se na discussão propriamente dita da adopção de medidas defensivas pela Administração. Depois de apresentar brevemente o estado da questão do outro lado do Atlântico, centra-se o tema no ordenamento jurídico nacional. Analisam-se primeiramente as medidas ditas defensivas objectivas e depois as ditas subjectivas. De seguida, aborda-se a questão de os administradores deverem assumir-se como agentes dos accionistas para maximização das suas mais-valias na OPA e as obrigações e funções que nessa parte deverão cumprir, designadamente a emissão de um relatório. Posto tudo isso, faz-se ainda neste capítulo menção à operância da BJR em sede de conduta dos administradores na pendência de OPA e, em especial, ao conflito de interesses destes.

No capítulo seguinte, analisa-se, ponto por ponto (v. o índice deste capítulo), o regime constante do art. 182.º do CVM, em particular os vários pressupostos e requisitos (em especial, alteração patrimonial relevante, gestão (a)normal e prejuízo dos objectivos do oferente) e as excepções aplicáveis. Discute-se em pormenor a intervenção da Assembleia Geral e termina-se com algumas considerações sobre a consequência jurídica da infracção do disposto neste artigo e sobre a articulação com o regime descrito no capítulo anterior. Teve-se sempre em conta neste capítulo a DirOPA e a respectiva transposição para o Direito nacional.

A final apresenta-se uma súmula das principais conclusões do presente trabalho.

Gostaria, ainda, de agradecer muito especialmente às diversas pessoas que de alguma forma contribuíram para que este projecto tivesse passado à luz do dia e sido completado. Um agradecimento muito particular e merecido toca ao Hugo, ao André, ao Tiago e à Joana. Agradeço igualmente aos membros do júri e ao Mestre Paulo Câmara pelos comentários recebidos. Também não teria conseguido atingir o mesmo resultado final sem o generoso tempo sabático que me foi concedido pelo escritório – a Vieira de Almeida & Associados. A todos: muito obrigado.

CAPÍTULO PRELIMINAR

"OPA" E MEDIDAS DEFENSIVAS

CONCEITO DE OPA

Uma OPA consiste numa oferta dirigida ao público para aquisição de valores mobiliários, nomeadamente acções e, portanto, endereçada nomeadamente aos accionistas, que segue determinado procedimento e que idiossincraticamente está ligada à aquisição de controlo (ou domínio, para utilizar a expressão legal dos arts. 486.°/1 e 21.°/1 do CVM, expressões que usarei indistintamente) sobre a sociedade[1]. Vejamos.

---

[1] Sobre o conceito de OPA pode ver-se *inter alia* PENNINGTON (1974, 1), PEREIRA, (1991, 34s), VENTURA (1992, 117ss), CARDENAS SMITH (1993, 31s), DUARTE (1998, 4), GARCIA (1995, 13ss, 35ss) e VAZ (2000, 15ss) e, na jurisprudência, o acórdão do Tribunal da Relação do Porto de 27 de Junho de 2002 (Gonçalo Silvano). Na legislação v. em especial o art. 2.°/1-a) da DirOPA. No Direito norte-americano o conceito correspondente à OPA "europeia" é a chamada *tender offer*, para a qual não existe uma definição estrita, antes sendo determinada com referência a uma série de oito índices – (i) solicitação abrangente e activa de acções a accionistas, (ii) solicitação para aquisição de uma parte substancial das acções, (iii) condições de aquisição de um máximo e de um mínimo número de acções, (iv) termos não negociados, (v) prémio acima do valor de mercado, (vi) período limitado de tempo para aceitação, (vii) destinatários pressionados para aceitar a oferta e (viii) anúncio público do programa de aquisição conicidente com (ou anterior a) uma rápida acumulação de acções – numa perspectiva que podemos apelidar de tipológica (voltaremos a este tipo de perspectiva infra, mas pode ver-se, desde já, sobre o tema CANARIS (1989, 127ss)); v. GEVURTZ (2000, 711s) e GAUGHAN (2002, 70s). Tipicamente uma *tender offer* corresponde a uma comunicação pública aos accionistas para que estes ofereçam ao "oferente" as suas acções (*tender their shares*), não se vendo pois este na contingência de ter de realizar a transacção (v.g. por não ter conseguido reunir o número necessário de

1. OPA e OPD

Entre as ofertas públicas relativas a valores mobiliários, uma OPA, conforme a sigla indica, é uma proposta de aquisição de valores mobiliários (regulada em especial nos artigos 173.°ss do CVM), assim se distinguindo das chamadas ofertas públicas de distribuição de valores mobiliários ("OPD", regidas em especial pelos artigos 159.°ss do CVM), que se podem distinguir entre ofertas públicas de subscrição ("OPS", reguladas em especial nos artigos 168.°s do CVM) e ofertas públicas de venda ("OPV", regidas em especial nos artigos 170.°ss do CVM).

2. Destinatário

A OPA é dirigida ao público, o que se deve entender nos seus devidos termos, de acordo com o disposto nos artigos pertinentes do CVM. No art. 109.°/1 fixa-se como critério geral para uma oferta pública a indeterminação de destinatários. Do art. 111.°/1 do CVM consta depois uma norma de qualificação negativa (v. no nosso caso, as alíneas c) e m)), enquanto o art. 109.°/3 esclarece e estende positivamente a qualificação como pública. Numa OPA os destinatários estão em certa medida determinados, são todos os titulares dos valores mobiliários relevantes, designadamente todos os accionistas da sociedade. Por essa razão (parece-me) o legislador esclarece no n.° 3.°-a), relativamente aos mais importantes destinatários, que também nesses casos (ofertas dirigida à

---

acções); este tipo de solicitações públicas chegou também a ocorrer na Alemanha, mas foram expressamente proibidas pelo §17 da WpÜG alemã (v. APFELBACHER/SPERLICH (2002, 177s-§1s). No âmbito de uma OPA, efeitos similares aos ali pretendidos poderão ser obtidos desde que o oferente redija convenientemente as condições a que sujeita a oferta; note-se, contudo, que essas condições (que entre nós devem, desde logo, constar do anúncio preliminar, nos termos do art. 176.°/2 do CVM) devem corresponder a legítimos interesses do oferente (v. art. 124.°/3 do CVM), ser objectivamente fixadas e não ficando na discricionariedade do oferente (expressamente nesse sentido dispõe o art. 124.°/4 do CVM; v. também o §18(2) da WpÜG e sobre esta última norma APFELBACHER/BREMS (2002, 179ss-§3ss)). Por fim, note-se que os Princípios da ALI compreendem na definição de *"unsolicited tender offer"* tanto uma *tender offer*, no sentido supra referido, como uma OPA, desde que não "solicitadas" pela Administração.

generalidade dos accionistas de uma sociedade aberta[2]) a oferta será pública (v. art. 13.º do CVM). Esta alínea deverá ser convenientemente interpretada. Assim, e tendo em conta o que se dirá infra sobre a OPA como meio de aquisição do controlo, merece igual qualificação de oferta pública a oferta que se dirija tão-só à totalidade dos titulares de acções com direito de voto da sociedade. De qualquer modo e por outro lado, será muito provável que, estando geralmente em causa uma sociedade cotada (naturalmente com um elevado número de pequenos accionistas[3]), a oferta seja também considerada pública à luz do disposto no art. 109.º/3-c) do CVM.

3. Procedimento

A OPA deve obrigatoriamente seguir um procedimento tipificado na lei, incluindo, *inter alia* e tipicamente, o registo da oferta, a elaboração e divulgação de um anúncio preliminar e de um anúncio de lançamento e de um prospecto pelo oferente e de um relatório pela Administração da sociedade visada[4] e a recepção e apuramento das declarações de aceitação (v. respectivamente os arts. 114.º/2, 175.º/1, 134.º/1, 181.º/1, 126.º/1 e 127.º/1 do CVM). Em particular, os seus trâmites compreendem-se em determinado prazo, devendo a oferta correr num prazo (prorrogável em certos casos) de duas a dez semanas (art. 183.º do CVM) e o registo da oferta ocorrer até vinte dias (prorrogáveis pela CMVM em caso de ofertas públicas de troca) após a entrega do anúncio preliminar (art. 175.º/2-b) do CVM). Agora, o facto é que muitas vezes o prazo decorrente desde a entrega do anúncio preliminar até ao registo da oferta pode ser muito mais alargado do que o período da oferta propriamente dito, nomeadamente

---

[2] Sobre o conceito de sociedade aberta v. por todos ALMEIDA (2006, 11ss). Sublinhando, no âmbito do CMVM', que o regime das OPA's somente deveria ser aplicável a este tipo de sociedades, v. DUARTE (1998, 51).

[3] Ou melhor, de investidores não qualificados; para esta qualificação v. arts. 30.º e 110.º-A do CVM, tendo, para efeitos desta última disposição, a CMVM submetido recentemente à consulta pública um Projecto de Regulamento da CMVM sobre Registo de Investidores Não Qualificados.

[4] Ou melhor, da parte da sociedade cujos accionistas são destinatários da oferta. É esse mais exactamente o sentido do termo "sociedade visada", que é, aliás, o utilizado pelo legislador (*maxime* no art. 182.º do CVM).

18 · Orlando Vogler Guiné

tendo em conta a necessidade de obtenção dos devidos consentimentos das entidades reguladoras competentes, como sejam o Banco de Portugal, o Instituto de Seguros de Portugal ou a Autoridade da Concorrência (v.g. os arts. 102.°ss do Regime Geral das Instituições de Crédito e Sociedades Financeiras, 43.°ss do DL n.° 94-B/98, de 17 de Abril, e 11.° da Lei da Concorrência[5]).

Por exemplo, nas recentes OPA's sobre a PT e a PTM e o BPI, foi a razão pela qual a entrega dos anúncios preliminares ocorreu respectivamente em 6 e 7 de Fevereiro e 13 de Março de 2006, mas o respectivo

---

[5] Uma OPA é uma operação de concentração de empresas, ao abrigo do art. 8.°/1-b) da Lei Concorrência, sendo objecto de notificação prévia caso em sua consequência se preencham determinados índices de quota de mercado ou volume de negócios (art. 9.°/1). Uma operação sujeita a notificação fica suspensa até ter sido objecto de uma decisão, expressa ou tácita, de não oposição pela Autoridade da Concorrência (art. 11.°). Apresentada a notificação até 7 dias úteis após a data de divulgação do anúncio preliminar (art. 9.°/2) e paga a respectiva taxa (art. 32.°/1), a Autoridade terá 30 dias para instruir o procedimento (art. 34.°/1), podendo, no final desta primeira fase, concluir dar início a uma investigação aprofundada – segunda fase (art. 35.°/1-c)). O prazo total desta investigação aprofundada é de 90 dias, descontados do número de dias que tenha levado a instrução anterior (art. 36.°/1). Os prazos de cada uma das fases são administrativos e portanto sujeitos às regras de contagem dos prazos constantes do art. 72.° do Código do Procedimento Administrativo. Adicionalmente ambos estão sujeitos a suspensões por um "*prazo razoável*" no caso de pedidos de informações complementares às partes (arts. 34.°/2/3 e 36.°/2). Nos termos do art. 36.°/3 existe um limite total de 10 dias úteis para a suspensão do prazo por via de pedidos de informação, sendo, contudo, discutível o seu âmbito, isto é, se o referido limite máximo se (i) aplica ao total das suspensões incorridas tanto em primeira como em segunda fase, (ii) ao total das suspensões incorridas somente na segunda fase, (iii) ao máximo de tempo de cada suspensão em qualquer uma das fases ou (iv) ao máximo de tempo de cada suspensão na segunda fase. Em 1 de Fevereiro de 2007, foi emitida a Orientação Geral dos Serviços da Autoridade de Concorrência definidos pelo seu Conselho e relativas às alterações à Lei n.° 18/2003, introduzidas pelo Decreto-Lei n.° 219/2002, de 2 de Novembro, nos termos da qual o entendimento da Autoridade da Concorrência (v. páginas 4ss) é a última das quatro referidas; pode também ver-se sobre o tema Gorjão--Henriques/Sutcliffe (2007). Conforme se conclui e especialmente tendo em conta esta última interpretação da Autoridade da Concorrência, a conclusão de uma OPA poderá ser tudo menos célere. Quanto ao enquadramento jusconcorrencial europeu, em princípio de menor relevância prática entre nós, até porque não temos conhecido OPAs transfronteiriças entre nós, v. o Regulamento (CE) n.° 139/2004 do Conselho de 20 de Janeiro de 2004 relativo ao controlo das concentrações de empresas, que se rege por princípios e procedimentos similares (ou melhor, a lei nacional é que se inspirou, naturalmente, nos princípios e procedimentos comunitários).

Da Conduta (Defensiva) da administração "Opada" 19

registo da oferta aconteceu somente em 12 de Abril, nos dois primeiros casos, e 5 de Abril de 2007, no último[6].

Tendo em conta o escopo deste trabalho, aponto mais duas características.

4. Controlo

O objectivo da oferta será a obtenção do controlo da sociedade. Razão pela qual os valores mobiliários serão essencial ou exclusivamente acções com direito de voto, uma vez que é através do exercício do direito de voto que, no pressuposto do sucesso da OPA, o oferente virá a dominar a sociedade visada[7].

Com efeito, uma OPA é estruturalmente um meio de aquisição de valores mobiliários, mas funcionalmente é caracteristicamente um meio para aquisição do controlo sobre a sociedade visada[8]. E é nesse âmbito que apresenta os pontos de maior interesse. As OPA's foram muito utilizadas especialmente no panorama estadunidense como um novo meio de intervir no chamado mercado do controlo accionista[9] e justamente porque se

---

[6] V. Anúncio Preliminar (PT) de 6 de Fevereiro de 2006, Anúncio do Lançamento (PT) de 12 de Janeiro de 2007 e Prospecto (PT) de 12 de Janeiro de 2007, Anúncio Preliminar (PTM) de 7 de Fevereiro de 2006, Anúncio do Lançamento (PTM) de 12 de Janeiro de 2007 e Prospecto (PTM) de 12 de Janeiro de 2007, e Anúncio Preliminar (BPI) de 13 de Fevereiro de 2006, Anúncio do Lançamento (BPI) de 5 de Abril de 2007 e Prospecto (BPI) de 5 de Abril de 2007. Em virtude da alteração à Lei da Concorrência pelo art. 4.º do DL n.º 219/2006, de 2 de Novembro, os prazos foram encurtados, mas, como vimos na nota anterior, ainda se podem alargar por (bem) mais de 90 dias. O que parece ultrapassar, ontem como hoje, um *"período razoável"* (v. art. 3.º/1-f) da DirOPA).

[7] Para uma contraposição entre instrumentos de controlo endo-societários (assentes nomeadamente no exercício do direito de voto) e extra-societários (assentes designadamente em relações de dependência económica), pode ver-se Antunes (2002, 469ss) e Guiné (2006, 305ss).

[8] Sobre os motivos que poderão estar subjacentes ao oferente v. Gaughan (2002, 111ss), apontando também o eventual desvio motivacional dos administradores actuando com base no seu próprio orgulho e aspirações pessoais, designadamente de se verem à frente de um cada vez maior "império" empresarial. V. também, mais quanto às fusões (que muitas vezes é o passo seguinte depois de uma OPA), Matos/Rodrigues (2000, 33ss). Para uma adjectivação curiosa v. Ventura (1992, 126s).

[9] Para uma definição e funções desse mercado, v. Hermosilla Martín (1992, 308) e García de Enterría (1999, 25ss). Como não podia deixar de ser Pennington (1974, 62)

concluiu que uma OPA apresenta determinadas vantagens face a outras formas de aquisição do controlo sobre uma sociedade e/ou sobre os seus activos[10], podendo assim conseguir ultrapassar a oposição da Administração e/ou do grupo accionista de controlo.

Daí que a DirOPA se preocupe com a OPA enquanto instrumento ligado ao domínio sobre uma sociedade. Tanto decorre da sua definição de OPA (art. 2.º/1-a) *in fine*) como sobretudo das principais matérias que são reguladas pela mesma, tais como: (i) o dever de lançamento de OPA (que surge naturalmente conexo com uma tomada do controlo; art. 5.º), (ii) a limitação à actuação da Administração (dado que é na antevisão de uma mudança de controlo que se justifica; art. 9.º/2-4), (iii) os deveres informativos perante os accionistas e os trabalhadores (em especial no que toca às futuras intenções do oferente; arts. 6.º/3-i) e 9.º/5); (iv) a suspensão de restrições à transmissibilidade e/ou ao exercício do direito de voto (restrições cuja atinência à aquisição do controlo por outrem ou ao exercício de um domínio são evidentes; art. 11.º); ou (v) o regime da aquisição e alienação potestativas (e que a DirOPA até faz depender do prévio lançamento de uma OPA[11]; arts. 15.º e 16.º). E que são justamente matérias que igualmente vêm reguladas no CVM (v. arts. (i) 187.ºss; (ii) 182.º; (iii) 138.º/ /1-g), 176.º-/1-g) e 181.º/2-c); (iv) 182.º-A; e (v) 194.ºss). Aliás, é também o que explica a regra constante do art. 173.º/3 do CVM, que isenta as

---

sublinhava já na sua proposta para uma Directiva sobre OPA's justamente a conexão destas com a aquisição do controlo.

[10] No âmbito das fusões e aquisições um dos primeiros pontos a ponderar pelo adquirente é a aquisição de participações sociais *versus* a aquisição de activos sociais; v. sobre o tema GAUGHAN (2002, 16) e ALLEN/KRAAKMAN (2003, 431ss). Entre nós, sobre a aquisição de participações sociais *versus* aquisição de empresas pode ver-se *inter alia* ABREU (2009, 398ss), ANTUNES (2008) e o acórdão do Supremo Tribunal de Justiça de 26 de Junho de 2007 (Afonso Correia).

[11] A aquisição e alienação potestativa são respectivamente instrumentos para garantir ao accionista dominante um domínio absoluto (total, na expressão do CSC) e ao accionista minoritário a saída perante um domínio quase-absoluto do maioritário. Agora, parece-me é que, pelo menos, a alienação potestativa se justifica não pelo facto de ter anteriormente sido utilizado um certo meio para obter o domínio (a OPA), mas pelo facto de determinada entidade ter obtido um domínio quase-absoluto sobre a sociedade, independentemente da forma pela qual foi obtido (nesse sentido v. o art. 490.º/1/5 do CSC). Ora, o problema é que, dado o art. 490.º/7 do CSC, a alienação potestativa numa sociedade aberta está dependente do lançamento prévio de uma OPA; sobre essa dependência v. SANTOS (2007, 317ss).

OPA's lançadas sobre valores mobiliários que não sejam acções nem dêem direito a subscrever ou adquirir acções de um conjunto de regras directamente atinentes à aquisição do controlo.

É esta faceta das OPA's, o escopo de alteração do domínio (do *status quo*) e portanto a antecipação de mudanças estruturais na sociedade com repercussões nos diversos sectores relevantes em que a sociedade se move, que torna as OPA's tão visíveis e discutidas, sobretudo quando conjugadas com o factor seguinte.

5. Hostilidade

Por fim e para o escopo deste trabalho, releva a OPA lançada para obtenção do domínio sem a conivência dos administradores da sociedade visada, tratando-se do que geralmente se designa por uma OPA hostil[12]. Uma OPA, portanto, em que é latente a conflitualidade existente entre aqueles e o oferente. Note-se que uma OPA, aquisição de acções em mercado secundário, permite tipicamente adquirir o domínio sobre a sociedade sem necessidade de assentimento da Administração, diversamente do que sucede numa fusão, por exemplo (v. arts. 98.º/1, 406.º/m) e 431.º/3 do CSC)[13]. Note-se também que se, em vez de um acesso indirecto aos activos da sociedade (através do domínio sobre a mesma), o oferente pretender um acesso directo aos mesmos, a transacção relevante (aqui-

---

[12] V. CORDEIRO (1994, 767). Mas como nota GARCÍA DE ENTERRÍA (1999, 71), geralmente existem tanto elementos de hostilidade como de amistosidade. Tudo dependerá do que for mais preponderante. A hostilidade foi uma das características principais da chamada 4.ª vaga de fusões e aquisições, ocorrida na década de oitenta nos Estados Unidos (sobre as várias vagas e respectivas características, v. GAUGHAN (2002, 23ss)). Outra característica fundamental foi grande parte das transacções revestirem-se como LBO's (*Leveraged Buy-Out*), isto é, aquisições financiadas essencialmente com dívida e pagas à custa da sociedade adquirida (isto é, à custa da alienação de activos e/ou dos rendimentos desta), financiamento esse conseguido muitas vezes através de obrigações altamente subordinadas (*junk bonds*), cujo mercado surgiu e atingiu um pico nessa época. Sobre os LBO's e estas obrigações pode também ver-se GAUGHAN (2002, 291ss e 330ss). Entre nós, sobre o regime jurídico aplicável a LBO's, não se poderá deixar de fazer referência a OSÓRIO (2001, 137ss).

[13] Como salientam JNPEREIRA (1991, 79), GARCÍA DE ENTERRÍA (1999, 63) ou JBPEREIRA (2000, 178).

22   Orlando Vogler Guiné

sição) dependerá, como decisão de gestão, igualmente da Administração (arts. 405.º/1, 406.º/e)/g)/h)/i), 431.º/1/3 e 373.º/3 *a contrario* do CSC).

6. Conceito de OPA. Conclusão

Ora, dadas estas características, a OPA coloca diversos problemas particulares, que não se levantam perante outras formas de aquisição de valores mobiliários, *maxime* na aquisição *over-the-counter* ("OTC") típica ou em mercado organizado[14]. Tendo em conta especialmente as enunciadas em 3 (a demora do procedimento), 4 e 5, este modo de aquisição de controlo levanta um problema muito interessante atinente às eventuais condutas desconformes da Administração da sociedade visada face aos objectivos do oferente e, assim, com eventuais repercussões no sucesso da oferta (medidas defensivas).

---

[14] Com a transposição da Directiva 2004/39/CE do Parlamento Europeu e do Conselho, de 21 de Abril de 2004 relativa aos mercados de instrumentos financeiros. [E que] Altera as Directivas 85/611/CEE e 93/6/CEE do Conselho e a Directiva 2000/12/CE do Parlamento Europeu e do Conselho e revoga a Directiva 93/22/CEE do Conselho, o CVM prevê e regula expressamente três formas organizadas de mercados de instrumentos financeiros – mercados regulamentados (entre nós designadamente o Eurolist by Euronext Lisbon), sistemas de negociação multilateral e internalização sistemática (v. arts. 198.ºss) – podendo, contudo, a CMVM estabelecer outras por regulamento. Sobre as vantagens das OPA's face a essoutras formas de aquisição pode ver-se VENTURA (1992, 159), GAUGHAN (2002, 263s) ou SANTOS (2008, 16ss). Destaco o escalar da cotação nas aquisições em mercado e a dependência da vontade dos principais accionistas nas típicas aquisições OTC (por natureza selectivas e reduzidas por isso a esse núcleo de destinatários), acrescendo também que, entre nós, em ambos os casos o adquirente poderá não se ver livre de ter de lançar uma OPA (v. art. 187.º do CVM). Por fim, diga-se também que em Portugal o *instrumentarium* jurídico básico ligado à OPA não depende em geral de se tratar de sociedade cotada (diversamente do que sucede no âmbito da DirOPA; v. art. 1.º/1) ou até que se trate de sociedade aberta (diversamente no que toca aos regimes da OPA obrigatória e da aquisição e alienação potestativa; arts. 187.ºss do CVM), mas somente que se trate de uma oferta pública. Mas, na prática, as OPA's são lançadas sobre esse género de sociedades.

CONCEITO DE MEDIDAS DEFENSIVAS

As medidas defensivas são susceptíveis de serem divididas em diversas tipologias, que veremos de seguida. O seu enquadramento em cada uma das tipologias depende essencialmente do caso concreto, uma mesma medida podendo-se geralmente enquadrar de uma ou de outra forma em cada uma das tipologias consoante as circunstâncias. Um elenco de diversas medidas defensivas é apresentado no próximo capítulo, pelo que na enunciação das tipologias infra se recorre deliberadamente a um número restrito de exemplos, para maior facilidade de exposição.

7. Escopo

O tipo de casos que usualmente mais se tem em consideração tem sido a adopção de medidas pela Administração da sociedade visada com o escopo primário de impedir ou dificultar o sucesso de uma OPA. É o que designo de medidas defensivas *stricto sensu* ou subjectivas. No entanto, a Administração também poderá actuar com o escopo primário de prosseguir a estratégia definida para a sociedade independentemente das repercussões que possa ter numa OPA, mas não obstante essa actuação poder surtir o mesmo tipo de efeito anti-OPA. É o que designo de medidas defensivas objectivas. No primeiro caso temos uma actuação objectivamente com efeito anti-OPA e subjectivamente querida como tal; no segundo caso temos somente uma actuação objectivamente anti-OPA. Quando neste trabalho se falar de medidas defensivas, falar-se-á, em princípio, desse conceito em sentido amplo, relevando-se somente a vertente objectiva, independentemente do escopo prosseguido. Isto porque para o entravar da OPA é essencialmente indiferente esse escopo, relevando sobretudo o obstáculo objectivamente levantado. Por exemplo, (i) se um grupo de distribuição reforça a rede de distribuição, abrindo ou adquirindo um determinado número de novos postos de distribuição, e se, pela dimensão assim criada, se dificulta uma aquisição da cúpula do grupo por grupos concorrentes por efeito de restrições jusconcorrenciais, ou (ii) se uma sociedade efectua uma emissão massiva de obrigações ou de acções, que aumenta exponencialmente o passivo da sociedade ou o capital social emitido (alargando neste último caso o objecto de uma oferta, eventualmente combinado com o reforço da posição dos maiores accionista), num caso como noutro se dificultam em termos práticos os objectivos de um oferente, independentemente do escopo de cada uma das medidas.

8. Universo

Sob esta epígrafe pode distinguir-se entre medidas gerais, que afectam todos os interessados na sociedade, e específicas, que afectam um grupo mais restrito de interessados. No exemplo de há pouco da emissão de acções ou obrigações a medida afectará quaisquer oferentes. Diversamente sucede no primeiro exemplo, uma vez que a circunstância aí apontada não obstará a que um oferente sem presença relevante no mercado possa sem obstáculos jusconcorrenciais ter sucesso numa OPA.

9. Objectivos

Aqui está em causa se a actuação da Administração tem essencialmente impacto na obtenção do domínio da sociedade ou antes no domínio e gestão dos activos sociais que interessam ao oferente. O objecto primordial de uma OPA são as acções da sociedade, mas o objectivo do oferente será a obtenção do domínio sobre a mesma. Esse objectivo será motivado pelo facto de a sociedade deter certos activos no seu património, os quais o oferente pretenderá controlar para gerir ou para outros fins (v.g. para liquidar). Assim, (i) invertendo o exemplo de há pouco, se um grupo de distribuição tem uma rede de distribuição alargada e muito lucrativa, caso essa rede ou parte substancial dela seja alienada a terceiros os tais grupos rivais deixarão de ter interesse (ou o mesmo interesse) que tinham no lançamento da OPA, e (ii) no exemplo de há pouco relativo à emissão de obrigações estará aí em causa a maior dificuldade ou inelasticidade futura na gestão financeira da sociedade. Já uma emissão de acções torna essencialmente mais difícil (mais caro, pelo menos) o caminho a trilhar para obter o domínio. Os primeiros dois exemplos configuram o que apelido de medidas defensivas directas, pois atingem directamente os activos pretendidos pelo oferente, enquanto o último exemplo constitui o que poderemos chamar de medida defensiva indirecta, pois afecta antes o processo para atingir o domínio sobre a sociedade.

10. Eficácia

As medidas defensivas podem ser de eficácia variada[15]. Pegando nos exemplos de há pouco, se a alienação de toda a rede de distribuição ou uma emissão massiva de acções ou obrigações serão, em princípio, medidas fortes ou muito fortes, já a alienação de uma ou outra pequena superfície comercial ou a emissão de acções ou obrigações em montante residual serão, em princípio, medidas defensivas fracas.

11. Autonomia

Consoante as medidas defensivas concretas, a adopção das mesmas pode ou não requerer a intervenção prévia dos sócios[16]. Voltando aos

---

[15] V. HERMOSILLA MARTÍN (1992, 322).

[16] Em matéria de gestão e no que toca às sociedades de estrutura dualista (sobre a impropriedade do termo v. ABREU (2006-i, 32)), deve também atentar-se no disposto no art. 442.º1 do CSC, em que se estabelece que a Administração poderá ter de requerer autorização ao Conselho Geral e de Supervisão para a prática de determinados actos, quando o prevejam a lei ou o contrato. A Reforma Societária suprimiu a possibilidade de o próprio Conselho Geral e de Supervisão estabelecer que o seu consentimento deveria ser obtido em determinadas matérias (v. o pretérito art. 442.º/1 do CSC, inspirado no §111(4)-2.ª-frase da AkG). Quanto à Assembleia Geral, além de ter uma competência de último recurso expressamente consagrada na lei, nos termos do artigo 442.º/2 do CSC, no que toca às sociedades de estrutura dualista, poderá, ainda, discutir-se se o contrato de sociedade lhe poderá atribuir competências de gestão (desde que não seja colocada essencialmente em causa a distribuição de competências entre órgãos na sociedade anónima, em que a gestão está por definição cometida à Administração), v. em sentido em maior ou menor medida positivo ABREU (2006-i, 48ss), SANTOS (2006, 304ss) e CORDEIRO (2007-i, 134), e negativamente MAIA (2002, 138ss) e VASQUES (2007, 78), podendo também ver-se sobre o tema

exemplos de há pouco, a aquisição ou alienação da rede de distribuição é uma decisão de gestão e que caberá à Administração (v. arts. 405.°/1, 406.°/proémio/e)/g)/h)/i) e 373.°/3 *a contrario sensu* do CSC), enquanto que a emissão de obrigações ou de acções dependerá sempre de uma prévia autorização estatuária ou de uma deliberação da Assembleia Geral (v. arts. 85.°/1 e 456.°/1, e 350.°/1 do mesmo Código).

12. Tempo

A classificação mais referida sobre as medidas defensivas distingue entre preventivas e reactivas, consoante sejam tomadas e os respectivos efeitos se produzam antes ou depois do lançamento de uma OPA[17]. Para conservar a independência entre as diversas tipologias, esta classificação dependerá neste trabalho somente do factor tempo, independentemente da intenção subjacente à prática da medida, isto é, independentemente de o objectivo visado ser reagir a uma OPA ou prevenir o lançamento de uma OPA (ou seja, independentemente de se tratar de uma medida defensiva subjectiva ou objectiva) – assim sendo, prefiro passar a qualificar as medidas defensivas, quanto ao factor tempo, como "subsequentes" e "prévias" (ao lançamento de uma OPA). Podem também distinguir-se as medidas diferidas, caso a sua adopção seja decidida antes do lançamento de uma OPA, mas os seus efeitos se produzam somente com o lançamento de uma OPA[18]. Os exemplos supra referidos podem bem ilustrar esta tipologia.

ANTUNES (1994, 128-nota 152) e MARTINS (1998, 193ss); o acórdão do Tribunal da Relação de Lisboa de 11 de Novembro de 2004 (Salazar Casanova) parece claramente ter aceite uma tal estipulação contratual no caso decidendo (oneração ou venda de activos de valor superior a €250.000 deveriam ser previamente aprovadas pela Assembleia Geral). Pode também pensar-se numa competência residual da Assembleia Geral no que toca a certas decisões fundamentais, a que se voltará infra.

[17] V.g. HERMOSILLA MARTÍN (1992, 322), CORDEIRO (1994, 772), GARCIA (1995, 286ss), JBPEREIRA (2000, 177-nota 4) ou GAUGHAN (2002, 168).

[18] É de salientar, entre as Recomendações da CMVM sobre o Governo das Sociedades Cotadas, a recomendação I.6.3.: *"Não devem ser adoptadas medidas defensivas que tenham por efeito provocar automaticamente uma erosão grave no património da sociedade em caso de transição de controlo ou de mudança da composição do órgão de administração, prejudicando dessa forma a livre transmissibilidade das acções e a livre apreciação pelos accionistas do desempenho dos titulares do órgão de administração."*

Caso a aquisição ou alienação da rede de distribuição ou a emissão de acções ou obrigações seja executada antes do lançamento de uma OPA temos um claro exemplo de uma medida defensiva prévia. Caso a decisão e a execução tenham tido lugar após o lançamento da mesma, temos um evidente exemplo de uma medida defensiva subsequente. Caso o negócio de aquisição/alienação da rede de distribuição tenha tido lugar antes do lançamento de uma OPA mas sujeito à condição suspensiva do lançamento de uma OPA sobre a alienante/adquirente trata-se de uma medida defensiva diferida.

13. Natureza

Outra classificação refere-se à natureza das medidas. Aqui falamos essencialmente de medidas de natureza jurídica e medidas de natureza económico-financeira[19]. Pegando nos exemplos que temos vindo a referir, no caso do reforço na rede de distribuição que origine um obstáculo jus-concorrencial a uma OPA temos um efeito defensivo de natureza jurídica. Na emissão massiva de obrigações temos um efeito defensivo de natureza financeira, dado que altera o quadro financeiro que o oferente doutro modo teria diante de si.

---

[19] HERMOSILLA MARTÍN (1992, 322). Para mais tipologias v. *inter alia* VENTURA (1992, 307), CORDEIRO (1994, 773), DUARTE (1998, 178), que menciona a distinção entre actos jurídicos, materiais e ilícitos, e FERRARINI (2001, 5s), que distingue entre barreiras técnicas e estruturais aos *takeovers*.

CAPÍTULO I

EXEMPLOS DE MEDIDAS DEFENSIVAS

Apresentam-se aqui e de forma resumida algumas das medidas defensivas passíveis de serem adoptadas pelas sociedades visadas ou potencialmente visadas em contrário às pretensões de oferentes ou potenciais oferentes ("sociedades visadas" e "oferentes" neste capítulo)[20].

As diversas medidas serão apresentadas de modo "seco", despidas de qualquer juízo face à legitimidade concreta para a sua adopção, juízo esse que deverá ser feito em cada caso, entre nós e quanto à Administração, à luz dos critérios aplicáveis apontados nos dois capítulos seguintes.

Igualmente se apresentam despidas das qualificações referidas no capítulo preliminar, na medida em que estas dependem em boa medida das circunstâncias do caso concreto. Apesar do tema deste trabalho constituir essencialmente a adopção pela Administração de medidas defensivas subsequentes, na listagem exemplificativa seguinte vai-se além dos sublinhados, por se entender que uma compreensão da matéria em causa não prescinde de uma exposição mais global do tema.

---

[20] Atende-se essencialmente ao regime português. As diversas medidas enunciadas, em texto e em rodapé, reflectem aquelas mais habitualmente citadas pelos diversos autores nos diversos ordenamentos, que se prescinde de citar a cada momento, optando-se por fazer aqui uma remissão genérica; v. *inter alia* LOYRETTE (1971, 156ss), VIANDIER (1991, 38ss, 220ss), HERMOSILLA MARTÍN (1992, 322ss), VENTURA (1992, 306ss), CORDEIRO (1994, 772ss), GARCIA (1995, 286ss), DUARTE (1998), 95ss), GEVURTZ (2000, 674ss), BEAUFORT (2001, 67ss, 105ss, 140ss, 169ss, 210ss, 236ss, 281ss, 354ss, 381ss, 399ss, 450ss, 517ss, 551ss, 587ss), GAUGHAN (2002, 169ss), KRAUSE (2002-II, 137ss), LOHRMANN/VON DRYANDER (2002, 292ss-§§24ss), MARCELO (2002, 39ss), SCHWENNICKE (2002, 480ss-§§20ss, 498ss-§§62ss), KRAUSE/PÖTZSCH (2005, 1023ss-§§88ss, 1098ss--§§249ss) e LEITÃO (2007, 61ss).

OPERAÇÕES SOBRE ACTIVOS DA VISADA

14. Paraquedas dourados

Um primeiro tipo de casos atém-se com a previsão de avultadas compensações em caso de cessação do vínculo de colaboradores da sociedade visada por iniciativa desta (*golden parachutes*). Os casos aqui tidos em vista referem-se sobretudo aos administradores e aos altos quadros da sociedade, que são "capital humano" da sociedade e por isso são tratados sob esta epígrafe. Uma vez que o oferente pretenderá muitas vezes efectuar importantes alterações na gestão da sociedade e para isso poderá ter de fazer cessar o vínculo que ligue a sociedade a pessoas com responsabilidades na gestão da mesma, por esta via se dificulta, por se tornar mais onerosa, a possibilidade de o oferente implementar o seu plano de gestão.[21] As somas podem, contudo, atingir montantes muito importantes, sobretudo no panorama norte-americano. Num caso muito badalado (v. *Disney 2006*) o *chief-executive officer* foi destituído contra uma compensação de aproximadamente $140.000.000!

---

[21] Outra forma de obstaculizar a substituição da equipa de gestão, muito popular nos Estados Unidos, consiste nos chamados *staggered boards*, que corresponde à previsão estatutária de que o mandato dos *directors* seja renovado por tranches sucessivas, inspirado nas eleições para o senado norte-americano. Em vez de todos serem nomeados numa mesma data, pode prever-se que, por exemplo, todos os anos um terço dos mandatos seja renovado. O escopo original desta medida é conservar experiência no *board*, mas igualmente tal poderá dificultar a tomada da gestão pelo oferente, sobretudo quando uma previsão estatutária deste tipo se conjugue com a previsão legal ou estatutária de que nestes casos os *directors* somente poderão ser destituídos com justa causa (v. a propósito o §141(d)(k)-1 do *Delaware General Corporation Code*). Sobre esta matéria pode ver-se GEVURTZ (2000, 187s) e GAUGHAN (2002, 182ss). Para o ordenamento alemão v. LOHRMANN/VON DRYANKE (2002-§62) e para o espanhol v. HERMOSILLA MARTÍN (1992, 326); entre nós, v. DUARTE (1998, 118ss) e MARCELO (2002, 78s).

É da competência da Assembleia Geral, do Conselho Geral de Supervisão ou de uma comissão especial de um destes (consoante aplicável, v. arts. 399.°/1 e 429.° do CSC) a fixação da remuneração dos administradores, o que inclui naturalmente a fixação antecipada da compensação por a sociedade terminar antecipadamente o mandato. Não sendo destituído por justa causa[22], o administrador tem direito a indemnização pelos danos sofridos, não podendo, contudo, a indemnização exceder o montante das remunerações que presumivelmente receberia até ao final do mandato (arts. 403.°/5 e 430.°/2 do CSC). Pode discutir-se depois se uma cláusula penal fica em absoluto sujeita a essa limitação ou se essa limitação se aplicará somente nas cláusulas penais ditas indemnizatórias e não nas de escopo coercitivo[23]. Não obstante, seja tendo em conta aquela primeira limitação, seja tendo em conta o disposto no art. 812.° do Código Civil[24], as somas não atingirão por regra aqueles montantes astronómicos.

---

[22] A destituição dos administradores sem justa causa é interdita em alguns casos (v. art. 403.°/2 do CSC; v. igualmente art. 423.°-E/1 do CSC, mas devendo-se notar que os membros da Comissão de Auditoria não exercem funções executivas, art. 423.°-B/3 do mesmo Código). Parece, no entanto, que estatutariamente se deve poder permitir erigir a proibição de cessação do vínculo de administração sem justa causa – assim ABREU (2009, 597). Por outro lado, a Assembleia Geral somente poderá destituir os administradores em sociedades de estrutura dualista havendo estipulação contratual nesse sentido (art. 430.°/1-b) do CSC; quanto à designação vale o mesmo, v. art. 425.°/1-b) do CSC), o que constitui um rompimento com a tradição germânica (v. §84(1)(3) da AkG; e arts. 425.°/1e 430.°/1 do CSC antes da Reforma Societária), em que a destituição (e antes disso a designação) é da competência do órgão de fiscalização. Sobre o conceito de justa causa v. nomeadamente o art. 257.°/6 do CSC, RIBEIRO (2008, 811ss), ABREU (2009, 585ss) e o acórdão do Supremo Tribunal de Justiça de 11 de Julho de 2006 (Azevedo Ramos).

[23] Sobre a distinção entre cláusulas penais indemnizatórias, puramente compulsórias e em sentido estrito v. MONTEIRO (1999, 601ss); sobre o tema neste âmbito v. também RIBEIRO (2008, 824ss), que qualifica a cláusula de fixação antecipada de indemnização como pena independente. Das cláusulas penais devem, ainda, distinguir-se aqueles acordos nos quais o administrador se obriga a determinadas prestações de facto negativo, tais como não ocupar cargos dirigentes em sociedades concorrentes durante certo período após a destituição ou termo do mandato, e pelas quais é legítimo que o mesmo seja compensado financeiramente pela sociedade. Estas compensações poderão, por razões óbvias, implicar também montantes elevados. Permitindo abrangentemente o montante dos paraquedas dourados, em atenção ao princípio da liberdade contratual, v. POCunha (2007, 709) e RIBEIRO (2008, 824s), enquanto que ABREU (2009, 593) opina que não deixam de estar sujeitos à limitação legal. Sobre este tema v. também MARCELO (2002, 81s).

[24] Sobre esta norma, também salientada por RIBEIRO (2008, 828), v. por todos MONTEIRO (1999, 724s).

Mas, como bem foi notado pelo legislador (v. arts. 10.°/1-k) da DirOPA e 245.°-A/1-l) do CVM) igualmente se poderá suscitar uma situação deste tipo relativamente a outros colaboradores da sociedade, para cuja contratação é competente a Administração (v. arts. 405.°/1, 406.°/ /1-proémio e 431.°/1/3 do CSC). Assumindo que a relação com a sociedade visada é laboral, deve ter-se em conta que no nosso ordenamento (ainda) vale o principio da proibição do despedimento sem justa causa (art. 53.° da CRP). Caso o despedimento não seja provido de justa causa, o mesmo é ilícito (v. art. 429.°-b)-c) do mesmo Código)[25]. E o trabalhador terá direito à reintegração ou a uma indemnização (art. 436.°/1 daquele Código). Nos termos do art. 438.°/2 desse Código, caso o trabalhador ocupe cargo de administração ou direcção, o empregador pode, no entanto, opor-se à sua reintegração, caso justifique que o regresso do trabalhador é gravemente prejudicial e perturbador à prossecução da actividade empresarial. Portanto, muito provavelmente, seja por opção do próprio, seja por justificada opção do empregador, no tipo de casos que temos aqui em vista, o trabalhador não será reintegrado. Quanto ao montante da indemnização, aquele Código contém a disposição constante do art. 439.°, que essencialmente estipula que a indemnização será igual a um determinado período de retribuição multiplicado pelo número de anos completos ou fracção de antiguidade. Mas contratualmente poderão obviamente ser convencionados critérios compensatórios mais favoráveis para o trabalhador (princípio *favor laboratoris* – art. 4.°/3 do Código do Trabalho), incluindo (parece-me) o estabelecimento de cláusulas penais, de escopo coercitivo, que obriguem ao pagamento de montantes (muito) substancialmente superiores aos prejuízos efectivamente sofridos pelo trabalhador, embora não sendo de esquecer os termos aplicáveis constantes do art. 812.° do CC.[26]

---

[25] Sobre a ilicitude do despedimento e as matérias de seguida referidas v. por todos AMADO (2007).

[26] Por fim, uma breve menção apenas da chamada *people pill*. Por esta designação se têm designado as situações em que a prejudicialidade advém não das eventuais consequências financeiras decorrentes directamente da necessidade de destituição ou despedimento de quadros, mas antes da desertificação do quadro de pessoal mais qualificado em virtude do sucesso de uma oferta; para um caso real v. GAUGHAN (2002, 195).

15. Distribuição de bens aos sócios

Outra medida típica é a distribuição (extraordinária) de bens aos sócios. Recebendo ou podendo contar com tais distribuições, os accionistas tenderão a estar menos dispostos a alienar as suas acções.

No que toca aos dividendos, entre nós, atendendo ao disposto nos arts. 31.°/1 e 294.°1 do CSC, o que a Administração poderá esssencialmente fazer é propor à Assembleia Geral um montante muito superior ao que habitualmente é distribuído. Adicionalmente, caso o contrato de sociedade o preveja e o órgão de fiscalização o autorize, poderá a Administração decidir distribuir um dividendo intercalar, nos termos do art. 297.° do CSC.

Além de dividendos, poderão também ser distribuídos outros bens aos sócios, que não são qualificáveis como lucros de exercício, sujeito obviamente ao disposto nos arts. 31.°ss do CSC, pelo que também aqui o mais que a Administração poderá fazer é propor a distribuição aos accionistas.

O pacote remuneratório proposto aos accionistas é muitas vezes composto por várias componentes. Assim, na pendência da OPA sobre a PT, a Administração desta sugeriu como alternativa à aceitação da OPA pelos accionistas um pacote que incluía (i) um programa de recompra de acções próprias, (ii) dividendos de elevado montante e (iii) um *spin-off* da PTM, que, após o insucesso da OPA, foi levado a deliberação da Assembleia Geral da PT e que esta aprovou[27].

16. Jóias da coroa

Um outro tipo de medidas são as chamadas alienações de jóias da coroa (*crown jewels*). Uma sociedade terá obviamente entre os seus activos alguns que são os mais importantes e que representam a maior valia

---

[27] V. o Comunicado da PT de 3 de Agosto de 2006, o Aditamento ao Relatório do Conselho de Administração da PT de 27 de Fevereiro de 2007 e o Comunicado da PT de 27 de Abril de 2007. Por *spin-off* entende-se a distribuição das participações sociais de uma sociedade subsidiária aos accionistas da sociedade-mãe. Esta operação do grupo PT igualmente representou a alienação de uma das suas jóias da coroa – a rede-cabo. Sobre as operações de *spin-off* em geral v. GAUGHAN (2002, 397ss).

Da Conduta (Defensiva) da administração "Opada" 35

para a sociedade. Em princípio, será justamente atendendo a esse tipo de activos que será lançada uma OPA, embora seja de notar que um grande incremento na liquidez em consequência da alienação de jóias da coroa pode também ser um atractivo para determinados oferentes. Trata-se de uma medida que, enquanto medida de gestão, é tipicamente da competência da Administração (v. arts. 373.º/3 *a contrario*, 405.º/1, 406.º-proémio/e)/g)/h)/i) e 431.º/1/3 do CSC), tal como as seguintes (enumeradas nos pontos 17 a 20).

Por vezes as consequências de uma alienação de activos podem ser essencialmente de outro tipo. Um caso interessante suscitou-se durante a OPA sobre o BPI, na pendência da qual a Administração do BPI pediu, nos termos do art. 182.º/3-b) do CVM, autorização à respectiva Assembleia Geral, que foi concedida[28], para a alienação das acções do BCP que detinha directamente e indirectamente através da BPI Vida Companhia de Seguros de Vida, S.A.. As consequências de uma tal alienação para o BCP poderiam ser, por exemplo, a entrada de um accionista hostil aos demais ou à Administração ou a descida da cotação das acções do BCP, em caso de um processo de venda massificado das mesmas em mercado[29].

---

[28] V. o Comunicado do BPI sobre Deliberações da Assembleia Geral de 19 de Janeiro de 2007. O BPI era, directa e indirectamente, um dos maiores accionistas do BPI, sendo que a última comunicação ao mercado realizada na pendência da OPA relativamente à participação qualificada do BPI no capital social do BCP consta da Comunicação ao Mercado do BCP de 15 de Fevereiro de 2006.

[29] As acções do BCP estavam cotadas no mercado regulamentado Eurolist by Euronext Lisbon. Obviamente que não deixam de se aplicar a transacções de valores mobiliários cotados na pendência de uma OPA os princípios de não manipulação e defesa do mercado na concretização daquele processo de alienação (v. arts. 311.º e 379.º do CVM; sobre eles v. VEIGA (2001, 31ss e 169ss)), como se alerta, aliás, em I.7 do Parecer Genérico da CMVM.

OPERAÇÕES SOBRE ACTIVOS DE TERCEIRO

17. Aquisição de acções do oferente

Outra medida decorre das particularidades do regime jurídico das participações recíprocas aplicáveis.

Entre nós, e assumindo que o regime jurídico das sociedades coligadas é aplicável (v. art. 481.º do CSC)[30], nos termos do artigo 483.º/1 do CSC, considera-se que uma sociedade está em relação de simples participação com outra quando uma delas detém pelo menos 10% do capital social da outra, discutindo-se se a participação relevante poderá também ser indirecta[31]. Nos termos do art. 484.º/1 do mesmo Código, uma relação de simples participação é objecto de comunicação à sociedade participada, sendo que nos termos do seu art. 485.º/2, a sociedade que comunique a relação de participação posteriormente, não pode adquirir novas participações da outra sociedade[32]. As aquisições em contravenção com tal disposição não são nulas, mas inibem a sociedade adquirente de exercer os direitos inerentes às mesmas na parte que exceder 10% do capital social, o que poderá servir de medida defensiva bastante eficaz, como se depreende (art. 485.º/3 do CSC).

---

[30] Sobre o tema v. por todos ANTUNES (2002, 292ss).

[31] Em sentido afirmativo v. ANTUNES (2002, 394s); contra v. MARCELO (2002, 96) e GARCIA (1995, 300).

[32] Dos termos do art. 11.º/2 do DL n.º 495/88, de 30 de Dezembro, decorre uma proibição inspirada na constante do CSC, mas que é independente de comunicação. Note-se, aliás, que o âmbito deste artigo é mais alargado do que o constante do Código.

18. *Pac-man*

A contra-OPA, no jargão estadunidense denominada por estratégia pac-man[33], consiste numa OPA lançada pela sociedade visada sobre o próprio oferente. O objectivo é obviamente impedir o sucesso da OPA inicial, com o sucesso da sua própria oferta, o que aconteceria por razões óbvias. No nosso ordenamento nem é preciso ir mais longe do que recordar o regime de participações recíprocas há pouco exposto. Da contra-OPA há que distinguir a OPA preventiva, lançada pelo oferente em antecipação a uma eventual OPA de que poderia vir a ser alvo por parte da sociedade agora visada.

Embora seja uma medida muito peculiar, na prática não é muito utilizada[34], até pelas contingências patrimoniais enormes e a logística que implica. Dada a sua excepcionalidade é natural também que não seja geralmente alvo de regime próprio, embora esta situação possa levantar algumas questões importantes, designadamente quanto à conjugação dos prazos da cada uma das ofertas. Entre nós, relembre-se o disposto no art. 183.º do CVM, que estipula o prazo mínimo e máximo de uma oferta e que contempla a possibilidade de prorrogação, mas não de redução do prazo inicialmente estabelecido. Por outro lado, recorde-se também que o lapso de tempo entre a entrega do anúncio preliminar e o efectivo início da oferta poderá ser bastante grande e é uma circunstância que o oferente, à partida, não domina.

19. Obstáculos jusconcorenciais

Outra medida defensiva muitas vezes referida é a criação de problemas jusconcorrenciais ao oferente. O exemplo mais apontado é a aquisição de outras sociedades pela visada (ou fusão com as mesmas), em que a conjugação do poder de mercado daquelas com o da última e do oferente impediria jusconcorrencialmente o prosseguir da OPA ou imporia compromissos que o oferente não poderia aceitar. Mas o mesmo

---

[33] Em atenção a um jogo de computador famoso nos anos oitenta denominado "*pac-man*" em que o objectivo do jogador era justamente "comer" os adversários antes de ser "comido" por estes.

[34] Para um exemplo real v. GAUGHAN (2002, 229s).

Da Conduta (Defensiva) da administração "Opada"

objectivo poderá ser conseguido através da celebração de acordos de exclusividade ou outros com terceiras entidades, sendo, como é sabido, a perspectiva de análise jusconcorrencial uma perspectiva essencialmente substancial[35].

Na célebre OPA da Vodafone, a operadora de telecomunicações britânica com a maior quota de mercado no Reino Unido, sobre a Mannesmann, operadora de telecomunicações alemã, em finais dos anos noventa, o efeito jusconcorrencial terá sido justamente um dos alegadamente pretendidos pela Administração da visada, quando esta adquiriu a concorrente Orange, que igualmente detinha uma quota de mercado importante nesse país[36].

20. *Fat man*

Outro efeito que se poderá produzir em virtude de aquisições de activos de terceiro (ou outras operações, como fusões, etc) é um crescimento exponencial dos activos e passivos da sociedade visada, designado no jargão norte-americano por estratégia *fat man*. Efectivamente, esse crescimento tornará certamente a gestão e mesmo a própria aquisição mais onerosa e difícil, seja pelo crescimento exponencial dos activos sob gestão, seja pela carga excepcional do passivo.

---

[35] Sobre as concentrações de empresas e sobre as coligações de empresas v. GORJÃO--HENRIQUES (2007, 551ss, 502ss). BARTHELMESS/SCHULZ/HÄRING (2002, 410-nota 57) notam também como defesa a não colaboração, designadamente informacional, da Administração da visada, para efeitos da realização das notificações devidas às autoridades de concorrência. A propósito do cumprimento dos compromissos impostos por estas autoridades, note-se que por vezes esse cumprimento pode acabar por não ficar na absoluta disponibilidade do oferente, nomeadamente na ausência de uma relação de grupo (de direito; arts. 488.°ss e 493.°ss do CSC) entre oferente e visada no termo da OPA, quando a execução dos compromissos não corresponda ao interesse social próprio da sociedade visada (autónomo e não subordinado ao interesse do grupo ou da sociedade dominante, diversamente do que sucede numa relação de grupo – v. ANTUNES (2002, 648)), sendo de saudar por isso que a Autoridade da Concorrência tenha justamente presente essa eventualidade (v. Decisão Não Confidencial da Autoridade da Concorrência no Processo AC – I – 8/2006 Sonaecom/PT, página 740).

[36] Sobre o processo da OPA da Vodafone sobre a Mannesmann, incluindo a aquisição da Orange pela segunda, v. CAMPBELL *et alii* (2005).

No caso há pouco citado da OPA sobre a Mannesmann, tem-se apontado que a aquisição da Orange igualmente terá tido em vista este tipo de consequências. E veremos também que no famoso caso *Time* a aquisição da Warner teve implicações semelhantes.

Agora, naturalmente que também se poderá aumentar o balanço simplesmente contraindo grandes financiamentos, que não tenham subjacentemente um investimento em activos particulares, permitindo nomeadamente também "libertar" lucros de exercício para distribuir um dividendo extraordinário aos sócios[37].

21. Acções próprias

Outro tipo de medida muito conhecido é a aquisição de acções próprias[38].

As consequências de uma actuação desse tipo são óbvias, incluindo o aumento proporcional do montante de direitos de voto detidos pelos actuais accionistas (designadamente os maiores), o aumento da cotação

---

[37] Sobre a recapitalização e seus efeitos v. GAUGHAN (2002, 211ss). Por outra via, através da celebração de um contrato de subordinação, e em que por isso a sociedade dominante assume solidariedade pelas dívidas da dominada contraídas até à cessação da relação de grupo nos termos do art. 501.°/1 do CSC (além da garantia de lucros e responsabilidade por perdas previstas nos arts. 500.° e 502.° do CSC), poderá igualmente onerar-se o projecto futuro do oferente. A Assembleia Geral tem, contudo, um poder autorizativo nesta matéria (art. 496.°/1 do CSC), tal como o tem, mais mitigadamente, também em matéria de constituição de grupo por domínio total superveniente (art. 489.°1 do CSC). Ainda a propósito das relações de grupo, igualmente através de um contrato de grupo paritário poderão prejudicar-se os interesses de um oferente, uma vez que este pretenderá, em princípio, exercer imediatamente um domínio exclusivo e não partilhado sobre o grupo da sociedade visada (v. arts. 492.°/5 e 506.° do CSC). Ainda a propósito de grupos, acrescente-se também que se tem apontado a própria admissão à negociação das acções de uma sociedade-filha como uma medida defensiva no âmbito daqueles ordenamentos que prevejam um regime de OPA obrigatória. A lógica é que adquirindo o domínio sobre a sociedade-mãe, o oferente estaria obrigado a lançar também uma OPA sobre a sociedade-filha. Dificilmente, contudo, é organizável um IPO (*initial public offering*) de suporte à disseminação bolsista das acções num tão curto e conturbado espaço de tempo (assim também LOHRMANN/VON DRYANDER (2002, 299-§40)).

[38] Ou também a aquisição de acções da sociedade visada por parte dos seus administradores. Quando no contexto de uma OPA já lançada, v., no entanto, o disposto no art. 181.°/5-a) do CVM.

Da Conduta (Defensiva) da administração "Opada"   41

das acções, quando as acções próprias são compradas em mercado, e a redução do número de acções disponíveis para serem alienadas na OPA[39].

Nos Estados Unidos (como veremos) diversos casos nos anos oitenta envolveram práticas deste tipo, recorrendo mesmo a ofertas sobre acções próprias concorrentes com a oferta do oferente inicial.

No ordenamento português rege um limite geral de 10% do capital social (v. art. 317.º/2 do CSC). O órgão competente para decidir a aquisição é a Assembleia Geral, podendo, no entanto, em caso de prejuízo iminente da sociedade, igualmente a Administração decidir a aquisição. A lei presume que tal prejuízo grave e iminente existe em determinados casos (art. 319.º/3 do CSC), que não incluem (e bem) a pendência de uma qualquer OPA sobre a sociedade[40]. A aquisição de acções próprias de sociedade visada de lei pessoal portuguesa por sociedade dela dependente encontra-se sujeita, no que nos interessa, a regime semelhante em termos práticos à aquisição de acções próprias (arts. 325.º-A e 325.º-B do CSC).

Da aquisição de acções próprias devem distinguir-se os casos de assistência financeira, regulada nos termos do art. 322.º do CSC, em que vale o princípio geral de que uma sociedade não poderá conceder empréstimos ou garantias para terceiros adquirirem as suas próprias acções.

---

[39] Além da aquisição de acções próprias, igualmente uma alienação das mesmas (v. art. 320.º do CSC) poderá constituir uma medida defensiva, na medida em que seja feita a uma entidade "amiga" que não esteja disponível a alienar na OPA. Nos Estados Unidos uma medida defensiva muito em voga nos anos oitenta era a recompra a um prémio substancial da actual participação do oferente, conhecida por *greenmail* (por analogia com o termo *blackmail*, que significa chantagem) – sobre o tema v. GAUGHAN (2002, 198ss), que entre nós violariam, desde logo, o princípio de igualdade plasmado no art. 15.º do CVM. Na mesma óptica se inserem os chamados *standstill agreements*, acordados com potenciais oferentes para que estes não lancem nenhuma OPA (sobre a matéria v. GAUGHAN (2002, 291ss)), entre nós na prática dificultados, dadas as suas implicações em termos de imputação de direitos de voto (v. art. 20.º/1-h) do CVM). Reflectindo sobre estas práticas em outros Direitos v. HERMOSILLA MARTÍN (1992, 360ss) e SCHWENNICKE (2002, 483-§28, 485s-§35).

[40] O lançamento de uma OPA sobre a sociedade não representa prejuízo grave e iminente, sendo até um incidente normal actualmente na vida das sociedades e com que estas terão razoavelmente de contar, resultantes do normal funcionamento do mercado (v. neste sentido o acórdão do Supremo Tribunal de Justiça de 27 de Junho de 2001 (Ferreira de Almeida)).

EMISSÃO DE VALORES MOBILIÁRIOS

22. Acções

Outra medida defensiva é a emissão de novas acções (com direito de voto), o que aumenta proporcionalmente o montante de participações sociais necessárias a assegurar o domínio da sociedade e permite (mormente caso o direito de preferência dos accionistas não tenha sido suprimido nos termos do art. 460.° do CSC) o reforço pelo menos proporcional de posição dos maiores accionistas[41].

Em regra, a emissão de capital depende de deliberação da Assembleia Geral, nos termos do art. 85.°/1 do CSC. No caso das sociedades anónimas, existe a possibilidade de o contrato social conferir essa possibilidade à Administração, nos termos previstos no art. 456.°/1 do CSC[42]. Neste caso, no entanto, é necessário obter o parecer favorável do respectivo órgão de fiscalização nos termos do art. 456.°/3 do CSC, cabendo, em última instância, à Assembleia Geral decidir em caso de divergência entre ambos os órgãos.

Na Europa continental, muito conhecido foi o caso de finais dos anos oitenta da Société Générale de Belgique, cuja Administração, na pendência de uma OPA hostil e aproveitando uma autorização da Assembleia Geral, providenciou a realização de um aumento de capital. A operação

---

[41] Igualmente relevante poderá ser o estabelecimento de um programa de aquisição de acções pelos trabalhadores, dado que estes *stakeholders* tenderão a ficar do lado da Administração em caso de OPA hostil, com receio de virem a perder os seus postos de trabalho. Sobre estes planos, os *employee stock ownership plans*, usualmente siglados de ESOP's, para o panorama norte-americano, v. GAUGHAN (2002, 370ss).

[42] Casos, por exemplo do BCP e da Sonae-SGPS, S.A., nos termos respectivamente dos arts. 6.°/1 e 6.°/2 dos seus estatutos.

pretendida pela Administração foi jurisprudencialmente contestada, mas a *Cour d'Appel* de Bruxelas assentiu na realização da mesma[43].

Mas, além da emissão de capital social, poderá também pensar-se em emitir valores mobiliários que dêem antes direito a subscrever capital social no futuro.

Nos Estados Unidos, é desse tipo o mais importante e clássico meio defensivo, concebido pelo famoso advogado de Nova Iorque Martin Lipton[44]. As *poison pills* consistem tradicionalmente na aprovação de um plano de "direitos" aprovado pelo *board of directors* e na atribuição aos accionistas (com excepção do oferente), caso ocorram determinados eventos (como o lançamento de uma oferta) de direitos de subscrição de acções (transaccionáveis para terceiros)[45] a um grande desconto com o propósito de, no futuro e sendo aqueles direitos exercidos, se diluir enormemente a participação de quem pretende adquirir o controlo da visada. O *board of directors* poderá, no entanto, decidir revogar o plano ou, por um valor muito reduzido, resgatar os direitos após a ocorrência do evento relevante.

A primeira modalidade importante que surgiu consistiu nas chamadas *flip-over pills*, que foi apreciada pela primeira vez em meados dos anos oitenta pelo Supremo Tribunal de Delaware em *Moran*. No caso concreto o plano de "direitos" dispunha que, assim que alguma entidade lançasse uma *tender offer* sobre 30% das acções da visada ou adquirisse 20% das mesmas, os "direitos" seriam emitidos e, ocorrendo uma fusão ou consolidação, os respectivos titulares poderiam adquirir acções ordinárias do oferente ou adquirente com desconto de 50%[46]. O Tribunal concedeu a legitimidade da medida em sede prévia, tendo, no entanto, advertido que a

---

[43] Sobre o tema v. DUARTE (1998, 98-nota 209).

[44] V. BEBCHUCK (2002, 988) e LIPTON (2002, 1037). Sobre a evolução das *poison pills* e suas diversas modalidades pode ver-se GAUGHAN (2002, 170ss), GEVURTZ (2000, 675ss) e ALLEN/KRAAKMAN (2003, 505ss)

[45] Entre nós, a propósito dos aumentos de capital em sociedade cotadas, os direitos de subscrição são igualmente autonomizáveis e alineáveis a terceiros, independentemente das acções de onde os mesmos emergiram – v. a secção 6 intitulada "LI 2.6 (Negociação de Direitos)" do Capítulo II do Regulamento II (Regras de Mercado Não Harmonizadas) da Euronext Lisbon.

[46] A lógica de funcionamento destes direitos parece residir no facto de se tratar de uma obrigação da sociedade visada e, portanto, assumida pela sociedade resultante da fusão – assim GEVURTZ (2000, 695) – mas v. também ALLEN/KRAAKMAN (2003, 507).

sua aplicação em concreto (isto é, a decisão do *board of directors* relativamente ao (não) resgate ou revogação dos direitos) não deixaria de estar sujeita a apreciação judicial.

Uma vez que um oferente poderia vir a adquirir o controlo mas decidir não avançar para uma fusão ou consolidação, surgiu uma segunda modalidade de *poison pill*, a *flip-in pill*, nos termos da qual o objecto do direito de subscrição são acções da visada.

No final dos anos oitenta já a grande maioria das sociedades admitidas à negociação na bolsa de valores de Nova Iorque tinha esquemas de *poison pills* adoptados e o tema da adopção de medidas defensivas roda sobretudo em redor do exercício ou não pelo *board of directors* do seu direito de revogar o plano ou resgatar os direitos[47].

Na Europa, deve notar-se que o legislador francês aproveitou a transposição da DirOPA para passar a prever um expediente claramente inspi-

---

[47] Para um discurso muito interessante sobre as vantagens de uma "defesa" assente numa *poison pill* v. GATTI (2004, 105). Por seu lado, o Supremo Tribunal de Delaware destacou no caso Moran justamente que: *"The Rights Plan does not destroy the assets of the corporation. The implementation of the Plan neither results in any outflow of Money from the corporation nor impairs its financial flexibility. It does not dilute earnings per share and does not have any adverse tax consequences for the corporation or its stockholders. The Plan has not adversely affected the market price of Household's stock. Comparing the Rights Plan with other defensive mechanisms, it does less harm to the value structure of the corporation than do other mechanisms."* (V. contudo GAUGHAN (2002, 177s.) sobre as consequências negativas da adopção de *poison pills*.) Na prática, as *poison pills* nunca chegam a ser efectivamente usadas, uma vez que seria totalmente insensato o oferente prosseguir com a oferta antes de conseguir negociar com o *board of directors* ou impor-lhe judicialmente a remoção da *poison pill* ou conseguir destituir os *directors* num *proxy contest* (v. GATTI (2004, 100)). (Por *proxy* (procuração) *contest* (ou *proxy fights*) entende-se um accionista *outsider* procurar adquirir o controlo da sociedade ou impor determinadas mudanças estruturais, por via da reunião de procurações de accionistas que lhe permita levar avante a sua posição, face à oposição do *board of directors* e/ou do grupo de controlo. Estas batalhas são em boa parte regidas por Direito Federal – v. secção 14 da *Securities Exchange Act (1934)*. Sobre a matéria v. GEVURTZ (2000, 204s e 241ss) e GAUGHAN (2002, 265ss).) GATTI (2004, 102ss) identifica os três principais obstáculos juscontinentais à implementação de *poison pills* como sendo o princípio de igualdade entre accionistas (que em *Moran* o Supremo Tribunal de Delaware entendeu não obstar ao estabelecimento de uma *poison pill*), a tutela do capital social e a menor amplitude de actuação da Administração nos ordenamentos europeus; v. também FERRARINI (2001, 14s). Especificamente quanto ao ordenamento italiano v. GATTI (2004, 337ss) e quanto ao ordenamento alemão v. SCHWENNICKE (2002,485-§33).

rado na *poison pill* no *Code de Commerce*, respectivamente no n.º II do novo artigo L-233-32[48].

Entre nós poderão ser emitidas obrigações convertíveis em acções (arts. 365.ºss do CSC) que, além da convertibilidade na maturidade, igualmente produzem efeitos que poderão ser nefastos para determinados oferentes nos termos do art. 368.º do CSC. Em regra, a emissão dependerá de deliberação da Assembleia Geral, mas deverá também aqui aplicar-se a regra vigente para o aumento de capital supra referida, podendo o contrato de sociedade remeter a decisão para a Administração[49]. Também poderão, por exemplo, ser emitidos warrants autónomos sobre acções próprias e que deverão seguir o mesmo regime das obrigações convertíveis (v. art. 4.º/ /1-g) e 11.º do DL n.º 172/99, de 20 de Maio, conforme alterado), tal como valores mobiliários convertíveis em acções próprias e que igualmente seguem o mesmo regime (v. arts. 2.º, 3.º e 12.º do Regulamento da CMVM n.º 15/2002).

23. Obrigações

Outra medida defensiva é a emissão de obrigações, sobretudo se feita em grande monta. A consequência nefasta é o crescimento do passivo (que igualmente se poderá atingir através da contracção de financiamentos pela forma mais convencional). Acresce também que por vezes se fixam nas condições da emissão (tal como, aliás, em grandes financiamentos contratados por outra forma) determinadas situações que poderão ser prejudiciais para os planos do oferente ou mesmo para a sociedade visada em caso de sucesso de uma OPA. Por exemplo, caso se preveja uma uma cláusula de mudança de controlo (*change of control provision*), isto é, uma cláusula que preveja determinadas consequências em caso de transição de controlo, seja o agravamento do juro, o vencimento antecipado, etc[50]. Estas cláusu-

---

[48] Sobre o tema v. NABASQUE (2006, 259ss).

[49] Assim também, com mais indicações, DUARTE (1998, 98-nota 208).

[50] Este tipo de cláusulas são por regra bastante extensas. Apresenta-se um exemplo abreviado tirado das condições contratuais de uma emissão de obrigações: *"Condition 6. Redemption at the option of Noteholders due to Change of Control: If at any time while any Note remains outstanding a Change of Control occurs each Noteholder will have the option (the Put Option (Change of Control)) to require the Issuer to redeem or, at the Issuer's option, to procure the purchase of that Note on the fifth business day following*

las atendem muitas vezes a um interesse legítimo do credor[51] e sem elas provavelmente o financiamento teria sido mais caro ou nem sequer teria sido obtido, mas o oferente terá de pesar o seu impacto futuro. Outra possibilidade será, em vez de atender à transição de controlo, atender antes à alienação ou oneração de activos, o que poderá dificultar um LBO. Foi

---

the end of the Put Period (Change of Control) (the Put Settlement Date (Change of Control)) at its principal amount together with (or, where purchased, together with an amount equal to) accrued interest to but excluding the Put Settlement Date (Change of Control). (...) For the purposes of this Condition 6, Control, in respect of any entity, means: (i) the holding or acquisition, directly or indirectly, by any Person or Persons acting in concert (including for the avoidance of doubt Persons holding jointly the Control of the Issuer for the sole purpose of a Change of Control of the Issuer) or any Person or Persons acting on behalf of any such Person(s) (the Relevant Person(s)) of (A) more than 30 per cent of the issued ordinary share capital of such entity; or (B) such number of the shares in the capital of such entity carrying more than 30 per cent of the voting rights normally exercisable at a general meeting of such entity; or whether by the ownership of share capital or the possession of voting power, contract or otherwise the ability, directly or indirectly, of such Relevant Person(s) to appoint or dismiss all or the majority of the members of the board of directors or other governing or supervisory body of such entity. A Change of Control in respect of the Issuer shall be deemed to have occurred at each time (whether or not approved by the Issuer) that any Relevant Person(s), at any time following the issue date of the Notes acquire(s) Control of the Issuer." O legislador igualmente tem presente a existência deste tipo de cláusulas – v. art. 10.°/1j) da DirOPA e 245.°-A/1-j) do CVM. Neste contexto é de salientar, entre as Recomendações da CMVM sobre o Governo das Sociedades Cotadas, a recomendação I.6.3.: *"Não devem ser adoptadas medidas defensivas que tenham por efeito provocar automaticamente uma erosão grave no património da sociedade em caso de transição de controlo ou de mudança da composição do órgão de administração, prejudicando dessa forma a livre transmissibilidade das acções e a livre apreciação pelos accionistas do desempenho dos titulares do órgão de administração."* Note-se que este tipo de cláusulas contratuais (no âmbito de empréstimos obrigacionistas ou fora deles) está também nas cogitações dos oferentes, que geralmente estabelecem determinados pressupostos de inexistência de tais cláusulas na documentação da oferta; v. n.° 12, n.° 15, páginas 22s respectivamente do Anúncio Preliminar (PT) de 6 de Fevereiro de 2006, Anúncio do Lançamento (PT) de 12 de Janeiro de 2007 e Prospecto (PT) de 12 de Janeiro de 2007, n.° 10, n.° 13, páginas 11s respectivamente do Anúncio Preliminar (PTM) de 7 de Fevereiro de 2006, Anúncio do Lançamento (PTM) de 12 de Janeiro de 2007 e Prospecto (PTM) de 12 de Janeiro de 2007, e n.° 12, n.° 12 e página 24s respectivamente do Anúncio Preliminar (BPI) de 13 de Fevereiro de 2006, Anúncio do Lançamento (BPI) de 5 de Abril de 2007 e Prospecto (BPI) de 5 de Abril de 2007. Por fim, note-se que igualmente o legis-lador societário, a propósito das fusões, não esqueceu as cláusulas de vencimento antecipado, v. art. 101.°-B/3 do CSC.

[51] Como salientado também por KRAUSE/PÖTZSCH (2005, 1039-§117).

justamente o que aconteceu num dos casos chave nesta matéria, tratado mais à frente neste trabalho (*Revlon*). Aqui, na pendência de uma *tender offer*, o *board of directors* avançou com uma *exchange tender offer* para trocar 10 milhões de acções essencialmente por obrigações e na documentação contratual das quais foi inserida uma obrigação contratual (*covenant*)[52] que impedia a visada de alienar ou onerar determinados activos sem a aprovação dos seus *directors* independentes.

A emissão de obrigações depende de deliberação da Assembleia Geral, nos termos do art. 350.°/1 do CSC. No entanto, também aqui os estatutos podem prever que a Administração possa deliberar a emissão.[53]

---

[52] Os *covenants*, tal como as cláusulas de mudança de controlo acabadas de referir, são figuras típicas da contratação de tipo anglo-saxónico, cada vez mais preponderante mundialmente (no âmbito financeiro e não só), seja no âmbito internacional (contratos internacionais), seja no âmbito interno (nos contratos que designo por contratos internos "internacionalizados", por corresponderem à prática contratual anglo-saxónica assente internacionalmente, em oposição aos contratos internos que sigam o paradigma continental, que é mais assente na lei do que na vontade das partes). Com muito interesse sobre esta matéria v. MERKT (2007), descrevendo a prática contratual anglo-saxónica e contrapondo-a a um Direito contratual europeu (continental).

[53] V.g. os arts. 7.°/2 dos estatutos da Brisa – Auto-Estradas de Portugal, S.A. e 8.°/1 dos estatutos da Sonae-SGPS, S.A.. Já relativamente à competência para deliberar a emissão de obrigações hipotecárias pelas entidades habilitadas a tanto aquela competência recai inevitavelmente na Administração, nos termos do art. 9.°/1 do DL n.° 59/2006, de 20 de Março.

LOBBYING

24. Cavaleiro branco

Outra medida é a chamada procura de um *white knight*, um cavaleiro branco que venha "salvar a donzela" visada pelas garras do oferente "vilão"[54].

Aqui a Administração, ou algum dos accionistas, irão procurar alternativas, de molde a que os accionistas tenham outras escolhas possíveis além de alienarem ou manterem a sua participação social no mesmo contexto de poder anterior. Assim poderá, por exemplo, procurar aliciar um parceiro para realizar uma fusão ou celebrar um contrato de grupo paritário ou, o mais paradigmático, que lance uma OPA concorrente (v. arts. 185.°ss do CVM). Embora seja de notar que, na residual história das OPA's portuguesas, o mercado somente experimentou até hoje duas situações de OPA concorrente, uma ao abrigo do CMVM', em que a sociedade visada era a Sofinloc – Sociedade Financeira de Locação, S.A., o oferente inicial o Banco Comercial de Macau, S.A., e os concorrentes a Finantia – Sociedade de Investimentos, S.A., e a Quarenta Mais Quatro – Gestão e Consultoria, Lda , e outra ao abrigo do CVM, em que a visada era a Sociedade Comercial Orey Antunes, S.A., o oferente inicial a S.I.N. – Sociedade de Investimentos e Navegação, SGPS, Lda, e o concorrente a Triângulo-Mor – Consultoria Económica e Financeira, S.A.[55].

---

[54] Agora, como salientam CRIPPS (1992, 501) e JCSILVA (1999, 242), poderá é suceder que o tal "cavaleiro branco" se torne um "cavaleiro negro"...

[55] V. SANTOS (2008, 31s).

25. Relações públicas

Uma medida que é sempre posta em prática no âmbito de uma OPA hostil é uma forte campanha de relações públicas. Geralmente uma das primeiras medidas assim que é conhecida a OPA é montar uma equipa que inclua, além de advogados especializados e bancos de investimento, uma agência de relações públicas e comunicação[56].

Por exemplo, na célebre OPA sobre a Mannesmann, terão sido gastos por esta montantes astronómicos em publicidade, falando-se entre 400 e 700 milhões de marcos![57]

Tipicamente estas campanhas também incluem a realização de *road-shows* junto dos grandes accionistas, seja pelo oferente, seja pela Administração[58]. Mas uma campanha deste tipo vai para além da publicidade e inclui também o *lobbying* junto dos governos regionais e nacionais, dos reguladores, etc.

---

[56] V. GAUGHAN (2002, 251s).

[57] V. HOPT (2000, 1382). Para um caso real de há algumas décadas v. LOYRETTE (1971, 162). Entre nós a publicidade relativa a ofertas públicas deverá sempre ser aprovada pela CMVM (art. 121.º do CVM), conforme se alerta também no Parecer Genérico da CMVM (v. I.6 e II.6). A CMVM expressou aí, aliás, um conceito de publicidade bastante amplo.

[58] Pode ver-se a documentação de suporte utilizada no *road-show* promovido pela Administração PT logo de seguida ao lançamento da OPA em Apresentação da PT a Investidores de Março de 2006, tendo a oferente igualmente ido em *road-show* na mesma altura e podendo ver-se a respectiva documentação de suporte em Apresentação da Sonaecom a Investidores de Março de 2006. O City Code londrino vai ao ponto de conter regras específicas sobre campanhas telefónicas e sobre debates e entrevistas (v. regra 19).

DESPROPORÇÃO ENTRE CAPITAL E CONTROLO

Uma série de medidas atém-se com a obtenção de uma desproporção entre o capital efectivamente detido num sociedade e o domínio efectivamente exercido nessa sociedade, uma ideia que a Comissão Europeia tem vindo a estudar especialmente desde o primeiro relatório Winter, que sublinhou o princípio da proporcionalidade entre capital e controlo[59]. Trata-se de medidas essencialmente da competência da Assembleia Geral ou então adoptadas pelos próprios sócios, pelo que passam em boa medida ao lado do escopo deste trabalho. Entre as medidas abarcadas sob aquele princípio contam-se o estabelecimento estatutário de supermaiorias (v. art. 386.º/1/5 do CSC)[60], restrições estatutárias à transmissibilidade das

---

[59] WINTER *et alii* (2002-i., 21): "*proportionality between ultimate economic risk and control means that share capital which has an unlimited right to participate in the profits of the company or in the residue on liquidation, and only such share capital, should normally carry control rights. All such capital should carry control rights in proportion to the risk carried.*" No mesmo sentido entre nós v. a recomendação n.º 81 no Livro Branco sobre *Corporate Governance* em Portugal, de ALVES *et alii* (2006, 158), sendo de salientar que já em 1990 a Comissão Europeia, no âmbito das medidas defensivas, havia alertado para esse princípio – v. *Entraves aux Offres Publiques d'Achat ou d'Exchange* (SEC (90) 901 final). Este princípio, a par do princípio de decisão accionista (*shareholder decision making*) foram os dois princípios apontados nesse primeiro relatório Winter para estruturar um Direito das OPA's (v. também HOPT (2004, 223ss)). A expressão prática e legal da desproporção entre capital e controlo foi objecto de um estudo aprofundado, levando em conta diversas jurisdições comunitárias e também os Estados Unidos, o Japão e a Austrália, podendo consultar-se os resultados dessa investigação, nomeadamente referindo boa parte das medidas de seguida referidas, em ECGI *et alii* (2007). Na sequência desse estudo a Comissão Europeia emitiu o documento de trabalho *Impact Assessment on the Proportionality between Capital and Control in Listed Companies* (SEC (2007) 1705).

[60] Agora, a questão estará em saber se existe algum ponto a partir do qual uma exigência estatutária para uma especial maioria deixa de implicar uma alteração meramente quantitativa, mas antes uma transformação qualitativa do tipo de maioria exigido – até

acções (v. arts. 328.ºs do CSC[61]), acordos parassociais relativos à transmissibilidade das acções ou ao exercício do direito de voto (v. arts. 17.º
do CSC e 19.º do CVM)[62], a emissão de instrumentos representativos
de capital que não permitam exercer direito de voto (v.g. arts. 341.ºss do

---

por imperativos de praticabilidade do desenvolvimento da própria sociedade, sobretudo
no caso de matérias de importância fundamental na vida da sociedade ficarem sujeitas
a unanimidade ou quase-unanimidade. Por algum motivo a regra geral nas sociedades
anónimas é a da maioria e não a da unanimidade (art. 386.º/1 do CSC). Sobre o tema
v. POCunha (2007, 611).

[61] Para as sociedades de estrutura dualista, v. também o art. 441.º-r) do CSC. De
qualquer modo, como salienta Ferrarini (2001, 6), deve notar-se que os valores mobiliários admitidos à negociação em mercado regulamentado devem ser livremente negociáveis.
O que justamente é imposto nos termos do art. 40.º/1§2 da Directiva 2004/39/CE do
Parlamento Europeu e do Conselho, de 21 de Abril de 2004 relativa aos mercados de instrumentos financeiros. [E que] Altera as Directivas 85/611/CEE e 93/6/CEE do Conselho
e a Directiva 2000/12/CE do Parlamento Europeu e do Conselho e revoga a Directiva
93/22/CEE do Conselho. E o que foi concretizado pelo art. 35.º/1 do Regulamento (CE)
n.º 1287/2006 da Comissão de 10 de Agosto de 2006 que aplica a Directiva 2004/39/CE
do Parlamento Europeu e do Conselho no que diz respeito às obrigações de manutenção de
registos das empresas de investimento, à informação sobre transacções, à transparência dos
mercados, à admissão à negociação dos instrumentos financeiros e aos conceitos definidos
para efeitos da referida directiva, que estabelece entre as características da livre negociabi-
lidade *"poderem ser negociados entre as partes de uma transacção e, subsequentemente,
transferidos sem restrições"*. Na legislação nacional v. o art. 204.º/1-a) do CVM. Sobre o
tema v. também Martins (2006, 335ss) e quando ao conceito de "mercado regulamentado"
v. os arts. 4.º/1(14) da primeira Directiva e 199.º do CVM. Uma medida curiosa, no âmbito
de restrições estatutárias, é a chamada OPA estatutária, isto é, a determinação da obrigação de lançar uma OPA atingida que seja determinada percentagem de detenção de capital
social de montante inferior (ou diverso) dos limiares estabelecidos legalmente, entre nós
1/3 e 1/2 dos direitos de voto (v. art. 187.º/1 do CVM). Sobre a sua admissibilidade entre
nós pode ver-se, com mais ou menos *nuances*, a favor Castro (1998), Cordeiro (1998),
JCSilva (2001-i, 90ss) e Marcelo (2002, 52ss), contra v. Duarte (1998, 104ss). Pode
ver-se também Câmara (2000, 229s), que chama a atenção para o caso concreto.

[62] Tendo em conta o novo (e ainda enigmático...) art. 20.º/1-h)/4 do CVM, que
reintroduziu entre nós o conceito de concertação (v. art. 525.º/1-d) do CMVM'; sobre a
matéria no CMVM', v. Ventura (1992, 180ss) ou Duarte (1998, 302ss)), as partes devem
ter especial atenção a esta norma; sobre ela. v. JSSilva (2007, 50ss), PCSilva (2007,
432ss) e §5 do Relatório Final da Consulta Pública n.º 11/2005 sobre o Anteprojecto de
diploma de transposição da Directiva das OPA. Foi, por exemplo, o motivo para a revogação de um acordo de preferência sobre as acções do BPI, v. o Comunicado do BPI de
14 de Novembro de 2006. Noutros Direitos, v. a definição de *acting in concert* e respectivas notas do City Code e o §2(5) da WpÜG.

CSC), a constituição da sociedade potencialmente visada como sociedade em comandita por acções (arts. 465.°ss e 478.°ss do CSC; no âmbito anglo-saxónico, as *limited liability partnerships*) e a estruturação piramidal do grupo[63]. Gostaria de salientar, contudo, duas medidas muito eficazes, pela sua importância prática entre nós.

26. Limitações ao exercício do direito de voto

A medida talvez mais importante no contexto do nosso ordenamento atém-se com as limitações estatutárias do direito de voto, uma possibilidade que actualmente a AkG proíbe às sociedades cotadas (§134(1)--2.ª frase *a contrario*). Não é assim de surpreender que as Recomendações da CMVM sobre o Governo das Sociedades Cotadas (Setembro de 2007) expressamente se debrucem sobre o tema[64].

Nos termos do artigo 384.°/2-b) do CSC, os estatutos podem determinar que não sejam contados votos acima de certo número, quando emitidos por um só accionista, em nome próprio (ou também como representante de outro). A prática estatutária tem sido limitar os votos em função do total de votos imputáveis a cada accionista em termos similares ou nos termos do art. 20.° do CVM, que estipula as modalidades de imputação de direitos de voto para efeitos deste Código[65].

---

[63] Com muito interesse sobre a temática dos grupos piramidais v. WINTER *et alii* (2002-ii, capítulo V) e para dois exemplos gráficos reais muito elucidativos v. BECHT (2004, 668s). Entre nós, muito interessante sobre este tema e outras formas de blindagem dos grupos societários é o estudo de MARCELO (2002).

[64] Recomendação I.6.2: "*Os estatutos das sociedades que, respeitando o princípio da alínea anterior, prevejam a limitação do número de votos que podem ser detidos ou exercidos por um único accionista, de forma individual ou em concertação com outros accionistas, devem prever igualmente que seja consignado que, pelo menos de cinco em cinco anos será sujeita a deliberação pela Assembleia Geral a manutenção ou não dessa disposição estatutária sem requisitos de quórum agravado relativamente ao legal e que nessa deliberação se contam todos os votos emitidos sem que aquela limitação funcione.*" Note-se, ainda, que o art. 33.°/3-b) do DL n.° 252/2003, de 17 de Outubro, que proíbe a sociedade gestora de votar, por conta de fundos de investimento mobiliário que administrem, a favor de medidas estatutárias defensivas.

[65] V. os casos de seguida enunciados. Em matéria de imputação de direitos de voto é incontornável a referência, entre nós, a CASTRO (2000), podendo ver-se mais recentemente PCSILVA (2007), JSSILVA (2007) e RESENDE (2007). Voltando ao texto, note-se

Este tipo de previsão estatutária é comum a uma boa parte das maiores sociedades cotadas portuguesas (v.g. o art. 12.º/4 dos estatutos do BPI estabelece um limite de 17,5% dos votos representativos do capital social, os arts. 13.º/10/11 dos Estatutos da PT e 16.º/10ss dos estatutos do BCP estabelecem actualmente um limite de 10%, enquanto que um limite mais baixo ainda, de 5%, é estabelecido pelo art. 14.º/3/4 dos estatutos da EDP – Energias de Portugal, S.A.).[66] Este tipo de previsões estatutárias pretende evitar, como bem se depreende, que a sociedade em causa seja dominada por um qualquer grupo de interesses, que é um objectivo atingido noutros mercados, designadamente o norte-americano e o britânico, pela dispersão accionista, que não tem paralelo em Portugal e noutros mercados continentais[67]. Se aquelas normas estatutárias forem estritamente observadas, a sociedade em causa dificilmente é susceptível de ser dominada[68].

Ora, como bem se compreende, a manutenção de uma cláusula deste tipo inviabiliza na prática uma OPA, onde o objectivo é justamente a obtenção do domínio[69]. A obtenção desse objectivo somente será conseguida se essa cláusula for entretanto suprimida ou se o capital social com direito de voto subsistente fora das mãos do oferente após a conclusão da OPA for inferior ao limite votante máximo permitido. Daí que seja natural que, em caso de OPA's sobre sociedades com este tipo de limitações, os oferentes sujeitem a oferta a condições resolutivas adequadas[70].

---

que aquela prática estatutária parece dever ser legalmente admitida, correspondendo afinal ao racional subjacente ao disposto no art. 384.º/2-b) do CSC; assim DUARTE (1998, 115). V. também a propósito dessa prática a sua admissão (quanto a sociedades que não sejam cotadas) pelo §134(1)-3.ª e 4.ª frase da AkG.

[66] Outra questão é saber o limite depois do qual se deve entender que a limitação em questão é demasiado baixa e portanto ilegítima, por colocar assim em causa o direito essencial do sócio de (efectivamente) participar nas deliberações sociais (v. art. 21.º/1-b) do CSC).

[67] Graficamente sobre a dispersão accionista nuns e noutros mercados v. MCCAHERY et alii (2003, 8). Veja-se também com muito interesse ALVES et alii (2006, 20ss).

[68] Agora, hoje em dia será muito mais difícil apurar dessa observância estrita, em atenção ao disposto no já referido art. 20.º/1-h) do CVM.

[69] Mas tenha-se também em atenção o disposto no art. 386.º/5 in fine do CSC.

[70] V. n.º 10-c), n.º 12-c), 2.6-c) respectivamente do Anúncio Preliminar (PT) de 6 de Fevereiro de 2006, Anúncio do Lançamento (PT) de 12 de Janeiro de 2007 e Prospecto (PT) de 12 de Janeiro de 2007, e n.º 10-a), n.º 10-a) e página 23 respectivamente do Anúncio Preliminar (BPI) de 13 de Fevereiro de 2006, Anúncio do Lançamento (BPI) de 5 de Abril de 2007 e Prospecto (BPI) de 5 de Abril de 2007.

Da limitação de direitos de voto distingue-se o chamado voto plural, em que são atribuídos direitos de voto em número diferenciado a umas e outras categorias de acções, o que obviamente concentra em determinado montante de capital social uma quantidade de direitos de voto desproporcionalmente superior à respectiva participação no capital da sociedade. Esta prática, alargada e permitida, com mais ou menos restrições, em alguns países (*maxime* em França; v. arts. L225-123s do *Code de Commerce*), é proibida noutros, tais como a Alemanha (§12(2) da AkG) e entre nós nos termos do art. 384.º/5 do CSC[71].

27. Acções douradas

As chamadas *golden shares* consistem essencialmente na atribuição de direitos especiais ao accionista Estado, face aos outros accionistas.

Entre nós, actualmente os casos mais idiossincráticos deste tipo de situações estão previstos nos estatutos da EDP – Energias de Portugal, S.A., da Galp Energia, SGPS, S.A., e da PT, que prevêem que o direito de voto inerente às acções detidas pelo Estado ou outros entes públicos goza de um regime especial, no primeiro caso não se aplicando a limitação estatutária dos direitos de voto vigente, no segundo implicando privilégios na designação do presidente do Conselho de Administração e em determinadas deliberações relativas ao abastecimento energético do país e à celebração de contratos de grupo, e no terceiro implicando privilégios no que toca a deliberar sobre a aplicação de resultados do exercício, alterações estatutárias, emissão de valores mobiliários e eleição de órgãos sociais[72].

---

[71] Mas v. contudo o disposto no art. 531.º do CSC; para as sociedade por quotas, v. a admissibilidade do voto duplo nos termos do art. 250.º/2 do CSC. Sobre o que chama de voto plural indirecto v. HERMOSILLA MARTÍN (1992, 327s).

[72] V. respectivamente os arts. 4.º/4 dos estatutos da EDP – Energias de Portugal, S.A. (*"As acções de categoria B são as acções a reprivatizar e têm como único privilégio a não sujeição dos accionistas que sejam seus titulares, ou que as representem, à limitação de voto prevista nos números 3 e seguintes do artigo 14.º, por referência às mesmas acções."*), 4.º/3/5 do estatutos da Galp Energia, SGPS, S.A. (*"São inerentes às acções de categoria A os seguintes direitos especiais: a) a eleição do presidente do conselho de administração só poderá ser aprovada com a maioria dos votos inerentes às acções de categoria A; b) quaisquer deliberações que visem autorizar a celebração de contratos de grupo paritário ou de subordinação e ainda, quaisquer deliberações que, de algum*

Este tipo de medidas têm crescentemente vindo a ser alvo de crítica por parte da Comissão Europeia, que tem instaurado diversos processos junto do Tribunal de Justiça contra Estados-Membros com fundamento *maxime* na violação do disposto no artigo 56.°(1) do Tratado da União Europeia relativo à liberdade de circulação de capitais[73]. O mais sonante dos quais foi provavelmente o instaurado contra a Alemanha devido à famosa "Lei Volkswagen" (*Gesetz über die Überführung der Anteilsrechte an der Volkswagenwerk Gesellschaft mit beschränkter Haftung in private Hand*, de 21 de Julho de 1960), (i) atribuindo à República Federal alemã e ao Estado de Niedersachsen (desde que fossem accionistas) o direito especial de designarem cada um dois membros do órgão de fiscalização (*Aufsichtsrat*), (ii) prevendo uma limitação de direitos de voto por accionista de 20% dos direitos de voto representativos do capital social e (iii) dispondo uma maioria hiper-qualificada de mais de 80% do capital social representado na Assembleia Geral para aquelas matérias em que exista previsão na lei geral (AkG) de uma maioria qualificada de 75% (respectivamente §§4(1), 2(1) e 4(3) daquela Lei). No acórdão do Tribunal de Justiça de 23 de Outubro de 2007 concluiu-se que, tomando em conta aquelas disposições da Lei Volkswagen, a Alemanha havia incumprido as suas obrigações à luz daquela norma do Tratado.

Deve notar-se que a natural retracção das *golden shares* num futuro próximo nem por isso impossibilita, por exemplo, entre nós e em termos de legislação societária, a atribuição de determinados direitos especiais

---

modo, possam pôr em causa a segurança do abastecimento do País de petróleo, de gás e de electricidade, ou produtos derivados dos mesmos, não poderão ser aprovadas, nem em primeira, nem em segunda convocação, contra a maioria dos votos inerentes às acções de Categoria A." / "Enquanto tal não for dispensado por lei, a titularidade das acções da categoria A terá de pertencer a entes públicos, na acepção da alínea e) do n.° 2 do artigo 1.° da Lei n.° 71/88, de 24 de Maio.") e 5.°/1 dos estatutos da PT (*"A Sociedade tem, além das acções ordinárias, acções da categoria A, que serão detidas maioritariamente pelo Estado ou por entidades que pertençam ao sector público, e gozam dos privilégios resultantes das regras estabelecidas nos artigos décimo quarto número dois e décimo nono, número dois dos presentes estatutos* [que compreendem as matérias referidas supra]."). V. a propósito n.° 10-d) do Anúncio Preliminar (PT) de 6 de Fevereiro de 2006. Sobre a temática das acções douradas v., resumidamente, HOPT (2004, 233ss) e, mais desenvolvidamente, CÂMARA (2002), ALBUQUERQUE/PEREIRA (2006) e RODRIGUES (2007).

[73] Processo C-112/05 (Alemanha). Para outros processos recentes, v. Processo C-274/06 (Espanha) ou C-463/04 (Itália).

a accionistas, desde que objectivamente efectuada com referência a categorias de acções e não por referência subjectiva ao accionista Estado (v. arts. 24.º/4, 302.º/1 e 384.º/3 do CSC)[74]. Não obstante, tais situações não deixam de chocar com o já identificado princípio de proporcionalidade e não pode deixar de se perguntar se designadamente no acórdão supra o Tribunal de Justiça não esteve já mais preocupado com o tal princípio da proporcionalidade (v. os §§2(1) e 4(3) da Lei Volkswagen já referidos) do que com a temática das acções douradas propriamente dita.

28. Directiva das OPAs

Algumas das medidas anteriores foram justamente objecto de consideração pelo legislador comunitário na DirOPA nos termos do respectivo art. 11.º. Nesta norma o legislador comunitário debruça-se sobre (i) as restrições estatutárias e parassociais à transmissibilidade de acções, que, nos termos no n.º 2, não deveriam ser aplicáveis durante o período da oferta com relação ao oferente, (ii) as limitações estatutárias e parassociais no exercício do direito de voto e sobre o voto plural, que, nos termos do n.º 3, não deveriam ser aplicáveis no que toca à autorização para a adopção de medidas defensivas durante a oferta e (iii) as limitações estatutárias e parassociais no exercício do direito de voto e sobre o voto plural, que, nos termos previstos no n.º 4, não deveriam ser aplicáveis, caso o oferente detenha após a oferta pelo menos 75% do capital social votante. Releve-se também que o legislador consagrou uma excepção relativamente a participações detidas por um Estado-Membro, desde que essa detenção estivesse de acordo com o Direito Comunitário (v. art. 11.º/7 da DirOPA e o seu Considerando 20). Curiosamente (ou nem por isso) esse requisito de compatibilidade não foi transposto para o Direito português, quando se atente no 182.º-A/8 do CVM.

---

[74] V. RODRIGUES (2007, 194). Por fim, note-se que também do regime jurídico das sociedades anónimas desportivas decorrem determinados privilégios para o clube fundador (v. arts. 3.º-b), 12.º/1-a) e 30.º/2/3 do DL n.º 67/97, de 3 de Abril). Sobre as OPAs nestas sociedades, v. COLAÇO (2008).

No entanto, este art. 11.° é uma das normas relativamente às quais os Estados-Membros tiveram um direito de *opt out*, nos termos do art. 12.°/1/2 (a que voltaremos). E o Estado português adoptou justamente essa posição, dando-se, contudo, aos accionistas a possibilidade de estatutariamente preverem um regime similar ao disposto naquele art. 11.° da DirOPA, nos termos do art. 182.°-A do CVM. Além do disposto no art. 11.°, o legislador comunitário igualmente se preocupou em que as medidas defensivas prévias fossem tornadas transparentes e dadas a conhecer ao público – v. o Considerando 18 e o art. 10.° da DirOPA (e, entre nós, o art. 245.°-A do CVM).

CAPÍTULO II

A CONDUTA FIDUCIÁRIA DOS ADMINISTRADORES

CRITÉRIO GERAL DE ACTUAÇÃO

29. Dever de administração

Dos termos dos arts. 405.º/1 e 431.º/1 do CSC, à Administração *"compete (…) gerir as actividades da sociedade"*; por referência a cada um dos titulares daquele órgão, aos administradores compete gerir a sociedade. O termo *"compete"* surge ali utilizado num sentido dual, pois não somente determina o âmbito de actuação dos administradores (a gestão da sociedade), como lhe deverá ser dado um sentido debitório, pois os administradores devem exercer (por definição, senão a sua designação como tal não teria justificação) o poder que ali lhes é adstrito. O exercício gestório traduz-se, em bom rigor, na tomada de decisões[75].

Dos termos dos arts. 405.º/2 e 431.º/2 do CSC decorre que a Administração *"tem [exclusivos/plenos] poderes de representação da sociedade"*. Esta norma deve entender-se nos mais latos termos, considerando-se, pois, atribuídas aos administradores as funções de traduzir perante outrem (compreendendo negócios jurídicos, simples actos jurídicos ou

---

[75] Para uma definição do poder de gestão em oposição com o poder de representação de seguida referido v. ALEMAGNA (2004, 284). Para alguns exemplos do conteúdo do conceito de gestão e algumas mais referências doutrinais v. VASQUES (2007, 128s) e ABREU (2006-i, 38).

actos materiais[76]) as decisões alcançadas no âmbito dos órgãos próprios da sociedade, mormente (no que aqui se cura) as decisões alcançadas pelos administradores no exercício gestório referido no parágrafo anterior. Por outro lado, como efectivamente o exercício gestório necessita de ser levado à prática e como aquelas funções cabem exclusiva ou plenamente aos administradores[77], daí decorre que os administradores, além de estarem obrigados ao exercício gestório, igualmente estão obrigados ao respectivo exercício executório.

Em resumo, os administradores têm um dever fundamental: o dever de administrar a sociedade[78]. Este dever de administração compreende tanto o exercício de gestão como o exercício executório. De entre estes, é sobretudo o primeiro, o que teremos agora em mente, enquanto que teremos o segundo mais propriamente em mente no próximo capítulo. Apesar de, em bom rigor, ser através do segundo que se afectam na prática (positiva ou negativamente) direitos e expectativas de outrem, a existência e os termos desse segundo momento dependem do primeiro, o momento criativo da actividade do administrador. Agora, a existência de ambos os momentos na actividade de administração não significa que sempre ocorram em circunstâncias perfeitamente distinguíveis entre si. Nomeadamente para actos de mero expediente (a que voltaremos) poderá não haver um suporte documental do momento gestório, tal como também muitas vezes é deixada para o momento da execução alguma necessária discricionariedade da parte do executor da decisão.

---

[76] Sobre esta tipologia v. por todos PINTO (2005, 356ss).

[77] Com algumas excepções – v. ABREU (2008, 1214).

[78] Assim o §76(1) da AkG, JSSILVA (1997, 616-nota 9), FLEISCHER (2003, 2), FONT GALÁN (2005, 73) e FRADA (2007, 61s). ABREU (2007, 36 em nota) refere tratar-se de um poder-dever. A sentença da 3.ª Vara Cível de Lisboa de 27 de Outubro de 2003 (Caetano Nunes) menciona antes um dever de gestão; em boa verdade, o que interessa é o conteúdo dos conceitos, antes que a sua designação, mas pelo exposto em texto parece-me semanticamente preferível falar em dever de administração. No acórdão do Tribunal da Relação de Lisboa de 23 de Março de 1995 (Antunes Pina) – no sumário, não estando disponível o texto integral – indica-se que "*o primeiro e maior dos deveres do administrador de sociedade anónima é o da diligência na direcção, administração e condução da gestão social, como gestor criterioso e ordenado*".

30. Critérios de actuação

Tal como os demais deveres jurídicos, o cumprimento do dever de administrar pode ser bem ou defeituosamente cumprido pelo administrador (além de incumprido de todo). O administrador para cumprir bem deve cumprir de certo modo e com certas qualidades (critério modal) e a sua actividade deve realizar-se para o cumprimento de determinado fim (critério final). Como veremos, será sobretudo este segundo o centro das nossas atenções.

Na falta de lei, caberia à doutrina e à jurisprudência enunciar ambos os critérios referidos. O art. 17.°/1 do Decreto-Lei n.° 49.381, de 15 de Novembro, que disciplinou então a responsabilidade civil dos administradores da sociedades anónimas, veio estabelecer um critério modal (*"diligência de um gestor criterioso e ordenado"*) inspirado no congénere alemão constante do §93(1) da AkG (*"ordentlichen und gewissenhaften Geschäftsleiters"*). Em 1986, o nosso legislador fez constar ambos os critérios da versão inicial do artigo 64.° do CSC. Aí se determinava que o administrador deveria actuar (i) com a *"diligência de um gestor criterioso e ordenado"*, critério modal, e (ii) *"no interesse da sociedade, tendo em conta os interesses dos sócios e dos trabalhadores"*, critério final[79].

Estes dois são também os critérios fundamentais de actuação dos administradores (*directors*[80]) no ordenamento jurídico norte-americano,

---

[79] É curioso notar que, apesar de a AkG não especificar o critério final como a nossa disposição nacional, já a WpÜG especifica justamente no seu §3(3) que o *Vorstand* (Administração) e o *Aufsichtsrat* (órgão de fiscalização, que inspirou directamente o nosso Conselho Geral em 1986) devem actuar no interesse da sociedade. O mesmo princípio consta do disposto no art. 3.°/1-c)-1.ª-parte da DirOPA, mas somente relativamente à Administração (provavelmente por lapso; compare-se com o art. 9.°/6 da DirOPA). É curioso notar também que no art. 2.°-A-c) da proposta de Directiva de PENNINGTON (1974, Addendum-2) se sugeria antes que a Administração deveria actuar nos exclusivos interesses dos accionistas.

[80] Deve ter-se em conta uma distinção fundamental entre os *directors* e os *officers*. Os primeiros nomeiam os segundos e têm a seu cargo a monitorização destes e a tomada das decisões mais importantes na administração da sociedade. A gestão corrente da sociedade (*day-to-day business*) e a execução das decisões dos primeiros está a cargo dos segundos. Deve dizer-se que, apesar de a lei cometer a gestão da sociedade aos primeiros (v. §141(a) do *Delaware General Corporation Code* e 8.01(b) do *Model Business Corporation Act*), na prática grande parte deste mandamento foi "usurpado" pelos *officers*; os Princípios da ALI são já mais sensíveis ao tema (§3.01, mas v. §3.02(b)(6)...). Sobre os

em que estes são tipicamente vistos como fiduciários. Os poderes do fiduciário sobre os bens que lhe tenham advindo por via dessa relação fiduciária devem ser exercidos com o único propósito de servir os fins com vista aos quais a relação fiduciária se constituiu, o que corresponde a um dever de lealdade (*duty of loyalty*) e implica a existência de um dever de cuidado (*duty of care*), de actuar do modo como uma pessoa razoável actuaria no exercício daquele poder fiduciário[81].

Ambos os critérios constantes do art. 64.° do CSC foram fortemente explicitados pelo legislador, com as modificações imprimidas nesta norma

---

officers v. por todos GEVURTZ (2000, 180ss). Um dos temas discutidos tem sido a aplicabilidade da BJR aos *officers*, podendo ver-se com muito interesse sobre o tema HAMERSH/SPARKS III (2005) e JOHNSON (2005) e a título de nota referir-se que os Princípios da ALI expressamente consagram a aplicabilidade da regra a estes últimos (v. §4.01).

[81] V. GEVURTZ (2000, 273) e ALLEN/KRAAKMAN (2003, 30s, 239), estes últimos acrescentando um não menos importante dever de obediência (*duty of obedience*) ao instituidor da fidúcia, nomeadamente aos documentos constitutivos da mesma. Deve também notar-se que, após o importantíssimo caso *Van Gorkon*, o primeiro grande caso em que o Supremo Tribunal de Delaware considerou que os administradores haviam infringido o seu dever de cuidado, o legislador de Delaware, e o de muitos outros Estados norte-americanos, veio consagrar legislativamente a possibilidade de eliminação estatutária do direito de indemnização da sociedade por incumprimento do dever de cuidado dos administradores (v. por todos o §102(b)(7) do *Delaware General Corporation Code*, radicalmente oposto ao nosso 74.°/1 do CSC); sobre o tema pode ver-se GEVURTZ (2000, 315ss) e ALLEN/KRAAKMAN (2003, 253ss). Nessa sequência a jurisprudência norte-americana tem vindo a outorgar crescentemente importância a um dever de boa fé (*duty of good faith*) que impende também sobre os administradores e que é igualmente sublinhado no *Model Business Corporation Act* (§8.30(a)(1)) e nos Princípios da ALI (v. §4.01). Depois de emblematicamente em *Cede II* o Supremo Tribunal de Delaware ter notado que existia uma tríade de deveres fiduciários dos *directors*, deveres de boa fé, lealdade e cuidado, o primeiro dever foi sendo sucessivamente aprofundado e foi por exemplo intensamente discutido num conjunto de decisões relativas ao pagamento de um altíssimo *golden parachute* a um antigo *chief executive officer* da Disney (*maxime Disney 2006*). Um dever que, numa primeira abordagem, parece corresponder ao dever de não violar conscientemente as suas obrigações, acaba por se assumir como um dever algo difuso ou participante dos outros dois, que pode acabar por servir de último reduto a que acorrer quando determinadas condutas não são bem violações ao dever de cuidado (ou a responsabilização por essa via seja estatutariamente excluída) nem do dever de lealdade, mas para as quais os *directors* mereçam ser responsabilizados. Sobre a evolução do dever de boa fé e respectiva utilização jurisprudencial v. EISENBERG (2005, especialmente V) e GRIFFITH (2005, especialmente II), este último autor comparando mesmo o exercício jurisprudencial feito em redor deste dever a uma análise caleidoscópica.

Da Conduta (Defensiva) da administração "Opada" 63

pela Reforma Societária. O legislador passou a autonomizar em duas alíneas de um n.º 1 aqueles dois critérios.

Assim, os administradores devem observar, nos termos da alínea a): *"Deveres de cuidado, revelando a disponibilidade, a competência técnica e o conhecimento da actividade da sociedade adequados às suas funções e empregando nesse âmbito a diligência de um gestor criterioso e ordenado"*. Substancialmente, o legislador não só manteve a cláusula geral anterior na parte final da alínea, como (inovação) resolveu concretizar alguns dos seus aspectos na primeira parte da alínea. Com efeito, a disponibilidade, competência e conhecimento ali referidos são características de que um administrador não pode deixar de participar, caso pretenda cumprir o seu dever fundamental com a diligência de um gestor criterioso e ordenado. Mas esta cláusula-geral vai muito para além disso, incluindo, por exemplo, deveres de investigação (*duty to inquiry*), de controlo (*duty to monitor*), de adoptar um processo de decisão razoável (*duty of reasonable decision making process*) e de tomar decisões razoáveis (*duty of reasonable decisions*)[82].

Nos termos da alínea b), os administradores devem observar: *"Deveres de lealdade, no interesse da sociedade, atendendo aos interesses de longo prazo dos sócios e ponderando os interesses dos outros sujeitos relevantes para a sustentabilidade da sociedade, tais como os seus trabalhadores, clientes e credores."*

---

[82] A enumeração constante do art. 64.º/1-a) do CSC não tem natureza taxativa, como salienta Câmara (2008, 30). Os deveres enumerados são, entre nós, também sublinhados por JSSilva (1997, 623), Nunes (2001, 22), Abreu (2007, 19) e Costa (2007, 59). No acórdão do Tribunal da Relação de Lisboa de 2 de Outubro de 2008 (Sousa Pinto) salienta-se um dever geral de diligência de que decorre, por exemplo, um dever de o administrador se informar adequadamente quanto ao local de cumprimento das obrigações da sociedade. Deve também reconhecer-se que o dever de cuidado e o dever de lealdade, especialmente na sua acepção positiva (a que se fará referência no ponto seguinte), não são categorias estanques, mas antes se relacionam entre si (sobre a imbricação recíproca entre ambos os deveres v. Griffith (2005, II.2) e também Câmara (2008, 37, 42)). Um dos melhores exemplos é o último dos deveres citados supra, o dever de tomar decisões razoáveis; ora, uma decisão é razoável se for um meio idóneo para atingir determinado fim, mas para a determinação desse fim é necessário ter presentes os interesses que o administrador deve prosseguir. Em virtude daquela imbricação recíproca, é natural que na prática surjam algumas confusões; por exemplo, no caso *Revlon*, para uma mesma situação – preterição dos interesses dos accionistas em favor dos interesses dos obrigacionistas – o Supremo Tribunal de Delaware considerou primeiro que os *directors* haviam infringido o seu dever de lealdade e depois, pelo mesmo motivo, que haviam infringido o seu dever de cuidado.

31. Critério final positivo e negativo

Como é sabido, a Reforma Societária, no que toca aos aspectos de *corporate governance*, foi motivada por um anteprojecto da CMVM submetido a consulta pública nesse mesmo ano. Aquele anteprojecto era muito mais contido no que tocava ao disposto no art. 64.° do CSC, sendo que a única diferença entre o disposto no então vigente art. 64.° do CSC e o art. 64.°/1 proposto era a aposição do segmento *"e com lealdade"* entre *"ordenado"* e *", no interesse da sociedade"*[83]. Os diversos casos com que a CMVM explicitava este novo segmento eram situações em que se impunha essencialmente um dever de *non facere* aos administradores[84]. Em rigor esta explicitação no art. 64.° do CSC não era absolutamente necessária, pois um dever de abstenção já decorreria do dever de agir segundo o interesse social, que tanto compreende condutas positivas como negativas. Mas implícito ao anteprojecto da CMVM parece-me que estava a atribuição ao segmento acrescentado de um sentido essencialmente negativo e ao segmento mantido *"no interesse da sociedade..."* uma conotação essencialmente positiva. Esta solução poderia talvez entender-se como inspirada na *Ley de Sociedades Anónimas*, modificada em 2003, em que a opção havia sido justamente passar a prever em dois segmentos distintos (artigos 127.°-bis e 127.°-ter) o dever (essencialmente positivo) de fidelidade e deveres (negativos) de lealdade[85].

---

[83] Conforme a redacção proposta pela CMVM no seu Projecto de Articulado das Alterações ao Código das Sociedades Comerciais (Consulta Pública 1/2006); as outras duas diferenças eram o acrescento do segmento *"e de lealdade"* à epígrafe e um novo n.° 2 relativo aos titulares dos órgãos de fiscalização.

[84] V. n.° 11-§3 de Governo das Sociedades Anónimas: Propostas de Alteração ao Código das Sociedades Comerciais (Consulta Pública 1/2006), em que se exemplificava com os deveres já legalmente consagrados de não concorrência (art. 398.°/3 do CSC) e de actuação leal em caso de OPA (art. 181.°/2-d) do CVM, hoje art. 181.°/5-d) do mesmo Código, e pelo que subentendo tomado essencialmente em sentido negativo) e com outros ainda sem directa consagração, tais como o dever de segredo ou o dever de não aproveitamento de oportunidades societárias (*corporate opportunities*). A este propósito v. ABREU (2007, 26ss), GEVURTZ (2000, 351ss) e também §§ 5.02ss dos Princípios da ALI. Note-se que o art. 186.°/2-b)-d)-e)-f)-g) do Código da Insolvência e Recuperação de Empresas apresenta igualmente vários exemplos de infracções ao dever de lealdade na sua acepção negativa, como sublinhado em boa medida por FRADA (2006, 695).

[85] As modificações referidas em texto ocorreram pela *Ley 26/2003*, de 17 de Julho (*Ley de Transparência*). Sobre estas alterações e em particular sobre a relação entre o dever

Fazer encimar a alínea de *"deveres de lealdade"* e integrar neste conceito a actuação segundo o interesse social, implica que estes deveres de lealdade se devam entender como de conduta não só negativa como positiva[86]. Doutro modo, o dever de actuação conforme o interesse social, erigido pelo legislador em 1986, deixaria de estar previsto no CSC enquanto dever de conduta positivo e, efectivamente, são duas as dimensões compreendidas no dever de lealdade.

Paradigmaticamente, tratando deste dever em *Cede II*, afirmou o Supremo Tribunal de Delaware tratar-se de uma *"rule that demands of a corporate officer or director, premptorily and inexorably, the most scrupulous observance of his duty, not only affirmatively to protect the interests of the corporation committed to his charge, but also to refrain from doing anything that would work injury to the corporation"*.

32. Construção do interesse social

Em rigor, a expressa previsão de que os administradores deverão agir segundo o interesse social não seria necessária, pois tal já decorreria da compreensão teleológica do cargo de administrador. Mas, como vimos, o legislador optou em 1986 por consagrá-lo expressamente e foi ainda mais além, porque no *"interesse da sociedade"* destacou que deveriam ser tomados em conta tanto os interesses dos *"sócios"* como os dos *"trabalhadores"*[87]. Vinte anos volvidos, o legislador optou por alargar a panóplia de interesses enunciados para todos os relevantes para a sustentabilidade da sociedade.

---

de diligência, previsto no art. 127.º da *Ley de Sociedades Anónimas*, e os dois deveres referidos supra v. Font Galán (2005, 73ss). Note-se que (por acaso, ou nem por isso) as situações tratadas tradicionalmente no âmbito norte-americano sob a epígrafe de "deveres de lealdade" são justamente situações em que se impõe um dever de abstenção dos administradores.

[86] V. Câmara (2008,35s). Abreu (2007, 25), inclui ambas as vertentes, destacando sobretudo a faceta positiva do dever de lealdade.

[87] Segundo Correia (1991, 602-nota 17), o autor material do preceito, a inspiração do critério final constante da redacção inicial do art. 64.º foi o §70 da *Aktiengesetz* alemã de 1937 e um projecto para uma 5.ª Directiva do Direito das Sociedades que acabou por não ser aprovada (no seu art. 10.º-a/2)). Sobre o tema v. também Cordeiro (2007-ii, 31ss).

Igualmente outros legisladores têm feito crescente referência a tal tipo de interesses. Assim, por exemplo, na recente *Companies Act 2006*, que em termos de aprovação correu temporalmente paredes meias com a reforma do CSC e a que o legislador até se refere no preâmbulo do DL n.° 76-A/2006, de 29 de Março (v. §24), o legislador inglês refere os interesses dos trabalhadores, fornecedores e clientes, da comunidade e o ambiente (v. secção 172(1))[88].

Agora, resta saber em que medida é que os vários interesses relevam.

33. O interesse dos sócios

Cada sócio é um centro de imputação de interesses distinto, que olha naturalmente para as suas próprias necessidades[89]. Existe, no entanto, um subjacente comum. Os sócios investem, no momento da constituição ou em mercado secundário, em dada sociedade por considerarem que assim melhor rentabilizam o capital investido (rentabilização aqui compreendida em sentido amplo, enquanto benefício a retirar, qualquer que seja esse benefício[90]).

O legislador, no entanto, postula qual a forma de rentabilização que os sócios possam ter em vista. Tendo em conta o disposto literalmente no art. 980.° do CC, a rentabilização pressuposta pelo legislador nessa norma é aquela obtida através da distribuição de dividendos. Esta norma de qualificação do que é uma sociedade tem vindo, contudo, a ser interpretada actualisticamente[91]. E, na minha óptica, assim deverá suceder também relativamente ao elemento da repartição de lucros, pois, efectivamente e nos dias de hoje, aquela rentabilização pode muito bem ser obtida, além da distribuição dos dividendos, através da valorização da participação social no mercado[92]. Por que razão um programa de recompra de acções, que

---

[88] Para mais alguns exemplos desta tendência v. ABREU (2009, 296s).

[89] V. SANTOS (2006, p. 217).

[90] V. VON COLBE (1997, 272), SÁNCHEZ-CALERO GUILARTE (2002, 1698) e SANTOS (2006, 243).

[91] Sobre o tema v ABREU (2009, 6ss).

[92] Igualmente apontam essas duas formas de rentabilização do investimento DUARTE (1998, 243) e GARCÍA DE ENTERRÍA (1999, 53). A propósito do tema v. também JAEGER (2000, 803s). Contra a segunda forma no âmbito do art. 980.° do CC v. SANTOS (2006, 262ss).

Da Conduta (Defensiva) da administração "Opada" 67

é, aliás, um lugar-comum nas grandes sociedades, mesmo nas portugue-sas[93], deve ser preterido em face de um programa de distribuição de divi-dendos, caso o primeiro, com um mesmo ou menor custo para a sociedade, seja mais lucrativo para os sócios (por exemplo, por razões fiscais)? Para o accionista médio é indiferente a forma pela qual o valor se cristaliza no seu património, interessa-lhe a mais eficiente naturalmente.

Note-se, contudo, que aquele postulado (ainda que re-interpretado) é fundamental, uma vez que doutro modo poderia tornar-se impossível na administração da sociedade a determinação em concreto de um interesse comum dos sócios[94], uma vez que numa sociedade concreta cada sócio poderá estar a pensar realizar o seu escopo lucrativo de outra forma que não uma das duas referidas supra, de uma forma que não é susceptível de ser partilhada por igual (isto é, *pro rata,* seguindo o racional do art. 22.º/1--2.ª parte do CSC e mais genericamente do art. 15.º do CVM) por outros sócios[95]; assim poderá suceder no âmbito de uma relação de grupo, em que o sócio poderá pretender rentabilizar o seu investimento através da instrumentalização da sociedade. Fora do âmbito de uma relação de grupo (de direito), em que não se pode deixar de reconhecer face ao disposto no art. 980.º do CC um novo alargamento na forma de obter o retorno por parte da cúpula do grupo, a obtenção de um tal tipo de retorno não deve entender-se legalmente pressuposta. Por outro lado, a instrumentalização da sociedade àquele escopo, antes que em atenção à rentabilidade da própria sociedade, é igualmente contrário às expectativas comunitárias, nomeadamente as dos credores sociais, razão pela qual, numa relação de grupo, se justifica uma norma como a constante do art. 501.º/1 do CSC (e 491.º do mesmo Código)[96].

---

[93] V. por exemplo o programa de recompra de acções aprovado pela Assembleia Geral da PT, como divulgado no Comunicado da PT de 27 de Abril de 2007 e respectivo desenvolvimento na Informação sobre Programa PT de *share buy-back.*

[94] De um *"interesse social comum"*, na expressão de ABREU (2009, 302).

[95] Um interesse é a relação entre uma necessidade e o bem que vise satisfazer essa necessidade (v. ABREU (2009, 295); sobre o conceito de interesse v. também as considera-ções de CORDEIRO (2007-ii, 38ss). No caso a necessidade é rentabilizar o investimento. Ora, a utilização do bem há-de visar a satisfação da necessidade de cada um dos sócios iguali-tariamente (numa base *pro rata*) e não numa base desigualitária.

[96] E se justificará que, quando de facto estejamos perante um grupo, ainda que não devidamente formalizado (não sendo um grupo de direito), em que a dominante exerce de facto um poder de instrução em prejuízo da dominada, se aplique a mesma regra – nesse

Agora, o retorno dos sócios é justamente uma necessidade constante dos sócios ao longo da vida da sociedade. Para atender a tanto a sociedade deverá ser administrada de modo a permitir um fluxo de retorno continuado para os sócios, devendo abster-se os administradores de políticas agressivas que surtam efeito no imediato, mas tragam a prazo consequências nefastas[97]. O administrador deverá também ter sempre presentes os diversos condicionalismos e circunstâncias, de molde a que a cada momento (conjunturalmente) possa tomar as opções que melhor se enquadrem naquela perspectiva (estrutural) de criação continuada de lucro (v.g. razões fiscais ou inflação poderão levar a distribuir hoje mais aos sócios ou realizar antes mais investimentos do que num período seguinte)[98].

O legislador veio agora qualificar temporalmente no art. 64.º/1-b) do CSC os interesses dos sócios ali referidos como "*de longo prazo*"[99], tal como no *Companies Act 2006* igualmente é feita menção semelhante na

---

sentido v. GUINÉ (2006) e, em sentido contrário, OLIVEIRA (2009, 1206-nota 9), de quem discordo – a responsabilidade solidária deve aplicar-se por maioria de razão, uma vez que num grupo dito de direito aquela consequência é aplicável independentemente de um exercício efectivo de um poder de instrução prejudicial, sendo que é esse exercício efectivo e prejudicial que justifica, em última análise, aquela responsabilidade, como procurei mostrar em GUINÉ (2006); sobre a distinção entre grupos de direito e de facto v. ANTUNES (2002, 73ss).

[97] No mesmo sentido v. CORDEIRO (2007-ii, 42) e TRIUNFANTE (2007, 64); v. também DUARTE (1998, 243) antes da Reforma Societária. Uma das críticas que é apontada à chamada *shareholder value theory*, cuja primeira teorização é reportável à obra *Shareholder Value* de Alfred Rappaport, publicada em 1986, é justamente a preocupação gestória de curto prazo (v. MÜLBERT (1997, 139), pelo que é de aplaudir a correcção legislativa, referida no parágrafo seguinte, pois poderá permitir, deste modo corrigido, ir colher diversos ensinamentos àquela doutrina, justamente em benefício do interesse comum dos sócios de rentabilização do investimento. Sobre os pressupostos e funcionamento desta doutrina v. MÜLBERT (1997, 131ss), que nota, e bem, que não se deve confundir pura e simplesmente com o interesse social (v. MÜLBERT (1997, 159ss)). Para alguns bons exemplos de práticas nefastas v. SÁNCHEZ-CALERO GUILARTE (2002, 1708ss) e, em particular, sobre as razões do colapso financeiro da Enron v. BRATTON (2002, 1299ss).

[98] Salientando a importância da conjuntura, mas no âmbito de uma contraposição entre interesse da sociedade e dos sócios de que não partilho na mesma medida, v. VASCONCELOS (2006, 320).

[99] Na opinião de CÂMARA (2008, 39) estariam assim excluídos de tutela os interesses de investidores de curto prazo, como sejam *day-traders* e *hedge funds*. Muito crítico é CORDEIRO (2007-ii, 42) e, no seu ordenamento relativamente a questão similar, o Supremo Tribunal de Delaware em *Time*.

Da Conduta (Defensiva) da administração "Opada"   69

secção 172(1)(a) ("*long term*"). Esta qualificação é, desde logo, um conceito indeterminado. Pela negativa uma perspectiva de longo prazo opõe-se à ideia de perpetuidade (esta última sim, determinada), tal como de curto prazo, que igualmente é um conceito indeterminado. Uma perspectiva de curto prazo será aquela que se projecta tendencialmente no imediato e que aí visa esgotar os seus efeitos. Tendo em mente os escândalos financeiros recentes ao tempo da reforma – Enron, WorldCom, Parmalat – o desiderato do legislador terá sido justamente (creio) o supra delineado, que a administração das sociedades se norteie para a criação sustentável (no longo prazo) de valor para o sócio[100].

É este que considero ser o cerne e ponto de partida (pelo menos) do interesse social: a criação sustentada de valor para os sócios. As sociedades são instrumentos jurídicos pertencentes aos seus titulares e por isso devem orientar-se para cumprir essencialmente os fins destes[101]. Note-se

---

[100] Já assim GUINÉ (2006, 299) e portanto dependerá essencialmente da "*valorização da empresa social*", conforme expressão de SANTOS (2006, 264); v. também MÜLBERT (1997, 141, 157) e BISSARA (1999, 22). Pronunciando-se sobre as sociedades cotadas, apontando como princípios a "*rentabilidad y continuidad empresarial*", v. SÁNCHEZ--CALERO GUILARTE (2002, 1667), que, segundo o mesmo autor, deverá essencialmente passar pelo incremento do activo líquido da sociedade e dos lucros de exercício (a páginas 1708ss), e falando igualmente em "*conservação e rentabilidade da empresa*" v. ESTACA (2003, 96). Relevando também aquela continuidade, v. BISSARA (1999, 15ss), GOFFAUX--CALLEBAUT (2004, 40ss) e KUHNER (2004, 267). O art. 4.1.1.-2.ª-frase do *Corporate Governance Kodex* estabelece que: "A Administração está na administração da sociedade vinculada ao interesse da empresa e deve almejar o aumento sustentável do valor da empresa." ("*Er* [der Vorstand] *ist dabei* [bei der Leitung der Gesellschaft] *an das Unternehmensinteresse gebunden und der Steigerung des nachhaltigen Unternehmenswertes verpflichtet*." (Tradução e sublinhados meus) Dando-se o caso de uma sociedade constituída por um curto período, conforme previsto no art. 15.º/1 do CSC, obviamente que o disposto na parte em análise do art. 64.º/1-b) do CSC deve ser devidamente interpretado.

[101] V. SANTOS (2006, 220) e SÁNCHEZ-CALERO GUILARTE (2002, 1673). Aliás, comparando o disposto nos arts. 62.º/1 da nossa CRP e 14.º da Constituição alemã, vemos que uma das diferenças é que não existe entre nós preceito análogo ao n.º 2 da disposição alemã, que estabelece que: "A propriedade obriga. A sua utilização deve também servir o bem geral." ("*Eigentum verpflichtet. Sein Gebrauch soll zugleich dem Wohle der Allgemeinheit dienen*." Tradução minha) No sentido de, mesmo no âmbito constitucional alemão, não se dever retirar dali qualquer argumento para que os interesses dos *stakeholders* (que serão referidos de seguida no texto) devam ser tutelados no contexto do interesse social v. MÜLBERT (1997, 149s). Já SÁNCHEZ-CALLERO GUILARTE (2002, 1659s) nota que em alturas de crise o Estado intervém também para sustentar as sociedades (o que pudemos

que a primeira recomendação constante do Livro Branco sobre Corporate Governance em Portugal é justamente que: "*As empresas cotadas tenham por objectivo central a criação de riqueza e a sua equitativa distribuição por todos os accionistas*"[102], podendo ver-se no mesmo sentido o §2.01 dos Princípios da ALI: "(…) *a corporation should have as its objective enhancing corporate profit and shareholder gain*". De contrário os investidores deixariam de investir na aquisição originária ou derivada de participações sociais (ou melhor passariam a investir em outro tipo de activos – v.g. imobiliário, produtos financeiros diversos, etc – ou, tendo em conta a globalização, noutro país) e a Economia (nacional) ressentir-se-ia necessariamente desse facto, pois é sabido que o empreendedorismo e o cerne da vida empresarial dependem da sua animação através desses instrumentos jurídicos que são as sociedades.

34. Os accionistas e os *stakeholders*: princípio geral

Vejamos agora a *vexata quaestio* da relevância dos interesses dos sócios e os dos vários outros *stakeholders* para o interesse social[103], ou antes, quais os interesses que devem relevar sobre os outros.

---

agora novamente comprovar durante a recente crise do *sub-prime*, em que tanto a Reserva Federal norte-americana, como o Banco Central Europeu e o Banco de Inglaterra intervieram para evitar o colapso de alguns dos maiores bancos mundiais), o que poderia ser um argumento para defender que as sociedades deveriam, desde logo na sua administração, ser também orientadas por outros interesses que não exclusivamente o dos accionistas. Mas tenho algumas dúvidas. O Estado intervém directamente em casos contados somente e intervém por interesse próprio, em atenção ao impacto económico que poderia ter para o país o colapso de determinada instituição e não por altruísmo para com os accionistas. Assim, a Reserva Federal entendeu evitar o colapso da Bear Sterns, mas já preferiu deixar cair a Lehman Brothers (o que veio a revelar-se um lamentável erro, como se sabe).

[102] V. ALVES *et alii* (2006, 141).

[103] Com muito interesse, sobre a contraposição entre um interesse social (*Gesellschaftsinteresse*) e um interesse da empresa (*Unternehmensinteresse*), v. MÜLBERT (1997, 142ss), opinando justamente que é o primeiro aquele a que a Administração deve obediência nos termos da AkG (no mesmo sentido v. ZÖLLNER (2003, 8)), enquanto que LIEKEFETT (2005, 807) salienta que no contexto de uma OPA o segundo não é idóneo a concretizar o primeiro. A propósito daquela contraposição, v. noutro sentido KUHNER (2002, 1742), as interrogações de GOFFAUX-CALLEBAUT (2004, 44s) e v. também ASCENSÃO (2002, 390ss). Na doutrina nacional posterior à Reforma Societária, é maioritária a adesão a uma posição

Em primeiro lugar, deve ter-se em conta que os diversos *stakeholders* (que não os sócios) já vêem os seus direitos protegidos pelos contratos de que são parte[104] e as normas específicas que os protegem, Direito do Trabalho, do Consumo, do Ambiente, da Distribuição Comercial, da Concorrência, da Insolvência, etc, e mesmo de diversas normas do Direito das

---

do tipo contratualista (isto é, relevando os interesses dos sócios sobre os dos outros *stakeholders* – v. VASCONCELOS (2006, 324) (parece), ALVES (2007, 177ss), CORDEIRO (2007-ii, 58), TRIUNFANTE (2007, 63ss), CÂMARA (2008, 37) e OLIVEIRA (2008, 267) – podendo ver-se para uma posição mais mitigada, a que se fará referência no ponto seguinte, ABREU (2009, 303s), que mantém a sua tese anterior àquela Reforma, em que era acompanhado designadamente por TMCUNHA (2004, 51). Para uma posição do tipo institucionalista veja-se designadamente ESTACA (2003, *maxime* 118s), antes da Reforma, e ALMEIDA (2008, 101ss), depois da Reforma. Não deixe também de notar-se a crítica do que qualifica de noções subtancialistas do interesse social, adoptando antes uma noção que qualifica de formal, de SANTOS (2006, 380ss, 387ss) e v. igualmente a propósito do interesse social VASCONCELOS (2006, 319ss), autor que (a páginas 315ss) sumaria também diversas das posições na doutrina nacional sobre o interesse social. Na jurisprudência portuguesa antes da Reforma Societária, para uma posição "contratualista" no âmbito da administração social v. a sentença da 3.ª Vara Cível de Lisboa de 27 de Outubro de 2003 (Caetano Nunes). No panorama estadunidense não se pode deixar de chamar a atenção para a discussão, em plena Grande Recessão, nas páginas da Harvard Law Review entre BERLE (1930/1; 1932) e DODD (1932) sobre o tema, o primeiro adoptando uma postura perfeitamente enquadrável como "contratualista" e o segundo questionando se o sabor dos tempos não poderia levar a uma postura mais preocupada com os interesses dos *stakeholders*. Para um bom resumo de uma e outra posição actualmente (*property model versus entity model*), em especial tendo em conta os *takeovers*, e tentando uma eventual solução de compromisso nessa sede, v. ALLEN *et alii* (2002). Finalmente, sobre o interesse social na doutrina europeia, pode ver-se *inter alia* na doutrina alemã MÜLBERT (1997, 147ss), WERDER (1998, 74ss), ZÖLLNER (2003, 7s), KUHNER (2004, 246ss) e WOLLBURG (2004, 647ss), na espanhola SÁNCHEZ-CALERO GUILARTE (2002), na francesa BISSARA (1999) e GOFFAUX-CALLEBAUT (2004) e na italiana JAEGER (2000).

[104] Com bastante interesse, veja-se a notícia do Expresso (Caderno de Economia, página 8), de 8 de Junho de 2008 (GM devolve 18 milhões ao Estado), na qual se dá conta que, no âmbito do diferendo recente entre o Estado português e a General Motors, pelo encerramento (antecipado) da fábrica de Azambuja, o Tribunal Arbitral designado (integrando Luís Sáragga Leal, Paulo de Pitta e Cunha e Pedro Pais de Vasconcelos) veio no seu acórdão de 26 de Maio de 2008 justamente condenar a segunda no pagamento ao primeiro de uma indemnização por incumprimento do contrato de investimento (devidamente interpretado, em atenção ao princípio da boa fé) celebrado entre ambos e não por incumprimento de um qualquer dever fiduciário de administração, em atenção a interesses de *stakeholders*, da sociedade.

Sociedades (v.g. arts. 31.°ss, 501.° etc do CSC)[105]. Diversamente sucede com os sócios, cujo retorno da relação jurídica estabelecida com a sociedade assenta essencialmente na administração que da mesma é feita – os sócios são os titulares do valor residual (*residual claim*)[106]. São também os sócios, e não os demais, que estão especialmente sujeitos aos custos de agência a que infra se fará referência[107].

Por outro lado, há que salientar a dificuldade prática de um juízo de compatibilização de tantos interesses e tão distintos[108]; assentar simplesmente no interesse comum dos sócios como princípio-guia de actuação proporciona uma directriz muito mais clara à Administração[109], sendo que em termos práticos uma tal solução compatibilizante dificulta muito mais a avaliação por terceiros (sócios, tribunal, etc) do seu trabalho e redundará numa maior desresponsabilização prática dos administradores[110]. E se um motivo oculto de actuação pode por vezes ser justificado em função de um determinado motivo legítimo (o tal interesse comum dos sócios), muitas mais vezes o poderá ser quando o motivo legítimo seja de determinação difusa ou múltipla (assente nos interesses de uma panóplia de *stakehol-*

---

[105] Ponto salientado v.g. por GEVURTZ (2000, 307), KIRCHNER (2000, 1822), SÁNCHEZ-CALERO GUILARTE (2002, 1705), WINTER *et alii* (2002-i, 21), ZÖLLNER (2003, 8) e JOHNSTON (2007, 449s). Pode também dizer-se que, quanto mais os *stakeholders* forem protegidos por força dessoutras normas, menos necessário será que sejam protegidos fiduciariamente. Assim, e tomando como exemplo os interesses dos trabalhadores, é sabido que o Direito do Trabalho no ordenamento norte-americano é muito incipiente (flexibilidade máxima em favor do empregador), diversamente de outros, como o português, pelo que um discurso de protecção fiduciária dos interesses daqueles se justifica muito mais no primeiro ordenamento do que nos segundos e entre estes o nosso; para uma breve mas elucidativa comparação quanto a diversos sistemas jurídicos laborais, v. REIS (2006, 126ss).

[106] Como salientam GEVURTZ (2000, 311s), KIRCHNER (2000, 1824), ALVES (2007, 184), ALVES *et alii* (2006, 18 e nota 6) ou JOHNSTON (2007, 449).

[107] Como destaca ALVES (2007, 74).

[108] V. GEVURTZ (2000, 312).

[109] Assim SÁNCHEZ-CALERO GUILARTE (2002, 1662).

[110] V. a propósito BERLE (1932, 1367), EASTERBROOK/FISCHEL (1981, 1192), GEVURTZ (2000, 312), KIRCHNER (2000, 1825), SÁNCHEZ-CALERO GUILARTE (2002, 1662), ZÖLLNER (2003, 8), ABREU (2009, 299), CORDEIRO (2007-ii, 41), OLIVEIRA (2008, 264) e o §1 à recomendação n.° 7 do *Código Unificado de Buen Gobierno*. Além de que a preocupação com os interesses dos *stakeholders* poderá levar a uma excessiva contenção da actuação da Administração, em claro prejuízo do interesse dos accionistas – assim GEVURTZ (2000, 306).

ders)[111]. Note-se que no âmbito dos trabalhos preliminares da CMVM foi justamente uma preocupação o espectro de pouca ou nenhuma responsabilização efectiva dos administradores nacionais[112].

Depois, deve notar-se que o cumprimento do interesse comum dos sócios depende, por regra, de os interesses dos demais *stakeholders* serem em maior ou menor medida atendidos, sendo que da sua adequada consideração depende geralmente a sustentabilidade do interesse comum dos sócios[113]. Por exemplo, se os produtos que a sociedade vende são incrementados em qualidade e o seu preço sofre redução, tal serve os interesses dos seus clientes (consumidores e/ou profissionais), mas igualmente é forma de potenciar as vendas. Se a sociedade é tida como socialmente responsável (pagando bons salários, não fazendo despedimentos em massa, tendo boas práticas ambientais) poderá potenciar a receptividade e favor públicos da sociedade por parte de terceiros[114], como o sejam clientes e as entidades públicas. Se a sociedade paga em tempo aos seus fornecedores, o seu crédito na praça reforça-se junto destes e de potenciais fornecedores. Se a sociedade paga em tempo os rendimentos que deve aos seus obrigacionistas, ganhará o favor do mercado na próxima subscrição de obrigações que efectuar. Etc. Vejamos um exemplo real tirado do ordenamento norte-americano.

Em *Schlensky v. Wrigley* um accionista minoritário da sociedade detentora da equipa de basebol Chicago Cubs interpôs uma acção judicial

---

[111] V. ABREU (2009, 299).

[112] V. n.º 13-§4 de Governo das Sociedades Anónimas: Propostas de Alteração ao Código das Sociedades Comerciais.

[113] Ponto salientado por DODD (1932, 1152, 1156), EASTERBROOK/FISCHEL (1981, 1191), MÜLBERT (1997, 138s, 158s), WERDER (1998, 88ss), ABREU (2009, 300s) e CÂMARA (2008, 40). Sobre a interpenetração entre responsabilidade social e interesse social v. *inter alia* SÁNCHEZ-CALERO GUILARTE (2002, 1716ss) e ABREU (2009, 308s) e com interesse também ALVES *et alii* (2006, 19s, 141s), devendo notar-se que uma das primeiras referências à *social responsability* é provavelmente a de DODD (1932). No âmbito comunitário, não se pode deixar de salientar a Comunicação da Comissão relativa à Responsabilidade Social das Empresas: um contributo das empresas para o desenvolvimento sustentável (COM(2002) 347 final), em que se releva que a responsabilidade social é uma prática de integração de preocupações sociais e ambientais na actividade da sociedade, adoptada voluntariamente pela mesma e que esta adopta por entender que é no seu interesse de longo prazo (v. ponto 3).

[114] ALVES (2007, 181s) e ALVES *et alii* (2006, 19) destacam justamente a importância da opinião pública na compatibilização prática com o interesse dos *stakeholders*.

74   *Orlando Vogler Guiné*

por os *directors* se terem recusado a instalar iluminação nocturna no campo de basebol, assim impedindo a realização de jogos durante a noite. Alegadamente o motivo da recusa seriam os prejuízos que poderiam decorrer para o bairro em que o campo estava implantado. O Tribunal confirmou a decisão de gestão, salientando que esses mesmos prejuízos se poderiam repercutir na própria sociedade (fazendo cair, por exemplo, o valor imobiliário do estádio)[115].

Parece-me que foi justamente este sentido instrumental que o legislador pretendeu incutir ao actual art. 64.°/1-b) do CSC, um sentido que é gramaticalmente também o mais natural, mais ainda quando comparado com a anterior versão deste art. 64.°, nos termos da qual (literalmente) os interesses dos sócios e dos trabalhadores eram igualmente *"tidos em conta"*. Nos termos actuais da letra da lei, a Administração deve atender aos interesses dos sócios, para o que deve ponderar (não necessariamente atender) os interesses dos vários *stakeholders*[116].

Mesmo a chamada teoria dos contratos implícitos[117], mais do que contradizer, parece muitas vezes confirmar aquela visão instrumental. Isto

---

[115] O caso está disponível em 237 N.E.2d 776 (Ill. App. Ct. 1968). Mesmo em *Dodge v. Ford Motor Co. (*204 Mich. 459, 170 N.W. 668 (1919)), outro caso muito conhecido e porventura o mais citado, em que estava em causa uma decisão administrativa de expandir as operações industriais com o fim de reduzir os custos de produção e possibilitar a democratização do automóvel em vez de uma distribuição extraordinária de dividendos (como queriam os accionistas autores), o Supremo Tribunal de Michigan, apesar de ordenar aquela distribuição, com fundamento que as *corporations* existem *"primarly for the profit of the shareholders"*, veio a confirmar também a decisão de expansão com o fundamento de que aquela expansão poderia vir a beneficiar futuramente os accionistas. Para um resumo muito claro destes dois casos v. Gevurtz (2000, 308s). A prática estadunidense tem sido conceder razão aos *directors* desde que haja algum tipo de ligação com o interesse dos accionistas – v. Emanuel (2002, 188) e também Allen/Kraakman (2003, 288). No âmbito dos grandes *takeovers* nos anos oitenta, note-se também que, depois de em *Unocal* o Supremo Tribunal de Delaware ter referido que o *board of directors* poderia atender a interesses de diversos *stakeholders*, em *Revlon* o mesmo Tribunal veio clarificar que tais interesses somente seriam atendíveis desde que racionalmente ligados aos interesses dos accionistas. E, como veremos, a racionalidade (ou melhor, ausência de irracionalidade), é um dos pressupostos da BJR.

[116] Salientando esse argumento literal, v. Triunfante (2007, 65) e Câmara (2008, 37). Já Abreu (2009, 306) retira antes um argumento para a infra-ordenação dos interesses dos *stakeholders*, mas não precludindo uma relevância autónoma dos mesmos na construção do interesse social.

[117] Salientada por Gevurtz (2000, 720s), Kuhner (2004, 259ss) e Johnston (2007, 452s).

é, aponta-se muitas vezes que os *stakeholders*, em particular os trabalhadores, têm determinadas expectativas que não são directamente tuteladas por posições contratuais, mas que influenciaram, mesmo decisivamente, o seu contributo para a sociedade. Por exemplo, o trabalhador aceitou um salário mais baixo, tendo em conta a segurança no emprego ou as expectativas de carreira que a sociedade tradicionalmente proporciona. Dir-se-á que, se aquelas expectativas não forem tuteladas, então o incentivo para contribuir para o aparelho produtivo societário é menor. Simplesmente, este argumento é em boa medida uma exemplificação da operatividade da visão instrumental acabada de explicar. Ou seja, é no próprio interesse da sociedade não defraudar essas expectativas[118]. Conforme se lê na explicação ao princípio IV dos Princípios da OCDE sobre o Governo das Sociedades (2004): "*As sociedades devem reconhecer que o contributo de outros sujeitos com interesses relevantes constitui um recurso importante para a construção de empresas competitivas e prósperas. Por conseguinte, a longo prazo, as sociedades têm todo o interesse em promover uma cooperação com sujeitos com interesses relevantes susceptível de criar riqueza.*"

A tudo isto acresce a já referida circunstância de as sociedades deverem ser administradas em atenção primeira aos interesses dos seus "proprietários", especialmente num contexto internacional de grande concorrência pela atracção de capitais e cada vez mais globalizado[119].

Tendo em conta o exposto nos últimos parágrafos (e adicionalmente), parece também ser economicamente mais eficiente arvorar o tal

---

[118] Por outro lado, em atenção ao princípio da confiança, caso a sociedade tenha efectivamente criado expectativas tais que seria legítimo ao trabalhador contar com determinada conduta por parte da sociedade, mas afinal a sociedade venha a contrariar essas legítimas expectativas, poderá vir a assistir-lhe um direito de indemnização por esse *venire contra factum proprium* da sociedade, uma das situações típicas de abuso de direito – v. por todos CORDEIRO (2005, 350ss) e o acórdão do Supremo Tribunal de Justiça de 1 de Março de 2007 (Borges Soeiro).

[119] Aliás, a prossecução dos interesses dos accionistas implica em si mesmo um benefício para os *stakeholders*, como salienta SÁNCHEZ-CALERO GUILARTE (2002, 1667). O mesmo autor (a páginas 1692ss) salienta a utilidade daqueles primeiros interesses como princípio rector de administração das sociedades cotadas num ambiente de intensa concorrência na captação de investidores institucionais e de globalização. Por outro lado WOLLBURG (2004, 648) e WERDER (1998, 81) salientam que uma cotação elevada reduz o custo do financiamento da sociedade em termos de capitais próprios.

interesse comum dos sócios como o princípio-guia (*Leitmotiv*) da administração societária, antes que também os interesses dos demais *stakeholders*. Note-se, aliás, que a "*competitividade das empresas portuguesas*" e a "*eficiência das sociedades anónimas portuguesas*" foi justamente uma das declaradas intenções do legislador na Reforma Societária (v. §24 do preâmbulo do DL n.º 76-A/2006, de 29 de Março)[120]. Pegando na expressão do legislador constitucional (art. 61.º/1 da CRP), é do "*interesse geral*" (parece-me) que seja o interesse comum dos sócios o *Leitmotiv* da administração da sociedade[121] e, portanto, que seja este interesse que corresponda (por regra, pelo menos) ao interesse social. Por essa razão justamente é que os administradores não poderão ser responsabilizados quando actuarem confortados por uma deliberação prévia dos sócios (arts. 72.º/5, 78.º/5 e 79.º/2 do CSC), nomeadamente tomada nos termos do art. 373.º/3 do CSC, tendo em conta que o disposto no art. 64.º/1-b) do CSC não se aplica a uma tal deliberação e que os sócios poderão livremente decidir atendendo somente aos seus interesses[122].

Em jeito de resumo da exposição e conforme se lê na recomendação n.º 7 do *Código Unificado de Buen Gobierno* espanhol[123]: "*Que el Consejo (…) se guíe por el interés de la compañía, entendido como hacer máximo, de forma sostenida, el valor económico de la empresa. Y que vele asimismo para que en sus relaciones con los grupos de interés (stakeholders) la empresa respete las leyes y reglamentos; cumpla de buena fe sus obligaciones y contratos; respete los usos y buenas prácticas de los sectores y*

---

[120] Salienta justamente a importância da competitividade na interpretação do interesse social CORDEIRO (2007-ii, 58). Para uma noção de eficiência no Direito Societário v. ALLEN/KRAAKMAN (2003, 3ss, 7), que concluem que, por regra, o "justo" em termos societários é o mais eficiente para os accionistas. Finalmente, outro argumento também utilizado para justificar o desatendimento dos interesses dos *stakeholders* é de que não teria sentido que a Administração devesse atender aos interesses destes, uma vez que somente é eleita pelos sócios (v. a propósito CÂMARA (2008, 38)). Não parece um argumento muito forte; analogamente, não é por os menores não poderem votar em Portugal (art. 49.º/1 *a contrario* da CRP) que o país deve ser governado desatendendo aos seus interesses.

[121] V. a propósito CÂMARA (2008, 38).

[122] Identificando o interesse social, na esfera das deliberações da Assembleia Geral, com o interesse dos sócios, v. ABREU (2009, 294ss). Igualmente para uma posição desse tipo no âmbito do exercício do direito de voto em Assembleia Geral, v. o acórdão do Tribunal da Relação de Lisboa de 15 de Março de 2007 (Manuel Gonçalves).

[123] Sobre os antecedentes deste preceito, começando pelo *Informe Olivencia* e passando pelo *Informe Aldama*, v. SÁNCHEZ-CALERO GUILARTE (2002, 1675ss).

territorios donde ejerza su actividad; y observe aquellos principios adicionales de responsabilidad social que hubiera aceptado voluntariamente."

Em conclusão, a sociedade deve ser administrada em atenção aos interesse comum dos sócios, assumindo os interesses dos demais *stakeholders* numa lógica instrumental.

No entanto e tendo em conta a própria natureza (não mecânica) inerente ao Direito e à sua racionalidade[124], talvez seja de admitir que essoutros interesses poderão excepcionalmente ter uma relevância autónoma. Vejamos.

35. Os *stakeholders* e os accionistas: excepção

Deve começar por se notar que uma análise do prejuízo em interesses dos *stakeholders* deve considerá-los no seu conjunto[125]. Além dos trabalhadores, deverão ser considerados fornecedores e outros credores, clientes, as comunidades locais, etc. Por exemplo, uma redução de efectivos assente na racionalização de recursos e no uso intensivo de tecnologia, se poderá levar a despedimentos e prejudicar interesses de trabalhadores, poderá, por outro lado, implicar preços mais baixos e melhor qualidade para consumidores, incrementar os índices de produtividade locais e a concorrência, aumentar a qualificação dos trabalhadores remanescentes e a sua segurança no emprego[126]. Por outro lado, e pensando nas hipóteses de deslocalização, tão flagrantes nos dias que correm, se os trabalhadores de uma dada região poderão ficar desempregados, também é verdade que os trabalhadores de outra região se poderão empregar; ora, por que razão os interesses dos primeiros trabalhadores deverão sobrelevar os dos segundos? E isto é igualmente verdade nos casos de deslocalização para outros países (dentro e fora da União Europeia) – para mais, não foi Portugal também beneficiado com os movimentos de deslocalização, nas décadas de 80 e 90, de indústrias de países mais desenvolvidos, em virtude dos custos de mão-de-obra mais reduzidos no nosso país?

---

[124] Sobre os tipos de racionalidade em geral e a racionalidade jurídica em especial, v. por todos NEVES (1994, 34ss).

[125] V. VON COLBE (1997, 272). O que não deve obstar a que entre si possam ter diversa importância.

[126] Como salienta KUHNE (2002, 1744).

Agora, eventualmente pode mesmo chegar-se à conclusão, num caso concreto, que se verifica um excepcional prejuízo nos interesses dos *stakeholders* da sociedade, considerados no seu conjunto. Alguns autores têm sustentado que um prejuízo muito substancial naqueles interesses, desacompanhado de um benefício importante no interesse dos sócios, poderá justificar uma actuação conforme aos interesses dos *stakeholders*[127]. Parece-me uma boa doutrina para determinados casos-limite (somente nesses), mas tenho algumas dúvidas sobre se a solução se deverá enquadrar, ainda, na noção de interesse social (como o fazem os mesmos autores) ou antes fora dele. Vejamos.

A sociedade quando decide entre alternativas e actua em conformidade, ou seja, quando está a ser administrada, está a exercer a sua liberdade de iniciativa económica, ou antes, a sua *"liberdade de gestão e actividade de empresa"*[128], constitucionalmente consagrada (art. 61.º/1 da CRP).

Tal como os direitos subjectivos (relativos ou absolutos)[129], também as liberdades (como a supra referida) são susceptíveis de ser abusadas, nos termos do art. 334.º do CC[130]. Isto porque o instituto não depende na sua *ratio* da existência de uma posição jurídica passiva correspectiva de um direito subjectivo, mas antes de uma prerrogativa poder ser exercida para além de certos limites, em prejuízo de interesses terceiros (isto é, diversos do interesse do titular da prerrogativa). Por outro lado, um exercício abusivo de uma prerrogativa não se dá somente com uma actuação positiva, mas igualmente se pode dar com uma inacção, pois o que o instituto sanciona é mais propriamente a conduta do titular da prerrogativa[131].

---

[127] V. WERDER (1998, 77s), ABREU (2009, 304s) e TMCUNHA (2004, 51).

[128] Na expressão de CANOTILHO/MOREIRA (2007, 790); no mesmo sentido v. MIRANDA (2005, 621) e o acordão do Tribunal Constitucional n.º 249/90 (Monteiro Diniz).

[129] Para o conceito de direito subjectivo v. por todos PINTO (2005, 178ss).

[130] Alargando o instituto do abuso de direito para além dos direitos subjectivos, v. ABREU (1999, 67s), RIBEIRO (1999, 512), COSTA (2001, 75) e CORDEIRO (2005, 331, 380). Na jurisprudência v. o acórdão da Relação de Lisboa de 18 de Abril de 2002 (Salvador da Costa), que, apesar de notar que a liberdade contratual emana de princípios constitucionais, adianta que esta não deixa de estar sujeita a limites e lhe aplica o instituto do abuso de direito. Já para efeitos constitucionais esta liberdade traduz-se num verdadeiro direito fundamental, análogo aos direitos liberdades e garantias – v. MIRANDA (2005, 620) e CANOTILHO/MOREIRA (2007, 789).

[131] Como bem salienta ABREU (1999, 68).

Assim sendo, aquela liberdade de gestão e actividade da empresa poderá ser, de modo positivo ou negativo, abusivamente exercida[132].

Tem-se salientado que, no âmbito do art. 334.º do CC, está designadamente em causa uma desproporcionada consagração do interesse do titular sobre interesses de outrem[133] ou, para usar a expressão desse artigo constante, está nomeadamente em causa o exercício *"manifestamente"* desproporcional de uma prerrogativa[134]. Se (conforme a tese supra exposta) o interesse (comum) dos sócios deve ser arvorado em ponto de partida fundamental e conteúdo do interesse social e que é do *"interesse geral"* (para usar a expressão do art. 61.º/1 da CRP) que assim seja, não obstante é possível pensar que excepcionalmente a prossecução do interesse social assim concretizado poderá estar para além desse interesse geral que lhe subjaz[135]. G (o Estado), que reconheceu a A (sociedade) a sua liberdade de iniciativa económica (art. 61.º/1 da CRP), tal como (por uma lei – arts. 405.º/1 e 431.º/1 do CSC) "autorizou" que o património de

---

[132] Note-se que a proibição do abuso de direito, além de corresponder a um princípio jurídico estruturante do ordenamento português, está também legalmente fixado no art. 334.º do CC, pelo que existe um substrato normativo legal para fundamentar a limitação do exercício da liberdade de iniciativa económica – v. a propósito GALGANO (2004, 242 e nota 8).

[133] V. RIBEIRO (1999, 510s), CORDEIRO (2005, 361), acórdão do Supremo Tribunal de Justiça de 4 de Março de 1997 (Pais de Sousa), acórdão do Supremo Tribunal de Justiça de 9 de Novembro de 1997 (Henrique de Matos) e acórdão da Relação de Coimbra de 8 de Fevereiro de 2000 (Marques da Costa). Já ABREU (1999, 43) sublinha um critério mais estreito, ligando o instituto à não realização de interesses próprios do titular. Mas pode perguntar-se se a diferença entre uma tal não realização e uma realização ínfima, estando igualmente em causa um enorme prejuízo em interesses terceiros, é mesmo uma diferença qualititativa ou é, antes, quantitativa.

[134] Note-se também que, no âmbito jusconstitucional, não é de forma nenhuma desconhecida uma linguagem de proporcionalidade no âmbito dos direitos fundamentais e, em particular, dos direitos, liberdades e garantias (e direitos fundamentais análogos, como a liberdade de iniciativa económica) para salvaguarda de outros direitos e interesses constitucionalmente protegidos (nomeadamente constantes do Título III da CRP); v. art. 18.º/2 da CRP e sobre este artigo MIRANDA (2005, 149ss), CANOTILHO/MOREIRA (2007, 381ss) e o acórdão do Tribunal Constitucional n.º 249/90 (Monteiro Diniz).

[135] *"Toda a actividade produtiva está ainda sujeita ao princípio da função social"* – assim (ASCENSÃO (2002, 392). Conforme exposto por NEVES (1967, 524s), o abuso de direito consiste no *"fenómeno jurídico que justamente traduz a contradição entre o cumprimento da estrutura formalmente definidora de um direito e a violação concreta do fundamento que material-normativamente constitui esse mesmo direito"*.

A fosse gerido por B (Administração) e determinou o conteúdo do respectivo mandato, também pode impor (por outra lei – art. 334.º do CC) que essa gestão não seja exercida de modo abusivo e reflectir (por essa via) tal imposição no conteúdo do mandato[136].

Atento o exposto, parece poder perguntar-se se, em certos casos em que se revele um excepcional e manifestamente desproporcionado prejuízo nos interesses dos *stakeholders*, a Administração da sociedade não deverá actuar de forma diversa ou adoptar medidas de impedimento ou atenuação das consequências resultantes desse facto para os *stakeholders*, sob pena de se considerar que a sociedade exerceu abusivamente a sua liberdade de iniciativa económica.

Desta forma não me parece que seja necessário recorrer ao conceito de interesse social para resolver os tais casos-limite. Para mais, a jurisprudência tem, por um lado, a noção de que o abuso de direito é de utilização excepcional[137], embora esteja cada vez mais habituada a examiná-lo nos últimos quarenta anos (desde a entrada em vigor do actual CC)[138]. Por outro, a ocorrência destes casos-limite não depende, e para utilizar a linguagem constitucional, da existência de uma sociedade, mas antes da existência de uma *"empresa"*, independentemente da forma em que esteja constituída, incluindo os casos de um empresário em nome individual, sendo que todo o tipo de casos-limite deverá poder resolver-se adequadamente. Aliás, e muito importantemente na actual conjuntura, a possibilidade de uma devida solução deste tipo de problema não pode ficar também dependente da lei pessoal de uma sociedade, tendo em conta que o disposto no artigo 64.º do CSC só se aplica no âmbito delimitado pelo disposto na regra de conflitos constante do artigo 3.º do CSC[139]. Por fim, não me parece também que tenha sido o desígnio do legislador resolver

---

[136] Como salienta SÁNCHEZ-CALLERO GUILARTE (2002, 1668), a gestão da sociedade está sujeita aos limites constitucionais impostos à liberdade de empresa.

[137] *"Um último recurso, a que só se pode lançar mão à falta de outro meio"*, conforme se pode ler no sumário do Acórdão do Supremo Tribunal de Justiça de 1 de Março de 2007 (Borges Soeiro).

[138] CORDEIRO (2005, 348) estima a existência de até dois milhares de acordãos dos tribunais superiores, entre publicados e não publicados, que se terão pronunciado sobre o abuso de direito até 2005, desde a entrada em vigor do CC em 1967. Deve reconhecer-se que a quantidade de jurisprudência que se tem debruçado sobre o interesse social no contexto da administração social pela Administração é muito mais reduzida.

[139] Sobre esta regra, v. por todos PINHEIRO (2009).

Da Conduta (Defensiva) da administração "Opada"   81

casos-limite com o disposto no artigo 64.º do CSC – esta norma pretende antes impor o princípio final geral de conduta dos administradores e não resolver casos excepcionais.

Por último, atendendo agora a objecto desta tese, a questão poderá colocar-se igualmente no contexto de uma OPA, em que a Administração não tenha adoptado medidas defensivas.

Em primeiro lugar, cabe desmistificar a ideia de que as OPAs são sempre muito prejudiciais para os *stakeholders*. Doutro modo, aliás, muitas das reorganizações empresariais decididas internamente ou fusões amigáveis também não se poderiam realizar, quando afinal é um lugar--comum que se fazem todos os dias e que não se reconhece um interesse "societário" contrário de determinados *stakeholders* que se vejam afecta-dos pelos ganhos de eficiência gerados[140]. Note-se que um dos principais motivos de uma OPA é geralmente a obtenção de sinergias entre o oferente e a visada[141].

Deve também salientar-se que o fenómeno das OPA's hoje em dia já não é dominado pelo espectro dos chamados predadores societários (*corporate raiders*), cujo fulgor foi sentido especialmente durante os anos oitenta nos Estados Unidos[142]. Aliás, nessa medida nem sequer chegou a passar por Portugal, em cujo (pequeno) mercado as OPA's surgiram somente no final dos anos oitenta[143]. Diga-se também que, e atentando agora especificamente nos trabalhadores, apesar das ondas de furor que se fizeram sentir da parte dos sindicatos e comissões de trabalhadores a pro-pósito das OPA's sobre a PT, a PTM e o BPI, partindo do princípio que os respectivos oferentes cumpriram a lei na redacção da documentação de cada uma das ofertas, que obriga a um dever de verdade nos termos dos arts. 7.º/1 e 135.º/1 do CVM, dificilmente também se entreliam no âmbito daquelas ofertas prejuízos graves (e muito menos de excepcional gravi-dade) para este particular grupo de *stakeholders* no seu conjunto[144].

---

[140] V. a propósito GEVURTZ (2000, 722) e BEBCHUCK (2002, 1024s).

[141] V. a propósito BIRKE/MÜLBERT (2001, 706s), GAUGHAN (2002, 113ss) e tam-bém, mais quanto às fusões (relativamente às quais muitas das OPA's acabam por ser uma antecâmara), MATOS/RODRIGUES (2000, 48ss).

[142] V. GAUGHAN (2002, 48s).

[143] Para uma breve resenha histórica v. GARCIA (1995, 30ss).

[144] V. páginas 46ss do Prospecto (PT) de 12 de Janeiro de 2007, páginas 27ss do Prospecto (PTM) de 12 de Janeiro de 2007 e página 34 do Prospecto (BPI) de 5 de Abril

82   *Orlando Vogler Guiné*

Agora, em determinados casos-limite também aqui me parece poder-
-se aplicar a mesma lógica supra referida, impondo-se à sociedade (e assim
à Administração) a adopção de determinadas medidas de impedimento
ou atenuação das consequências resultantes desse facto para os *stakeholders*[145]. Imagine-se, por exemplo, duas OPAs concorrentes, ambas consi-
deradas pela Administração como muito boas ofertas para os accionistas,
separadas pelo diferencial legal mínimo (2% – art. 185.º/5 do CVM), mas

---

de 2007. Como exemplo veja-se o primeiro documento, relativo à OPA mais mediática, na
sua página 48: "*Quanto à manutenção e condições do emprego dos trabalhadores e dirigentes do Grupo PT, e em função dos últimos anúncios efectuados pela administração da
PT relativos a planos de redução futura de efectivos do Grupo PT, a Sonaecom não antevê
que no âmbito da implementação do Projecto Sona[e]com venha a ser necessário alargar
esses planos. Pelo contrário, é expectativa da Sonaecom que, com as oportunidades de
crescimento que serão criadas pelo Projecto Sonaecom, venha a ser possível o reequa-
cionar dos actuais planos de redução de pessoal da PT. / É propósito firme da Sonaecom
cumprir escrupulosamente todas responsabilidades existentes para com o Fundo de Pen-
sões da PT, e para com os planos relativos a cuidados de saúde, dos quais sejam actualmente beneficiários os trabalhares do Grupo PT.*" O incumprimento do disposto naquelas
normas implica a prática de uma contra-ordenação muito grave, punível com uma coima
de €25.000 a €2.500.000 (arts. 388.º/1-a), 389.º/1-a) e 393.º/2-d) do CVM), além
(e sobretudo) dos prejuízos reputacionais perante a CMVM e o mercado (v. art. 422.º/1
do CVM), com as naturais consequências daí decorrentes para uma sociedade cotada
(v. a propósito DUARTE (1998, 57)).

[145] Contra s possibilidade de actuação defensiva em atenção aos interesses dos
stakeholders v. HOPT (2000, 1392). Sublinhando que relevam em especial nesta sede em
primeira linha os interesses dos accionistas e somente em segunda os dos *stakeholders*,
v. KORT (2000, 1435). Por seu lado KIRCHNER (2000, 1822) salienta que a proeminência
dos interesses dos accionistas não pode levar ao auto-sacrifício ("*Autoopferung*") dos interesses dos *stakeholders*. O interesse dos *stakeholders* é um dos argumentos utilizados no
panorama estadunidense para justificar a utilização de medidas defensivas subjectivas pelo
board of directors (sobre o tema v. EASTERBROOK/FISCHEL (1981, 1190ss), GEVURTZ (2000,
720s) ou BEBCHUCK (2002, 1021ss)). Aliás, entre os diversos tipos de *anti-takeover statutes* adoptados por boa parte dos Estados norte-americanos (sobre a matéria v. GEVURTZ
(2000, 714ss), GAUGHAN (2002, 97ss) ou ALLEN/KRAAKMAN (2003, 548ss)), contam-se
também os chamados *constituency statutes*, em que justamente se prevê que o *board of
directors* possa, ou deva, atender aos interesses dos diversos *constituencies*. Um dos casos
paradigmáticos foi o §23-1-35-1(d) do *Indiana Code*, nos termos do qual: "*A director may,
in considering the best interests of a corporation, consider the effects of any action on shareholders, employees, suppliers, and customers of the corporation, and communities in
which offices or other facilities of the corporation are located, and any other factors the
director considers pertinent.*" (Sublinhados meus, na mesma toada podendo ver-se os
§§ 2.01(b)(3) e 6.02(b)(2) dos Princípios da ALI.)

em que a mais elevada das ofertas será enormemente prejudicial para os interesses dos *stakeholders*, diversamente da mais baixa, boa mesmo ou neutral para estes interesses. Talvez aqui se poderá justificar uma actuação da Administração favorecedora da oferta mais baixa ou, pelo menos, favorecedora da posição dos *stakeholders* em caso de sucesso da oferta mais elevada.

Mas, o objecto primordial desta tese é o princípio geral de actuação da Administração em caso de OPA e não a sua forma de agir a título excepcional; portanto, feito este pequeno desvio, entraremos, já de seguida, nessa matéria.

CRITÉRIO DE ACTUAÇÃO EM CASO DE OPA

36. A jurisprudência norte-americana: *Unocal*

Feito este intróito sobre os critérios de actuação dos administradores em Portugal, *quid iuris* quanto à reacção defensiva da Administração a uma OPA pendente?

Foi no panorama estadunidense que este tipo de matérias mais atenção suscitou, ordenamento no qual também as matérias dos deveres dos administradores têm sido muito estudadas e a BJR primeiramente despontou. Os grandes casos, que ainda são os *leading cases* nesta matéria e que fazem a norma, num sistema de equidade (*equity*) e lei (*common law*) como é o norte-americano[146], tiveram lugar entre meados dos anos oitenta e dos anos noventa. Em especial os anos oitenta foram uma época em que o mercado de fusões e aquisições estadunidense foi muito activo e foram efectuadas inúmeras *tender offers* hostis[147].

O paradigma societário nesta matéria são as *corporations*, modelo utilizado para as grandes sociedades e onde a problemática das medidas defensivas se coloca[148]. Por outro lado, o foco de atenção é a jurisprudência de Delaware, o pequeno Estado norte-americano que tem assumido a liderança da *corporation law* estadunidense, a maioria das grandes sociedades cotadas norte-americanas encontrando-se sedeada neste Estado[149].

---

[146] Sobre esta contraposição v. por todos DALHUISEN (2007, 75ss).

[147] V. GAUGHAN (2002, 44ss).

[148] Portanto, deixando de lado as *partnerships*, as *limited liability partnerships* e as *limited liability companies*. Para uma contraposição breve entre estas formas e a *corporation*, v. GEVURTZ (2000, 2ss) ou EMANUEL (2002, 2ss).

[149] Com muito interesse sobre as razões da liderança de Delaware v. GEVURTZ (2000, 39ss) e FORSTINGER (2002, 18ss).

Os dois casos emblemáticos nesta matéria são *Unocal* e *Revlon*, concretizados ambos em *Time*, o primeiro em *Unitrin* e o segundo em *Paramount*[150]. Começamos pelo primeiro grupo de casos.

Em *Unocal* a autora e accionista Mesa Petroleum Co. havia lançado uma *two-tier tender offer* (em que a aquisição se processa através de duas ofertas sucessivas, sendo a segunda composta tipicamente por obrigações altamente subordinadas). O *board of directors* da Unocal Corp. decidiu que a visada lançaria uma *tender offer* sobre acções próprias em termos muito mais vantajosos do que os propostos naquela segunda oferta pela Mesa, com exclusão desta da sua oferta.

O Supremo Tribunal de Delaware começou por salientar que a pendência de uma OPA não deve impedir liminarmente que o *board of directors* exerça os poderes necessários para administrar a sociedade. No entanto, dada a possibilidade de os *directors* actuarem primacialmente para proteger os seus próprios interesses, o Tribunal considerou que deve funcionar um critério especial antes de a BJR poder ser aplicada. Esse critério assenta num duplo teste, que onera os *directors*.

Primeiro, o *board of directors* deve ter fundamentos razoáveis para crer na existência de um perigo para a estratégia e funcionamento da sociedade (*reasonable threat to corporate policy and effectiveness*) decorrente da detenção de acções por outra entidade. Entre os factores a considerar incluem-se a natureza, *timing*, ilegalidade e risco de não consumação da oferta, a qualidade e adequação da contrapartida, o efeito do sucesso da oferta na estratégia da sociedade, nos accionistas de curto e de longo prazo e nos demais *stakeholders* (credores, clientes, colaboradores, comunidade em geral). No caso concreto o Tribunal considerou que o *board of directors* havia razoavelmente considerado a oferta inadequada, ao considerar que o valor oferecido era inferior ao real valor da Unocal Corp. e que o valor de mercado das obrigações na segunda oferta seria ainda mais reduzido.

Depois, a medida adoptada deve ser proporcional (*proportionate response*) ao perigo colocado pelo sucesso da oferta (pela "ameaça"), não

---

[150] A bibliografia sobre o tema é praticamente inabarcável. *Inter alia*, podem encontrar-se alguns bons resumos e análises destes casos em GEVURTZ (2000, 681ss), KIRCHNER/PAINTER (2000, 14ss), REGAN (2001, 951ss), ALLEEN/KRAAKMAN (2003, 500ss) e DARNELL/LUBBEN (2006, 601ss). Muito interessante, sobre o tema de importar o tratamento estadunidense das medidas defensivas para a Europa, v. KIRCHNER/PAINTER (2000, 31ss).

Da Conduta (Defensiva) da administração "Opada"   87

devendo ser utilizadas medidas "draconianas". O Tribunal considerou que o objectivo da medida defensiva adoptada era possibilitar uma saída adequada aos accionistas que não alienassem na primeira oferta e que a Mesa não deveria beneficiar da sua própria coerção, pelo que a medida era razoável[151].

Esta doutrina Unocal foi sendo desenvolvida noutros casos posteriores.

Em *Time* o *board of directors* da Time Incorporated pretendia efectuar uma fusão com a Warner Communications, Inc., altura em que a Paramount Communications, Inc. lançou uma *tender offer* sobre as acções da Time, com um prémio muito substancial, sujeita à condição de que a fusão não prosseguisse. A Time e a Warner acordaram numa remodelação dos termos de realização da operação, mas esta avançou, através do lançamento de uma *tender offer* pela Time, e em consequência a Paramount não prosseguiu com a oferta.

Neste caso o Supremo Tribunal de Delaware aprofundou o padrão Unocal. Quanto ao primeiro teste, citando dois comentadores[152], o Tribunal salientou que haveria três tipos de ameaças no âmbito da doutrina Unocal, sublinhando a especial utilidade do terceiro: (i) perda de oportunidade, situação em que a oferta inibe os accionistas da oportunidade de aceitar uma melhor alternativa da iniciativa do *board of directors* ou por parte de terceiro; (ii) coerção estrutural, consistindo no risco de um tratamento díspar dos accionistas que não aceitem a oferta (face aos que aceitem) poder distorcer a decisão de aceitar a oferta, isto é, os accionistas aceitariam alienar não porque não preferissem manter a participação mas para evitar as consequências de ter o oferente como controlador ou de ter de aceitar uma segunda oferta de tipo coercivo; e (iii) coerção substantiva, consistindo no risco de os accionistas aceitarem uma oferta inferior ao valor real das suas acções por não perceberem o valor intrínseco da sociedade. No caso concreto o Tribunal considerou que os *directors* haviam cuidadosamente ponderado na conveniência de uma fusão com a Warner e concluído por

---

[151] Resta acrescentar, no entanto, que a oferta sobre acções próprias da Unocal estava sujeita à condição de a oferta inicial da Mesa ter sucesso. Ora, como o preço oferecido pela Unocal era substancialmente superior ao oferecido pela Mesa, aquela oferta não teve sucesso, pelo que os accionistas acabaram por não realizar quaisquer mais-valias, como faz notar GEVURTZ (2000, 697).

[152] GILSON/KRAAKMAN (1989, *A. Typology of Threats*).

elevadas sinergias, que os accionistas não reconheceriam, e que a fusão permitiria manter a integridade editorial da Time. O Tribunal salientou também que a escolha do prazo para realizar objectivos societários compete ao *board of directors* e que não há uma obrigação de deixar de perseguir a estratégia e os objectivos de longo prazo já estabelecidos em benefício de objectivos de curto prazo dos accionistas[153].

Quanto ao segundo teste, o Tribunal considerou que a resposta era proporcional, porque nada impedia que a Paramount fizesse uma oferta sobre o resultado da fusão ou de alterar as condições da sua oferta inicial retirando a dependência de não realização da fusão. Igualmente salientou que a circunstância de a Paramount ter de incorrer em elevada dívida para financiar a aquisição não era suficiente por si mesma para qualificar a medida de desproporcional.

Em *Unitrin* a American General Corp., depois de ver rejeitada uma proposta de fusão, lançou uma *tender offer* sobre a Unitrin, Inc., tendo o *board of directors* da segunda decidido, entre outras medidas, que a Unitrin lançasse uma oferta sobre acções próprias, que, conjugada com uma cláusula de super-maioria nos estatutos da Unitrin, conferia aos *directors* que eram accionistas uma minoria de bloqueio.

O Supremo Tribunal de Delaware considerou que o *board of directors* havia fundadamente considerado a oferta substancialmente coerciva, essencialmente porque na opinião do mesmo as acções da Unitrin se encontravam subavaliadas pelo mercado e representavam um bom investimento de longo prazo, o valor intrínseco do qual não havia sido percebido pelos accionistas[154].

---

[153] Igualmente em *Shamrock Holdings, Inc. v. Polaroid Corp.* (559 A.2d 257 (Del 1989)) foi aceite pelo Tribunal um plano de distribuição de acções aos trabalhadores, tendo em conta que fora adoptado anteriormente a uma *tender offer* e estava razoavelmente ligado a um fundamento de aumento de produtividade, antes que primariamente apontado a servir de medida defensiva. Mas, como veremos, existe uma muito relevante excepção à doutrina Unocal – quando seja aplicável a doutrina Revlon.

[154] Embora se deva relevar que boa parte do corpo accionista era composto por investidores institucionais (por natureza, especialmente aptos enquanto investidores). O Tribunal citou um caso análogo de coerção substancial em que igualmente os accionistas não se teriam apercebido do valor intrínseco da sociedade: em *Shamrock Holdings, Inc. v. Polaroid Corp.* (559 A.2d 278 (Del 1989)) os accionistas não teriam interiorizado o valor de um processo judicial contra a Kodak por causa de uma patente.

Relativamente à segunda parte do teste, o Tribunal esclareceu que a qualificação de medidas como "draconianas" sob os termos da doutrina Unocal implicava que as medidas fossem coercivas ou que fossem preclusivas. No caso o Tribunal considerou que em si mesma, ainda que uma compra das acções próprias pudesse afectar a oferta em causa, não era inerentemente coerciva, isto é, não impunha uma solução sobre a outra aos accionistas, nem era preclusiva, isto é, não impedia futuras ofertas ou a presente oferta em absoluto nem *proxy contests* para substituir os *directors* da parte dos accionistas que decidissem não participar no programa de recompra. Sobretudo a partir de Unitrin a pergunta que na prática a jurisprudência de Delaware passou a fazer relativamente ao segundo teste é essencialmente se a medida impede os accionistas de substituírem os *directors*, concedendo assim uma muito maior amplitude de actuação ao *board of directors* do que nos termos iniciais de *Unocal*[155].

Resumindo, segundo o padrão Unocal, para actuar defensivamente (ou melhor, para poder gozar da BJR se os restantes pressupostos se cumprirem), em primeiro lugar, o *board of directors* deve ter fundamentos razoáveis para crer na existência de um perigo, decorrente do sucesso da oferta, para a estratégia e funcionamento da sociedade. E, em segundo, a medida adoptada deve ser proporcional ao perigo colocado pelo sucesso da oferta, não sendo coerciva nem preclusiva[156]. Perguntar pela valência do critério Unocal é perguntar pela conveniência da actuação defensiva da Administração e perguntar por essa actuação defensiva da Administração é essencialmente perguntar pela adopção de medidas defensivas subjectivas. Perguntas para que se ensaiará uma resposta de seguida.

37. Medidas defensivas objectivas

Mas comecemos pela adopção de medidas defensivas objectivas. Conforme explicado supra, trata-se de medidas visando a prossecução da

---

[155] V. GEVURTZ (2000, 682). Já em *Moran* o Supremo Tribunal de Delaware havia avançado como um dos argumentos em favor da admissibilidade da *poison pill* que os *directors* poderiam ser destituídos num *proxy contest*.

[156] O padrão Unocal é a directa influência do §6.02 dos Princípios da ALI. Na jurisprudência inglesa, anteriormente ao City Code, que na prática esvaziou de objecto aquela jurisprudência em matéria de adopção de medidas defensivas, sublinhava-se em sede de medidas defensivas a chamada *proper purpose rule* – v. JOHNSTON (2007, 436ss).

estratégia da sociedade e cuja adopção não está relacionada com uma actual ou potencial OPA sobre a mesma. Comecemos pela reacção defensiva objectiva subsequente.

Sendo lançada uma OPA, a Administração passa a conhecer os planos estratégicos do oferente para a visada (arts. 176.°/1-g), 138.°/1-g) do CVM e Anexo II/2.8 do Regulamento a CMVM n.° 3/2006), que são até objecto de apreciação pela Administração em relatório (art. 181.°/2-b) do CVM), pelo que a Administração poderá também ajuizar sobre o impacto negativo que a adopção de determinadas medidas defensivas objectivas terá sobre aqueles planos estratégicos em caso de sucesso da OPA.

O sucesso da OPA, e assim a implementação dos planos estratégicos delineados pelo oferente, constitui um evento futuro e incerto. Tratando-se de uma boa oferta, esse sucesso até será provável. É um princípio geral de boa gestão que se atenda à superveniência de factos futuros no desenrolar da actuação gestória presente, nomeadamente sustendo até ao apuramento do resultado da OPA a prática de actos contrários aos mesmos, numa lógica facilmente perceptível de não desperdício de recursos, inerente à boa gestão de uma sociedade. Tal como é, em princípio, um mau acto de gestão que uma sociedade realize um grande investimento numa linha de montagem de produtos que dentro de pouco tempo se poderão tornar obsoletos, igualmente aqui será um mau acto de gestão adoptar medidas que se poderão tornar obsoletas ou inúteis se os tais planos estratégicos forem implementados. Ou mais analogamente ainda, é o que deve também suceder quando o mandato dos administradores está perto do final e exista a percepção de que a maioria deles não serão reconduzidos e que existirá uma mudança clara na estratégia da sociedade. Se não for possível suster a prática dos actos sem que sejam incorridos prejuízos sérios em caso de insucesso da OPA[157], deverá a Administração fazer uma ponderação entre estes últimos, por um lado, e a probabilidade do sucesso da OPA e o prejuízo dos futuros planos estratégicos, por outro, e decidir, então, concordantemente[158]. Um tal princípio de boa gestão radica no dever dos administradores de tomarem decisões razoáveis, que, conforme foi referido, é

---

[157] V. a propósito DRYAGALA (2001, 1866s) e KRAUSE/PÖTZSCH (2005, 1060-§162).

[158] Com muito interesse sobre os termos da ponderação v. MAIER-REIMER (2001, 266s).

Da Conduta (Defensiva) da administração "Opada"

uma das decorrências do dever de cuidado que sobre os administradores impende[159].

Caso a OPA venha depois a ter sucesso, o racional para a contenção da actuação da Administração conforme supra referido mantém-se e reforça-se, devendo a Administração continuar a obedecer-lhe[160]. Caso a OPA venha a claudicar, a Administração poderá então livremente implementar os seus planos estratégicos, pois o esperado facto futuro e incerto não se concretizou.

No caso de medidas defensivas objectivas prévias não existem as mesmas circunstâncias externas actuais que se verificam na situação anterior. Em termos globais, economicamente também não seria eficiente que uma sociedade fosse primacialmente gerida tendo em vista a sua susceptibilidade a futuras e eventuais operações de transição de controlo antes que tendo em vista o desenvolvimento da sua específica actividade económica, o que vai de encontro com à letra da lei quando esta refere o interesse social aos "*interesses de longo prazo dos sócios*" no art. 64.º/1-b) do CSC. Se num cenário de pendência de OPA se pode justificar a postergação de determinadas medidas objectivas, diversamente num cenário em que uma OPA não foi (ainda) lançada. É que no primeiro caso o período em causa é tendencialmente curto e é possível fazer um juízo de probabilidade razoável sobre um determinado evento futuro; no segundo caso nem uma coisa nem outra.

38. Medidas defensivas subjectivas

Vamos agora às medidas defensivas subjectivas, como explicado supra, medidas tomadas pela Administração da sociedade visada com o escopo primário de impedir ou dificultar o sucesso de uma OPA. À seme-

---

[159] V. a propósito ABREU (2007, 22).

[160] Em sentido análogo, v. HOPT (2000, 1400). Já Vaz (2000, 99, 186) lançava a crítica sobre o facto de tanto no âmbito comunitário como no CVM inexistir uma preocupação com a conduta adoptada após o sucesso da OPA. Igualmente JBPEREIRA (2000, 188) detecta o problema, que ANTAS *et alii* (1992, 217) resolvem com recurso ao princípio da boa fé. Mas acrescente-se também que a forma mais eficiente de este risco ser gerido parece ser a convocação de uma Assembleia Geral para uma data o mais próxima possível ao dia em que a OPA termine, destinada a substituir os administradores (v. arts. 375.º/2, 391.º/1 e 403.º/1 do CSC), na medida em que destituíveis por justa causa. Esta matéria já foi abordada supra, a propósito dos paraquedas dourados.

lhança do ponto anterior, teremos especialmente em mente as medidas subsequentes.

Como também se expôs supra, deve entender-se que o *Leitmotiv* essencial da actuação da Administração é o interesse comum dos sócios, guiado pela necessidade de cada sócio de maximizar o seu investimento, interesse esse que deverá ser entendido numa óptica de sustentabilidade (*"longo prazo"*). Justamente porque (pelo menos é pressuposto legislador que) interessa a cada sócio uma percepção continuada de valor. Portanto, poderia entender-se que a Administração deveria poder opor-se defensivamente a uma OPA caso achasse que essa percepção sustentada de valor pelos sócios estaria posta em causa.

Parece-me, contudo que, numa perspectiva realista e substancial, numa OPA o que está em causa para o accionista é uma escolha entre duas alternativas, aceitar a contrapartida oferecida pelo oferente ou manter a sua participação[161]. Tudo está em saber qual é a melhor alternativa. Tendo em conta que a sustentabilidade supra é erigida em atenção ao interesse (comum) dos sócios, não me parece que deva ser utilizada como argumento para justificar uma actuação defensiva subjectiva contra uma boa oferta, (e note-se) feita por igual a todos os accionistas (art. 112.º do CVM), sendo, portanto, comum a todos eles[162]. Isto é, se a Administração considerar que é melhor para os accionistas aceitar a oferta do que manter a participação, não deverá adoptar medidas defensivas subjectivas com fundamento em que o sucesso da OPA porá em causa os *"interesses de longo prazo dos sócios"*.

Resta apurar se se justifica que a Administração intervenha defensivamente estando em causa uma oferta relativamente à qual a Administração considere que, nesses termos, a melhor opção para os accionistas é manterem a sua participação.

---

[161] Salientam essa concorrência entre alternativas *inter alia* KIRCHNER (2000, 1825), BECKER (2001, 281), DRYGALA (2001, 1864), KRAUSE (2002-ii, 135) e KRAUSE/PÖTZSCH (2005, 1041-§122).

[162] Como gestor de bens alheios, não podem os administradores utilizar esses mesmos bens contra os interesses dos titulares desses bens (os accionistas) – MAIER-REIMER (2001, 260) – nem utilizá-los para influenciar a estrutura accionista – assim HOPT (2000, 1376). No sentido de que a Administração não poderá adoptar medidas defensivas com fundamento na alteração da estrutura accionista decorrente da OPA v. DUARTE (1998, 244ss), KORT (2000, 1427ss), DRYGALA (2001, 1866) e KOPP/VON DRYANDER (2002, 111-§7); contra v. KIRCHNER (2000, 1825), BAYER (2002, 598s, mas v. 601s) e SCHWENNICKE

39. Accionistas

Existem alguns estudos empíricos que demonstram que nas sociedades "defendidas" o prémio que acaba por ser pago aos accionistas em
caso de sucesso da OPA é mais elevado do que se a sociedade não tivesse
sido "defendida"[163], pelo que a "defesa" da sociedade se poderia justificar
por esse motivo.

Mas se efectivamente muitas vezes o oferente acaba por ter de subir
o preço oferecido em resultado de uma actuação defensiva da Administração, também se deve reconhecer que em muitos casos a OPA não tem
sucesso em virtude das medidas defensivas empregues e o valor criado
para o accionista, mesmo num prazo muito longo, acaba por não atingir o
valor oferecido na OPA, especialmente levando em linha de conta os custos da "defesa" e o factor tempo-dinheiro. Além disso, ainda haveria que
perguntar o que seria preferível, potenciar o número de ofertas com um
prémio inferior ou o prémio de um número mais pequeno de ofertas[164].

Depois deve notar-se que muitas vezes, por um lado, apesar de a
sociedade ser acerrimamente "defendida", a OPA tem sucesso na mesma
e, por outro, apesar de não defendida, a OPA acaba por não ter sucesso.
Bem vistas as coisas, o sucesso da OPA muitas vezes é mais uma questão
de preço do que uma questão de adopção ou não de medidas defensivas.

(2002, 477s-§§16). Fazendo notar que as normas de protecção do Direito dos grupos já protegem a sociedade e que, portanto, a perspectiva de uma nova participação maioritária ser
alcançada em virtude de uma OPA não legitima por si a adopção de medidas defensivas,
v. KRAUSE (2000, 218) e, em sentido similar, LANGE (2002, 1740). Defendendo que a
Administração poderá actuar defensivamente em atenção ao interesse social, v. KIEM
(2000, 1516s).

[163] Os estudos que ainda são dos mais citados são da autoria da Georgeson & Co,
Poison Pill Impact Study e *Poison Pill Impact Study II*, de 31 de Março e 31 de Outubro
de 1988 respectivamente. Comparando os prémios pagos na Europa (mais baixos) e nos
Estados Unidos (mais altos e em que o *board of directors* tendencialmente se encontra
menos limitado), v. KIRCHNER/PAINTER (2000, 29s).

[164] V. EASTERBROOK/FISCHEL (1981, 1164, 1177). Para uma apreciação económica
de diversas medidas defensivas pode ver-se GAUGHAN (2002, 169ss) e BEBCHUCK (2002,
1009s), donde se concluirá singelamente que há estudos para todos os gostos... V. também
com muito interesse GEVURTZ (2000, 722ss), que acaba por concluir também que até à data
a panóplia de estudos económicos foi inconclusiva. Ao factor tempo-dinheiro e ao prémio
de controlo, voltaremos infra, a propósito do relatório da Administração (art. 181.º/1
do CVM).

94 Orlando Vogler Guiné

Assim sendo, no que toca às medidas defensivas subjectivas, e uma vez que estas serão por regra contra, não ou menos produtivas face a outras medidas que visem primariamente o desenvolvimento da típica actividade económica da sociedade[165], elas podem justamente representar um custo perfeitamente inútil, pois podem não chegar para o objectivo a que eram dirigidas ou esse objectivo é atingido independentemente delas.

Por fim, diga-se também que, numa perspectiva global, partindo do princípio de que os accionistas, como investidores ponderados, têm um *portfolio* diversificado, ou quando não se parta desse princípio, quanto aos investidores diversificados, ser-lhes-á tendencialmente indiferente ou prejudicial mesmo (tendo em conta os custos da "defesa" para oferente e visada) a "defesa" da sociedade e o aumento do prémio de controlo[166].

40. Justificação jurisprudencial tradicional de Delaware

Tradicionalmente a jurisprudência de Delaware invoca uma tripla *ratio* em justificação da possibilidade de actuação defensiva da Administração. Em *Time*, sublinharam-se pela primeira vez expressamente os seguintes fundamentos: (i) perda de oportunidade, (ii) coerção estrutural e (iii) coerção substantiva.

Ora, relativamente ao primeiro aspecto, o que está em causa é que o lapso temporal entre a oferta e o seu encerramento poderá não permitir que se precipitem outras alternativas, porventura melhores para os accionistas. Admito que tal risco poderia existir em situações em que uma determinada oferta estivesse aberta por um período muito curto de tempo. Contudo, note-se que nos Estados Unidos o tempo mínimo durante o qual uma oferta deve actualmente permanecer aberta é de 20 dias, segundo a *Securities Exchange Act (1934) Rule* 14-e-1(a), o que permite (parece-me) um prazo mínimo razoável para que apareçam alternativas. E nos termos da *Securities Exchange Act (1934) Rule* 14d-7a(1) os accionistas podem

---

[165] Como salientam EASTERBROOK/FISCHEL (1981, 1175) e BIRKE/MÜLBERT (2001, 709). No que toca às medidas defensivas objectivas, em caso de sucesso da OPA elas também representam um prejuízo inicial para o oferente.

[166] O que é salientado por GARCÍA DE ENTERRÍA (1999, 55), BIRKE/MÜLBERT (2001, 711) e BEBCHUCK (2002,1020).

Da Conduta (Defensiva) da administração "Opada"

revogar as suas aceitações até ao final do período de oferta, o que lhes permitirá aderir a uma nova alternativa.

Em Portugal, por exemplo, o tempo mínimo de duração da oferta é de 2 semanas (183.°/1 do CVM), embora seja prorrogável, nomeadamente por iniciativa da CMVM, quando a protecção dos interesses dos destinatários assim o justifique (v. 183.°/2 do CVM, em harmonia com o racional do art. 125.° do CVM). Adicionalmente, note-se que o período prático para surgimento de outras alternativas corre desde a publicação do anúncio preliminar, altura em que o mercado fica a conhecer que será lançada uma OPA. Do anúncio preliminar até ao registo da oferta, necessário antes de o período de oferta se iniciar, poderá decorrer, por opção do oferente (v. art. 175.°/2-b) do CVM) e/ou pela necessidade de obter determinadas autorizações regulatórias, um longo período. Assim sendo, torna-se viável tanto o lançamento de ofertas concorrentes (que podem ser lançadas até ao quinto dia anterior ao término da oferta inicial; v. art. 185.°-A/1) do CVM) como a apresentação aos accionistas de outras alternativas (v.g. uma fusão ou um programa de remuneração accionista). Tudo dependerá depois do que os accionistas decidirem, vendendo e/ou votando. E também entre nós os accionistas têm a possibilidade de revogar as suas aceitações (pelo menos cinco dias antes de terminar a oferta – art.126.°/2 do CVM – ou até ao último dia do prazo, no caso de ofertas concorrentes – art. 185.°-A/6 do CVM).

Quanto ao segundo aspecto está em causa a imposição da alternativa delineada pelo oferente aos accionistas em moldes nos quais não lhes subsista na prática a hipótese de escolher não alienar. Vejamos o caso *Unocal*. Aqui estava em causa uma *two-tier offer*. O objectivo de uma abordagem deste tipo (muito em voga na década de oitenta) era geralmente claro: coagir os accionistas a rapidamente aceitarem a oferta, pois, de contrário, acabariam por poder ficar sujeitos a aceitar um novo domínio sobre a sociedade (dilema do prisioneiro) ou a sair por uma contrapartida pior do que aquela oferecida na primeira fase[167]. Agora, além de ainda estar por demonstrar que a melhor solução é que o *board of directors* possa actuar defensivamente, antes que o recurso a outros mecanismos como,

---

[167] Sobre as *two-tier tender offers* v. GAUGHAN (2002, 252ss) e sobre a questão em *Unocal* v. GEVURTZ (2000, 687s). No Direito alemão, para combater este problema, permitem-se duas semanas adicionais para aceitação da oferta, após o termo desta, nos termos do §16(2) da WpÜG.

96 *Orlando Vogler Guiné*

por exemplo, o recurso a um voto accionista[168], em países que prevejam mecanismos razoáveis de OPA obrigatória, aquelas preocupações não fazem o mesmo sentido, uma vez que para adquirir ou legitimar o domínio deverá ser lançada uma OPA totalitária (entre nós nos termos do art. 187.°/1 do CVM)[169].

Finalmente, quanto ao terceiro aspecto está em causa uma discrepância entre o juízo sobre a bondade da oferta entre accionistas e os *directors*, nomeadamente com fundamento no processamento de informação, experiência e capacidade destes, e que, portanto, o *board of directors* deveria poder reagir defensivamente para "salvar" os accionistas do seu próprio erro. É neste fundamento que muitas decisões jurisprudenciais acabam por recair (paradigmaticamente v. *Time* e *Unitrin*), o que, na prática, acaba por corresponder na passagem de um "atestado de incompetência" aos accionistas pela jurisprudência de Delaware, a benefício dos *directors*. Este tipo de visão paternalista face aos investidores parece algo desfasado, especialmente numa altura em que mesmo os pequenos investidores são cada vez mais atentos e informados e em que proliferam os investidores institucionais (profissionais)[170].

Por outro lado, mesmo que nem todos os investidores sejam especialmente aptos e informados (como efectivamente é o caso), a mais-valia informacional dos investidores mais capazes é, em boa medida, repercutível nos outros investidores a partir do rasto no mercado deixado pelos primeiros (aquisições ou alienações de posições accionistas), além das tomadas de posição públicas dos primeiros, e da mimetização desse rasto

---

[168] V. BEBCHUCK (2002, 981s).

[169] (Para a distinção entre OPA total e parcial v. GARCIA (1995, 64ss).) No mesmo sentido, como contra-argumento ao tal dilema do prisioneiro, v. BIRKE/MÜLBERT (2001, 714). V. também KIRCHNER/PAINTER (2000, 6). Relativamente à razoabilidade dos mecanismos de OPA tem-se especialmente em conta o limiar de lançamento de OPA e respectivo apuramento e os termos do cálculo da contrapartida (entre nós, v. arts. 187.° e 188.° do CVM); por exemplo, um limiar de 66%, como o previsto no ordenamento polaco, é claramente irrazoável (v. o *Report on the implementation of the Directive on Takeover Bids*, SEC (2007) 268, página 14). O actual CVM impõe somente o esquema de OPA legitimadora, isto é, subsequente à aquisição de domínio (mas v. o art. 189.°/1-a) do CVM), enquanto que o CMVM' previa também uma OPA prévia (v. os seus arts. 527.° e 528.°).

[170] Assim REGAN (2001, 971) e BEBCHUCK (2002, 1003). Muito crítico sobre o fundamento em análise v. também GEVURTZ (2000, 689ss).

Da Conduta (Defensiva) da administração "Opada" 97

pelos investidores menos capazes[171]. Acrescem os não menos importantes relatórios de análise financeira (*research*) publicamente divulgados por bancos de investimento e outras instituições actuantes no mercado.

41. Desvio motivacional

Por fim, deve notar-se que uma OPA faz sobressair os chamados problemas de agência entre os accionistas ("principal") e a Administração ("agente")[172]. Estes problemas resultam da separação entre propriedade e gestão, sendo especialmente evidente nas grandes sociedades que, pela sua dimensão, inibem um controlo efectivo da Administração pelos seus "proprietários" (os accionistas)[173]. A OPA, sobretudo quando hostil e dirigida à aquisição do domínio, suscita em especial os administradores a atenderem aos seus próprios interesses contra o interesse do seu principal. Tendo a OPA sucesso, boa parte dos administradores será provavelmente

---

[171] Sobre a *efficient capital markets hipothesis*, usualmente siglada por "ECMH", que inspira este argumento, v. GILSON/KRAAKMAN (1984).

[172] É aqui utilizada a nomenclatura típica da chamada lei da agência anglo-saxónica (sobre a *agency law* em geral v. ALLEN/KRAAKMAN (2003, 13ss)). A *agency law* estabelece uma das típicas relações jurídicas fiduciárias anglo-saxónicas, tal como a *trust law* ou a *corporation law*, respectivamente entre *agent e principal, trustee* e *cestui que trust* e *director e corporation,* merecendo aqui nota a posição de BERLE (1930/1, 1049) que sugeria então a aplicação de princípios materiais típicos do *trust* aos *directors*. A terminologia *principal/agent* foi, a propósito do contrato de agência, transposta para o DL n.º 178/86, de 3 de Julho, podendo ver-se sobre essa opção terminológica MONTEIRO (1986, 59ss). Mas é curioso notar que na Directiva 86/653/CEE do Conselho de 18 de Dezembro de 1986 relativa à coordenação do direito dos Estados-Membros sobre os agentes comerciais, publicada pouco depois, se fala na versão portuguesa antes em "*comitente*" em vez de "*principal*" como no nosso diploma.

[173] Não podendo deixar de se fazer aqui referência à obra que, no século XX, terá (re-)lançado a discussão da separação entre propriedade e controlo de Adolph A. Berle e Gardiner C. Means, intitulada *The Modern Corporation and Private Property*, publicada em 1932. O tema dos custos de agência foi salientado especialmente por Jensen e Meckling em *Theory of the Firm, Managerial Behavior, Agency Costs and Ownership Structure*, 3 Journal of Financial Economics 305ss, em 1976. Sobre esta matéria v. EASTERBROOK/ /FISCHEL (1981, 1169ss), GARCÍA DE ENTERRÍA (1999, 51ss), GEVURTZ (2000, 234ss) e ALLEN/KRAAKMAN (2003, 10ss). Distinguindo, no âmbito da adopção de medidas defensivas, entre problemas de agência *ex ante* e *ex post*, v. BEBCHUCK (2002, 991ss).

destituída, ou verá a sua remuneração reduzida ou ser-lhe reduzidos os poderes ou modificados os pelouros ou ser imposta uma nova estratégia empresarial.

Têm-se apontado os desenvolvimentos contemporâneos na estrutura de remuneração dos administradores, nomeadamente através de opções (*stock-options*) e acções da sociedade e de paraquedas dourados, como contribuindo para eliminar o conflito de interesses dos administradores num *takeover*[174]. Este factor parece-me efectivamente um importante factor de mitigação daquele conflito, mas, além de mitigar o factor disciplinador da OPA (a que voltaremos), não parece excluir absolutamente os *agency problems*. Por um lado, no plano patrimonial dificilmente se conseguem replicar perfeitamente *a priori* as consequências de uma tomada do controlo da sociedade. Por outro, há também muitas mais variáveis a considerar, designadamente as perspectivas de prestígio pessoal e desenvolvimento profissional inerentes ao exercício do cargo de administrador.

42. **Ponderação**

Ponderando os eventuais benefícios que os accionistas poderão vir a colher de uma actuação defensiva subjectiva da Administração e os potenciais riscos inerentes, sou da opinião de que uma tal liberdade de actuação da Administração é desfavorável para os interesses dos accionistas. E, portanto, que não se adequa à necessidade dos accionistas de rentabilização do seu investimento, e assim que não é no interesse social que lhe está pré-ordenado, a adopção de medidas defensivas subjectivas pela Administração[175].

Adicionalmente, é de realçar igualmente que a estrutura accionista subjacente às sociedades norte-americanas e às europeias (especialmente

---

[174] Sobre o tema v. BEBCHUCK (2002, 1013ss).

[175] V. WINTER *et alii* (2002-i, 21) e BEBCHUCK (2002, 999ss). Portanto, é mais eficiente que os accionistas decidam e não a Administração por sua vez. Mas como notam MCCAHERY *et alii* (2004, 632), tanto os defensores de que a Administração não deve adoptar medidas defensivas, como defensores da tese contrária (v. g. LIPTON (2002, 1054)), argumentam que é a sua a melhor perspectiva para atender aos interesses dos accionistas....

continentais) é diversa[176]. As posições dos maiores accionistas nas sociedades cotadas da Europa continental são muito superiores às posições dos
maiores accionistas nas sociedades admitidas (primacialmente) à negociação nos Estados Unidos, o que constitui, no panorama europeu, um
obstáculo natural ao sucesso de uma OPA, que inexiste na mesma medida
no âmbito norte-americano. Justifica-se, assim, menos na Europa do que
nos Estados Unidos, que uma sociedade possa adicionalmente ser "defendida" pela sua Administração.

Os argumentos apontados valem, com as devidas adaptações, igualmente em sede de medidas defensivas subjectivas prévias, com o argumento suplementar nessa sede de inexistir uma oferta concreta e, assim, de
poderem estar a ser desviados recursos sociais para "combater" uma circunstância futura (o lançamento de uma OPA) que, mesmo na ausência de
tais medidas defensivas, poderá não se concretizar.

43. O mandato de administrar

Mas parece-me que é possível ir um pouco mais longe.

No que toca à adopção de medidas defensivas subjectivas, não se
trata de decidir e executar uma determinada transacção para prossecução
da típica actividade social, mas está aqui antes em causa obstaculizar
uma transacção entre oferente e accionistas, a que a visada em si mesma
é alheia. "*No contexto de uma alteração do controlo da sociedade visada,
é importante garantir que o futuro desta sociedade seja decidido pelos
seus proprietários*", como se lê a propósito do art. 9.° na Proposta de
directiva do Parlamento Europeu e do Conselho relativa às ofertas públicas de aquisição (COM/2002/0534 final), no mesmo sentido se podendo
ver o art. 3.°/1-c)-2.ª-parte da DirOPA e o princípio geral n.° 3.°-2.ª-parte
do City Code. É o já referido chamado princípio de decisão accionista[177].
São e devem ser os accionistas a decidir quanto ao destino a dar à sua

---

[176] V. nomeadamente os já referidos trabalhos de MCCAHERY *et alii* (2003, 8) e
ALVES *et alii* (2006, 20ss).

[177] Conforme referido anteriormente, este e o princípio da proporcionalidade entre
capital e controlo foram os dois princípios que no primeiro relatório Winter se apontaram
como estruturantes de um Direito das OPA's europeu (v. WINTER *et alii* (2002-i, 21)).

propriedade[178]. Aliás, dir-se-ia mesmo que uma proibição de adopção de medidas defensivas subjectivas pela Administração seria co-natural à protecção constitucional do direito de propriedade dos accionistas, que postula justamente a sua alienabilidade[179]. Vejamos.

Imaginemos que A entrega a B um património para este gerir por conta de A. Pergunta-se se, caso A pretenda alienar o património a C, como deverá B actuar, assumindo que nada se tenha convencionado a esse propósito entre A e B. Se nada convencionaram é legítimo concluir que o mandato de B se limita à gestão do património e que A reservou para si a disposição do mesmo. Se assim é, então B não deve actuar com o propósito de interferir na conclusão do negócio entre A e C, pois tal extrapola o mandato que A lhe conferiu.

Ora, também me parece ser isso que, analogamente e com as devidas adaptações, sucede no nosso caso no que toca às medidas defensivas subjectivas subsequentes[180]. Aqui temos a Administração (B) que gere um património que (indirectamente) pertence aos accionistas (A). O conteúdo do "mandato"[181] é determinado por lei que, nos termos dos arts. 405.°/1 e

---

[178] V. a propósito JCSILVA (1999, 209), MAIER-REIMER (2001, 260), FERNÁNDEZ DE LA GÁNDARA / SÁNCHEZ ÁLVAREZ (2002, 233) e HIRTE (2003, 937-§23). Como nota CARDENAS SMITH (1993, 130), a sociedade é *"res inter alios acta"* relativamente à transacção; notando que o acto defensivo é uma *"repentina intromissione del rapporto precontrattuale che nel período di opa viene a formarsi tra offerente e destinatari"*, v. GATTI (2000, 651). Por fim, destacando em geral a importância do conceito de propriedade privada e qualificando os accionistas como proprietários passivos, v. BERLE (1932, 1369s).

[179] Assim também DRYGALA (2001, 1863). Igualmente CORDEIRO (1994, 777) faz referência a uma livre disposição dos bens (as acções) pelos accionistas. A liberdade de disposição inclui-se obviamente no âmbito do direito de propriedade privada, constitucionalmente previsto no art. 62.°/1 da CRP; v. por todos CANOTILHO/MOREIRA (2007, 802). No entanto, deve reconhecer-se que, em rigor, a actuação defensiva não obsta à alienabilidade, apenas a torna menos provável, como nota GEVURTZ (2000, 685s); ora, o que sucede é que, na prática, a diferença pode ser mais de quantidade do que de qualidade.

[180] A analogia supra inspira-se em argumentação de BEBCHUCK (2002, 1008), desenvolvida em resposta à chamada *bargainig theory* (a que voltaremos) como justificadora da actuação defensiva da Administração, e de BIRKE/MÜLBERT (2001, 717).

[181] Utiliza-se a expressão "mandato" por facilidade de exposição, não se olvidando que é controvertida a questão da natureza jurídica da relação de administração. Não é necessário tomar-se aqui partido sobre esse tema, dado que os administradores são também fiduciários, pois gerem interesses alheios e nessa medida, para o que releva supra, se aproximam do papel dos mandatários. Para uma aproximação do mandato à relação de

431.º/1 do CSC, impõe que à Administração compete *"gerir as actividades da sociedade"*. No mesmo sentido também o §141(a) do *Delaware General Corporation Code* impõe que: *"The business and affairs of every corporation organized under this chapter shall be managed by or under the direction of a board of directors (...)"*. Portanto, compete à Administração gerir o património (a sociedade) e não interferir (deliberadamente, através de medidas defensivas subjectivas) nas transacções que os accionistas façam ou pretendam fazer com relação aos títulos representativos daquele património (as acções) com o oferente (C). Por maioria de razão, parece-me ser uma argumentação que se justifica quanto à proibição da adopção de medidas defensivas subjectivas prévias[182].

Note-se também que o mandato legal atribuído à Administração deverá ser teleologicamente compreendido. Deve ter a extensão necessária à prossecução do interesse social, isto é, à prossecução do interesse (comum) dos sócios de rentabilização do investimento. Mas foi igualmente explicado anteriormente que esse interesse parece implicar, em qualquer caso, a abstenção da Administração na adopção de medidas defensivas subjectivas. Assim sendo, uma vez que não há possibilidade de escolha entre alternativas, deve entender-se que aquela adopção não se inclui no escopo do mandato de administração, pelo que, se forem adoptadas tais medidas, deverá então entender-se existir uma actuação fora do âmbito desse mandato[183]. Ou melhor, que os poderes de representação da Administração (arts. 405.º/2 e 431.º/2 do CSC) foram exercidos para além do escopo do mandato de gestão que lhe foi conferido (arts. 405.º/1 e 431.º/1 do CSC).

---

administração v. CORREIA (1993, 520ss), ASENCIO (2000, 689ss) e o acórdão do Supremo Tribunal de Justiça de 5 de Novembro de 2001 (Abel Freire).

[182] Das medidas defensivas prévias se distinguem as medidas preparatórias de adopção de medidas defensivas subsequentes, tais como contactos informais com accionistas e com os ditos cavaleiros brancos, preparação de documentação, obtenção de consultoria especializada. LOHRMANN/VON DRYANKE (2002, 308-§65) inclinam-se para a legitimidade da adopção de medidas preparatórias à luz do Direito alemão.

[183] No sentido similar v. ALTMEPPEN (2001, 1076).

44. O art. 182.º do CVM e o poder de negociação

Como é sabido e será analisado no capítulo seguinte em pormenor, sob determinados pressupostos vigora entre nós uma limitação dos poderes da Administração, nos termos do disposto no art. 182.º do CVM. Donde que, *a contrario*, poderia argumentar-se que as consequências práticas decorrentes dessa mesma norma não deveriam valer fora dos respectivos pressupostos[184]. Por outro lado, atendendo ao disposto no n.º 6 deste artigo, que igualmente será referido infra, conclui-se que o legislador português escolheu adoptar, nos termos do art. 12.º/3 da DirOPA, um princípio de reciprocidade entre regimes jurídicos aplicáveis ao oferente e à visada. O objectivo de um tal princípio é declaradamente a obtenção de um *level playing field* internacional, em particular transatlanticamente. Dir-se-á que, se um mesmo tipo de consequências é obtido fora do âmbito do art. 182.º do CVM, então aquela reciprocidade sai frustrada.

Finalmente, ainda se poderá avançar com o seguinte argumento. Como veremos nos pontos seguintes, a Administração assume também um papel de negociador, por conta dos accionistas, com o oferente, para obter deste as melhores condições possíveis. Naturalmente, as hipóteses de obtenção de bons resultados de um negociador são tanto maiores quanto maior for o seu poder negocial e no caso presente esse poder negocial dependeria essencialmente da possibilidade de a Administração poder adoptar medidas defensivas (subjectivas) (*bargaining theory*)[185].

Em primeiro lugar, deve começar por se referir que as consequências não são exactamente as mesmas. O disposto no art. 182.º do CVM aplica-se a todas as medidas defensivas (subsequentes) da Administração, sejam elas objectivas ou subjectivas, enquanto que nos termos do critério delineado no ponto anterior a Administração tem alguma margem para adoptar medidas defensivas objectivas.

Em segundo lugar, note-se a fragilidade que por vezes assume a argumentação *a contrario*. Este tipo de argumento radica em que, estando prevista determinada consequência jurídica para uma dada situação especificada numa norma, mas não colhendo uma outra situação todas as

---

[184] Uma das hipóteses de leitura do §33 da WpÜG no que toca a medidas defensivas prévias, como fazem notar LOHRMANN/VON DRYANKE (2002, 307-§64).

[185] V. GEVURTZ (2000, 688), LIPTON (2002,1064) e GATTI (2004, 95).

Da Conduta (Defensiva) da administração "Opada"

especificidades elencadas na norma, então o regime ali previsto não seria por isso aplicável a esta segunda situação (relevando-se a diferença). Simplesmente, em muitos casos a conclusão deve ser justamente que o regime jurídico ali previsto deve, numa perspectiva problematizante, também ser aplicável a esta segunda situação, o que tradicionalmente se refere como aplicação analógica da norma (relevando-se a semelhança)[186]. E justamente, como veremos, parece que andou mal o legislador português quando fixou alguns dos pressupostos objectivos de que depende a aplicação da norma (em particular o objecto mínimo da oferta), diversamente do legislador comunitário que faz depender o princípio da não frustração (consagrado entre nós no art. 182.° do CVM) da pretensão da aquisição de domínio. Se talvez seja ir longe de mais procurar aplicar analogicamente o disposto no artigo 182.° do CVM para além dos seus pressupostos estritos[187], não me parece que se vá longe de mais se por outras vias forem atingidos resultados em alguma medida similares.

Aliás, atendendo ao escalonamento das normas da DirOPA entre normas gerais (art. 9.°/2-4) e excepcionais (art. 12.°) e tendo em mente também ao *input* que a Comissão Europeia tem vindo a transmitir, facilmente se perceberá que o bom princípio parece ser, mesmo no âmbito transatlântico, o que actualmente está em geral consagrado no art. 182.°/1 do CVM e não o seu contrário nem o princípio da reciprocidade, consagrado no seu n.° 6[188]. Para mais, relativamente aos accionistas da sociedade visada, o seu interesse de poder vir a realizar mais-valias imediatas, que está por detrás do disposto nos arts. 9.°/2-4 da DirOPA e 182.° do CVM,

---

[186] Sobre a analogia e o *argumentum a contrario* v. BRONZE (2002, 872ss).

[187] Por exemplo, FERNÁNDEZ DE LA GÁNDARA / SÁNCHEZ ÁLVAREZ (2002, 233) chegam a recusar mesmo uma interpretação meramente extensiva de norma análoga no ordenamento espanhol.

[188] V. o *Report on the implementation of the Directive on Takeover Bids* (SEC (2007) 268), páginas 3ss. V. também WINTER *et alii* (2002-i, 18s, 39ss), MCCAHERY *et alii* (2003, 64ss, 78ss) e HOPT (2007, 263). A *default rule* é o disposto no art. 9.°/2-4 e não o seu inverso – v. ANGELILLIS/MOSCA (2007,1126). Para uma crítica à reciprocidade v. BECHT (2004, 659ss) e PAREDES GALEGO (2006, 152s). A talhe de foice, note-se que geralmente um princípio de igualdade de armas é estabelecido entre os contendentes (neste caso, oferente e accionistas) e não entre um contendente e o objecto da contenda (neste caso, a sociedade visada). No sentido de que, antes da WpÜG, existia um princípio de limitação da actuação defensiva da Administração por força dos princípios societários v. HOPT (2000, 1375) e ALTMEPPEN (2001, 1077).

é o mesmo num e noutro caso, ou seja, é o mesmo independentemente do regime aplicável ao oferente. Tendo em conta também o castramento à sua "propriedade" que, na prática, poderá estar em causa, por os "proprietários", em virtude de circunstâncias exógenas ligadas à Administração, poderem vir a não ter possibilidade de alienar a sua "propriedade" ao oferente, o legislador deveria então ter sido suficientemente explícito caso pretendesse que a Administração fosse livre de adoptar medidas defensivas subjectivas.

Diga-se também que a eventualidade de superveniência de um *takeover* é um forte, senão o mais forte, incentivo para que os administradores façam um bom trabalho e produzam valor para o accionista. Sob outra perspectiva, a melhor defesa que os administradores têm, e devem ter, ao seu dispor não é a adopção de medidas defensivas (subjectivas, subsequentes ou prévias) mas antes a criação de valor para o accionista[189]. É o chamado efeito disciplinador da OPA[190]. E não se diga em contrário que através de uma supressão da possibilidade de adoptar medidas defensivas subjectivas uma sociedade está sempre na iminência de ser adquirida (*on sale*), o que trará dificuldades de gestão acrescidas[191], pois, em primeiro lugar, sempre seria necessário ponderar essa circunstância contra aquelas vantagens disciplinadoras e, por outro, nesse caso o princípio seria o da proibição do lançamento de OPA's e não o da liberdade de lançamento[192].

Finalmente, em termos negociais a Administração é ainda assim tenente de importantes armas, nomeadamente a sua capacidade persuasiva, alicerçada na sua especial qualificação face à sociedade, concretizada no

---

[189] V. GAUGHAN (2002, 495).

[190] Ainda que o argumento não deva ser absolutizado, é salientado por muitos autores, v.g. EASTERBROOK/FISCHEL (1981, 1173s), JNPEREIRA (1991, 9s), GARCÍA DE ENTERRÍA (1999, 58ss) e GEVURTZ (2000, 238), v. KRAUSE (2000, 218s), BEBCHUCK (2002, 994), FORSTINGER (2002, 7), WINTER *et alii* (2002-i, 19), ALLEN/KRAAKMAN (2003, 497), HIRTE (2003, 937-§23), MCCAHERY *et alii* (2003, 51, 64) e JOHNSTON (2007, 450s). No mesmo sentido v. também o *Report on the implementation of the Directive on Takeover Bids* (SEC (2007) 268), página 3.

[191] Como salienta LIPTON (2002, 1059s).

[192] A liberdade de lançamento de OPA era expressamente prevista no art. 526.º do CMVM' (sobre o tema, nesse contexto, v. VENTURA (1992, 265s), CORDEIRO (1996, 509) ou JCSILVA (1999, 211ss)). Do CVM não consta norma análoga, tendo o legislador naturalmente concluído pela sua desnecessidade; sobre o tema no âmbito do CVM v. MENDONÇA (2004, 55s).

relatório que a Administração deve emitir nos termos do art. 181.º do CVM (v. art. 9.º/5 da DirOPA) e na possibilidade de procurar um cavaleiro branco (art. 182.º/3-c) do CVM e 9.º-2-§1 da DirOPA), itens a que voltaremos infra[193]. E essas foram também justamente as armas pressupostas em geral pelos legisladores comunitários e português no âmbito da aplicação da limitação dos poderes da Administração. Para mais, por que razão haviam de ser diversas as armas negociais consoante o regime jurídico aplicável ao oferente, se os interesses dos accionistas da visada são os mesmos num e noutro caso? Pode ainda admitir-se que, entendendo a Administração necessitar de armas negociais mais pujantes, deve poder pedi-las ao seu "principal" (exprimindo-se através da Assembleia Geral), desde que, de acordo com um princípio da boa fé (art. 181.º/5-d) do CVM, a que voltaremos), comunique devidamente que pretende ter a possibilidade de utilizar o acto autorizado como "arma negocial"[194].

---

[193] Conforme nota HIRTE (2003, 955-§63) a argumentação da Administração é não só um direito como um dever mesmo.

[194] BIRKE/MÜLBERT (2001, 717s) parecem igualmente deixar essa porta em aberto. Dependeria assim da Assembleia Geral a margem de actuação (*"Handlungsspielraum"* na expressão de SCHWENNICKE (2002, 496-§58)) da Administração. BEBCHUCK (2002, 1007ss) entende antes que o mandato para a utilização daquele tipo de medidas é inerente ao exercício do cargo dos directors, mas que deve sempre entender-se como naturalmente reversível pelos accionistas. A propósito, veja-se a interessante proposta de KIRCHNER/ /PAINTER (2000, 44ss) em sede de aprovação de uma Directiva sobre OPA's, propondo a seguinte redacção, incluindo a possibilidade de ratificação das medidas defensivas (sublinhado meu): *"Member States shall ensure that rules in force requiring that: (a) (…) the board of the offeree company should abstain from completing any action (…), unless such action is clearly in the best interest of the company and particularly its shareholders, and is approved by a vote of simple or qualified majority of the board or any other body of the offeree company as specified by the laws of the Member State; (…) (c) actions of the board are presumed to be in the best interests of the company if they are <u>authorised or ratified</u> <u>by a general meeting of the shareholders given for this purpose, or by a majority of the</u> <u>shareholders voting by electronic or other means provided for under the laws of te</u> <u>Member State</u>, and are presumed not to be in the best interests of the company if they are rejected by a majority of the shareholders in like manner."*

MAXIMIZAÇÃO DOS INTERESSES DE CURTO PRAZO DOS ACCIONISTAS

45. A jurisprudência norte-americana: *Revlon*

Em *Revlon*, no contexto de uma *tender offer* sobre a Revlon, Inc., o *board of directors* desta conferiu determinadas vantagens negociais a um cavaleiro branco, incluindo uma cláusula *no shop*, uma *cancellation fee* e uma opção de compra (*lock up option*) sobre determinados activos da Revlon[195], cuja adopção foi contestada judicialmente. O fundamento de actuação alegado pelo *board of directors* foi que o cavaleiro branco se havia comprometido a suportar a cotação de determinadas obrigações emitidas pela Revlon[196].

---

[195] Respectivamente uma obrigação de não negociar com outra entidade, uma comissão caso a transacção claudicasse e uma opção de compra com desconto dos activos mais importantes da Revlon caso um outro oferente adquirisse mais de 40% das acções da Revlon. Sobre os *lock-ups* v. ALLEN/KRAAKMAN (2003, 544ss).

[196] Esta emissão de obrigações havia sido uma das medidas defensivas decididas pelo *board of directors* da Revlon, tendo-se também inserido na documentação contratual da emissão (nas *Terms&Conditions*) uma obrigação contratual (*covenant*) da Revlon de não alienar ou onerar determinados activos sem a aprovação dos seus *directors* independentes. O objectivo desta obrigação era dificultar o LBO que o oferente pretendia empreender. O *board of directors* da Revlon tinha, contudo, um direito de revogar (*waiver*) aquela obrigação em caso de aquisição da sociedade (isto é, das acções da Revlon) a um preço justo. Não obstante, o oferente subiu a sua oferta, tendo então o *board of directors* da Revlon encetado negociações com o cavaleiro branco. Uma vez que este igualmente estava interessado num LBO e que o *board of directors* não poderia acordar num preço que não fosse justo, a transacção com o cavaleiro branco implicaria uma desvalorização das obrigações cuja cotação ele se obrigou a suportar.

O Supremo Tribunal de Delaware considerou que, uma vez que tanto o oferente inicial como o cavaleiro branco pretendiam empreender um LBO, a ameaça inicial – dissolução (*"break up"*) da sociedade/do seu activo – tinha sido assumida pelos próprios *directors*. Assim sendo, o Tribunal opinou que, desde esse momento, a preocupação dos *directors* deveria ter sido maximizar o preço para os accionistas da Revlon e não a sustentação do valor das obrigações em benefício dos obrigacionistas, cuja protecção era contratual e não fiduciária. O Tribunal considerou que, apesar de em *Unocal* se ter avançado a possibilidade de os interesses de diversos *stakeholders* poderem ser considerados, esses interesses deveriam estar racionalmente relacionados com os dos acconistas, sendo que, na iminência de um "rompimento" da sociedade, a consideração dos diversos outros interesses orbitantes à volta da sociedade deixaria de ter razão de ser, somente se devendo considerar o interesse dos accionistas de obter o máximo valor possível pelas suas acções. Neste contexto seria legítimo atrair um cavaleiro branco mediante certas condições favoráveis, mas já seria ilegítimo conceder condições tais que terminassem um leilão em curso.

A doutrina Revlon foi depois sendo desenvolvida em casos subsequentes.

No já citado caso *Time*, a Paramount havia alegado que as negociações empreendidas pela Time com vista à fusão com a Warner haviam convocado o padrão Revlon. O Supremo Tribunal de Delaware concluiu que não havia cessão de controlo, porque, apesar de os accionistas da Warner acabarem por ficar em posição de maioria após a fusão, continuaria a não haver um accionista de controlo, mas antes o controlo continuaria disperso no mercado, pelo que o controlo da Time não estava a ser vendido. Por outro lado, fez notar que este padrão pode ser nomeadamente resultante de duas circunstâncias: (i) quando os *directors* activamente procurem um outro oferente (a sociedade seja posta à venda – *"put up for sale"*) ou seja efectuada uma re-organização empresarial que claramente envolva uma "dissolução" da sociedade (*"break up of the company"*); e (ii) quando a sociedade abandone a sua estratégia de longo prazo e procure uma transacção alternativa que igualmente envolva na prática uma tal dissolução.

Em *Paramount* a Paramount havia firmado um acordo com a Viacom Inc. com vista a uma fusão e que continha determinados dispositivos de protecção, incluindo uma *cancellation fee*, uma cláusula *no-shop* e uma

Da Conduta (Defensiva) da administração "Opada" 109

opção de compra de acções[197]. Foi então que a QVC Network Inc. lançou uma *tender offer* sobre a Paramount e foi intentada acção judicial. O Supremo Tribunal de Delaware entendeu que, atenta a composição accionista prevista para a entidade resultante da fusão, no presente caso essa transacção implicaria uma alienação do controlo da Paramount, que até então estava disperso pelo público. O Tribunal considerou que, estando em causa a alteração do controlo, por um lado, os *directors* não se poderiam prevalecer na sua actuação da sua visão estratégica, pois já não poderiam garantir que essa estratégia seria prosseguida, e, por outro, as negociações com vista à fusão haviam iniciado um processo de venda da Paramount, sujeitando o *board of directors* ao padrão Revlon.

Resumindo, segundo o padrão Revlon, caso o *board of directors* tenha decidido abandonar a sua estratégia de longo prazo e que o controlo será vendido ou a sociedade dissolvida, aquele deve actuar com o intuito único de maximizar o preço para os accionistas. Perguntar pela valência do critério Revlon é perguntar pela conveniência de a Administração se assumir na realização do melhor negócio possível como "agente" dos accionistas, ao que se procurará responder de seguida.

46. A Administração como agente (*agent*) dos accionistas

No nosso ordenamento jurídico os critérios societários de administração da sociedade decorrem sempre do disposto no artigo 64.º/1 do CSC, sendo que já vimos que a Administração não deverá adoptar, por regra, medidas defensivas subjectivas com fundamento no interesse social.

Não obstante, parece-me interessante o princípio em que radica o padrão Revlon, que impõe ao *board of directors* o dever de actuar como

---

[197] A cláusula *no shop* continha, no entanto, uma excepção, no caso de se tratar de uma oferta de boa fé, sem condicionalismos financeiros e os deveres fiduciários dos *directors* assim o exigissem (*fiduciary out*; sobre a matéria v. ALLEN/KRAAKMAN (2003, 546ss)). A opção de compra era sobre um montante de 19,9% das acções da Paramount a um preço fixo caso o acordo de fusão fosse terminado por causa de outra transacção, os accionistas não aprovassem a fusão ou o *board of directors* recomendasse outra transacção, sendo que a Viacom poderia pagar através de obrigações altamente subordinadas (*note feature*) ou podia simplesmente exigir o diferencial financeiro (*put feature*), não se tendo para este efeito estabelecido qualquer tecto. A título de curiosidade, note-se que a Paramount havia sido autora em *Time* e vem assumir em *Paramount* o papel de ré.

agente dos accionistas para realização (imediata) do melhor negócio possível[198].

O disposto no art. 64.º/1-b) do CSC não deve obstar a que a Administração se assuma como agente (no sentido anglo-saxónico do termo) dos accionistas para aqueles efeitos, simplesmente essa assunção deve ocorrer fora do âmbito da administração dos negócios sociais propriamente ditos. Parece-me pouco razoável, para a tutela do interesse natural de cada accionista, de ver ser-lhe proposto o melhor preço possível (em dinheiro e/ou valores mobiliários – v. art. 177.º do CVM[199]), prescindir de qualquer contributo da Administração. Dada a situação especialmente qualificada da Administração relativamente à sociedade, existirá todo o interesse em que aquela tenha algum papel no processo.

Já é imposto aos administradores que assumam em alguns casos a qualidade de mediadores daquele interesse dos sócios. Assim é no caso de uma fusão, em que, ao lado do interesse social, devem igualmente os administradores assumir aquele papel de potenciadores da realização (imediata) de valor pelos sócios (através da aquisição ou manutenção de participações sociais e eventualmente de dinheiro; v. art. 97.º/5 do CSC); por isso no artigo 114.º do CSC se refere um distinto interesse dos sócios ao lado do interesse social[200]. Assim, além das vantagens inerentes à fusão das duas sociedades numa, às quais preside o interesse social, é obviamente imprescindível que seja negociado um preço justo, o mesmo é dizer que a contrapartida seja a mais elevada possível, assumindo-se os administradores então como gestores do interesse (que podemos apelidar) de curto prazo dos sócios.

Igualmente no âmbito de uma OPA os administradores podem e devem assumir, tal como sucede no âmbito das fusões[201], ao lado do interesse social e para outros âmbitos que não a administração dos negócios sociais propriamente ditos, esse interesse de curto prazo dos sócios.

Voltemos à nossa analogia de há pouco. Não obstante B não dever colocar obstáculos no negócio entre A e C, tem toda a lógica que B,

---

[198] Salientando esse papel negociador, v. LIPTON (2002, 1064).

[199] Mas v. igualmente o disposto no art. 188.º do CVM, quando se pretenda recorrer ao disposto no art. 189.º/1-a) do CVM.

[200] V. a propósito, destacando a relação de troca inerente à fusão, NUNES (2001, 59ss). Sobre esta norma v. também VENTURA (1990, 289ss).

[201] V. a propósito NUNES (2001, 76s).

enquanto sujeito que melhor conhece o património sob gestão (a sociedade), informe e aconselhe A no negócio[202]. Por outro lado, assumindo
agora que A são uma imensidão de mandantes (os accionistas), pode também justificar-se, por razões de eficiência, que B possa negociar com C
com vista a obter as melhores condições para os seus "mandantes" ou
mesmo podendo procurar para os mesmos uma outra alternativa (cavaleiro
branco)[203]. Não deve é utilizar os seus poderes de administração da sociedade para esse fim (medidas defensivas subjectivas), como vimos.

47. O princípio da boa fé

Parece-me que é sobretudo a esses âmbitos que se dirige o "enigmático" art. 181.º/5-d) do CVM que impõe que os administradores (nos
termos da letra da norma, a Administração), a partir da publicação do
anúncio preliminar e até à publicação do resultado da oferta, devem *agir
de boa fé, designadamente quanto à correcção da informação e quanto à
lealdade do comportamento.*" O "enigma" já vem, aliás, do Anteprojecto
do Código dos Valores Mobiliários (v. art. 181.º/2-d)).

Em primeiro lugar, é necessário determinar se a lei fala aqui em boa
fé subjectiva ou objectiva[204]. Como é sabido, a boa fé subjectiva corresponde a um estado psicológico, um estado de ignorância do sujeito face a
certas vicissitudes, estado esse a que o Direito, numa óptica retrospectiva,
por vezes atribui relevância; aqui o sujeito está de boa fé. Já a boa fé objectiva corresponde a um padrão de conduta objectivo, que exige uma participação honesta, correcta e leal no tráfego jurídico, impondo assim o
Direito comportamentos, numa perspectiva necessariamente prospectiva –
aqui o sujeito age segundo a boa fé. Como o legislador no artigo 181.º do

---

[202] V. DUARTE (1998, 65), ALTMEPPEN (2001, 1076), KRAUSE (2000, 220), WINTER
et alii (2002-i, 20) e BEBCHUCK (2002, 1000ss), este último sugerindo adicionalmente que
os administradores poderiam reforçar a sua mensagem de que se trata de uma má oferta,
comprometendo-se a adquirir com os seus fundos próprios um determinado número de
acções da visada ao preço da oferta e a mantê-las na sua titularidade durante um certo
tempo. DRYGALA (2001, 1863) salienta a importância da comunicação com os accionistas
como medida defensiva.

[203] Como salienta SCHWENNICKE (2002, 491-§48).

[204] Para a distinção entre boa fé subjectiva e objectiva v. por todos PINTO (2005,
125) ou CORDEIRO (2005, 404s).

CVM procura ordenar condutas, para o futuro, parece, então, ser em sentido objectivo que a boa fé é ali empregue. Por exemplo, em sentido objectivo é também o termo utilizado no art. 304.º/2 do CVM, enquanto que nos arts. 56.º, 58.º/1 e 79.º/2 do mesmo Código o mesmo é empregue em sentido subjectivo.

Uma primeira nota é que tal consagração no art. 181.º não era em absoluto necessária, pois o princípio da boa fé é um princípio geral do Direito Privado[205], pelo que seria sempre já aplicável ao caso. Mas, não obstante, é por vezes útil que o legislador o relembre em certos casos.

A norma exemplifica depois dois grupos de casos em que o dever de agir de boa fé se precipita.

Um dos grupos impõe que os administradores devem actuar de boa fé quanto à *"lealdade do comportamento"*[206]. Para começar, o discurso é algo tautológico, já que o princípio da boa fé impõe, em si mesmo, que se actue lealmente. Coloca depois a questão de saber quais as condutas pelas quais é devida lealdade e perante quem os administradores devem ser leais.

Os administradores da sociedade administram a sociedade visada e a ela devem lealdade nessa administração, nos termos do art. 64.º/1-b) do CSC, pelo que ali onde legitimamente actuem para administração de negócios sociais o disposto nessa norma é o bastante. O art. 181.º/5-d) não substitui nem se pretende substituir àquele, pelo que somente assumirá importância autónoma, designadamente no âmbito negocial, ali onde esteja em causa a actuação dos administradores da sociedade visada que não se reconduza à administração da sociedade visada propriamente dita, razão pela qual também não chegará a haver propriamente situações de sobreposição ou conflito de deveres[207].

---

[205] V. Pinto (2005, 124). Qualificando antes a boa fé como instituto, v. Cordeiro (2005, 368s).

[206] Antecipando já um tal dever de lealdade, em atenção ao princípio da boa fé, v. Cordeiro (1996, 512ss) e v. também Antas *et alii* (1992, 217), que sublinham também a questão de este dever se dever impor à própria Assembleia Geral. Contra essa posição v. JBPereira (2000, 199ss) e, tendo em conta o §33 da WpÜG, Krause/Pötzsch (2005, 1019-§79).

[207] Em havendo, deveria prevalecer o seu dever de administrar a sociedade segundo o interesse social sobre estoutro dever de representação dos interesses de curto prazo dos accionistas (v. a propósito Nunes (2001, 93ss)).

Por outro lado, deve notar-se que a boa fé, enquanto princípio ordenador do desenrolar de um processo negocial, tanto impõe lealdade negocial do agente quanto ao seu "principal" (os accionistas, em atenção aos seu interesse de curto prazo), relativamente ao qual a Administração se assume como "agente", como pode chegar a impor que, em "representação" do seu principal (quando um efectivo processo negocial, em representação do seu principal, se encontre em curso, para o que não parece bastar o simples lançamento da OPA), o agente adopte uma conduta correcta e honesta face à contraparte do seu principal.

Deste princípio de representação dos interesses de curto prazo dos accionistas pela Administração, integrado pelo princípio da boa fé, é possível concluir alguns ensinamentos úteis.

Uma importante consequência poderá ocorrer em sede de adopção de medidas defensivas subjectivas subsequentes pela Administração. No que toca a estas, se é verdade que a respectiva adopção não me parece que corresponda ao racional subjacente ao interesse social (conforme explicado), igualmente acaba por não corresponder a uma conduta leal dos administradores, segundo a boa fé[208], em atenção ao seu principal (os accionistas) e, em alguns casos, eventualmente à contraparte deste (o oferente).

Outro exemplo é que não devem ser liminarmente rejeitados contactos negociais do oferente, podendo mesmo perguntar-se se não existirá um dever de tomar a iniciativa de encetar negociações[209]. Outro consiste em os administradores não deverem preterir os interesses de curto prazo dos accionistas em atenção às boas condições que o oferente lhes ofereça caso a OPA tenha sucesso[210].

---

[208] A propósito das condutas antes e depois do período de produção de efeitos do art. 575.º/1 do CMVM', igualmente fazem uma referência semelhante ao princípio da boa fé ANTAS *et alii* (1992, 217).

[209] Contra, para o ordenamento alemão, v. HOPT (2000, 1383). Mas note-se que tal pode também ser uma táctica negocial, por exemplo, rejeitando iniciar conversações abaixo de um dado preço mínimo.

[210] V. EASTERBROOK/FISCHEL (1981, 1183). Na redacção inicial do §33 da WpÜG, o seu (3) impunha uma proibição de aliciamento pelo oferente aos administradores ou membros do órgão de fiscalização através de pagamentos ou benefícios injustificados, mas essa norma curiosamente foi entretanto revogada. Segundo LOHRMANN/VON DRYANDER (2002, 314-§84) e SCHWENNICKE (2002, 506-§82) deviam-se ter por justificados os que se relacionassem com o interesse social, que os mesmos autores exemplificavam com a mera promessa de manter os administradores após a OPA.

No que toca à negociação com potenciais contra-interessados (em lançar uma OPA concorrente ou noutra alternativa, como uma fusão), não devem ser concedidas desmesuradas vantagens face ao oferente, sejam de disponibilidade negocial, sejam informativas, sejam outras, devendo reger um tendencial princípio de igualdade entre os vários interessados[211]. Ao nível informacional, no que toca a ofertas concorrentes, adiante-se que o art. 185.°/7 do CVM impõe uma igualdade de tratamento entre oferentes, mas em bom rigor uma entidade somente assume essa qualidade depois de lançar uma oferta e é antes de a lançar que a informação é mais necessária. Por exemplo, a regra 20.2 do City Code inclui também no seu âmbito de previsão potenciais oferentes[212].

Segundo o Parecer Genérico da CMVM (v. II.2), se a sociedade visada conceder assistência financeira para aquisição de acções próprias, além de infringir o disposto no art. 322.°/1 do CSC, os administradores infringem o dever de lealdade a que estão obrigados, se por tanto forem responsáveis. Mais ainda, segundo o mesmo Parecer, infringem o dever de lealdade se houver uma qualquer colaboração na obtenção de financiamento por um cavaleiro branco, o que talvez seja ir longe de mais quando não haja a assunção de quaisquer compromissos financeiros por parte da visada – é que há-de permitir-se algum âmbito de actuação à Administração desta na actividade de procura e fomento de propostas concorrentes, que, para mais, favoreçam os accionistas.

Novo exemplo é que, se bem que a Administração possa recorrer a serviços de terceiro no desempenho das suas funções de "represen-

---

[211] V. a propósito *Revlon*, BECKER (2001, 286), APFELBACHER/BREMS (2002, 209ss-§1ss), HARBARTH/WINTER (2002, 5), WINTER *et alii* (2002-i, 20), HIRTE (2003, 963-§77) e LIEKEFETT (2005, 807). Note-se também que, designadamente para elaboração do prospecto, a sociedade visada deverá prestar determinadas informações de que o oferente necessite; v. o racional dos arts. 171.° do CVM e 573.° do CC, normas que por isso aqui devem ter aplicação. Deve também salientar-se, como se sublinha no *Parecer Genérico da CMVM* (v. II.3), que, caso a Administração da visada pretenda disponibilizar informação privilegiada (v. art. 248.°/1-a)/2 do CVM) a um interessado, deverá a mesma ser primeiro publicamente divulgada.

[212] V. também 2.°§2 do pretérito Código das OPAs (*Übernahmekodex*) alemão. Este instrumento era, a exemplo do City Code, um instrumento de auto-regulação voluntária, hoje legalmente cogente em algumas matérias (v. as secções 972ss da *Companies Act 2006*). Sobre o City Code e as suas origens pode ver-se JOHNSTON (2007, 423ss) e sobre o primeiro v. ASSMANN (1995).

tação" dos accionistas, não deverão os custos incorridos ser desmesurados[213].

Outro exemplo ainda, que se encontra já em alguma medida relacionado com o grupo de casos seguinte, é o dever de denunciar incorrecções ou incompletudes na prestação da informação por parte do oferente ou outras ilegalidades cometidas pelo mesmo, não somente publicamente, mas igualmente recorrendo às entidades públicas competentes, designadamente as autoridades reguladoras ou mesmo os tribunais[214]. Agora, o próprio interesse dos accionistas "representados" impõe também que essa actuação tenha por escopo sempre e somente a tomada de uma decisão esclarecida pelos mesmos e não o protelamento materialmente injustificado do processo complexo que é a OPA[215]. Portanto, a Administração não se deverá armar em curadora de um interesse público de legalidade, mas somente intervir ali onde efectivamente as ilegalidades cometidas relevem para os interesses de que lhe cabe cuidar. Não devem os administradores, neste como noutros âmbitos, utilizar expedientes negociais de escopo meramente dilatório.

O outro aspecto que o legislador exemplifica é a *"correcção da informação"*, o que é uma redacção algo deficiente, pois o que legislador terá querido significar é que os administradores devem actuar de boa fé na prestação correcta de informação, o que inclui o relatório da Administração nos termos do art. 181.º/1 do CVM, uma adenda ao mesmo ou qualquer outra informação que a Administração resolva divulgar. Ora, a Administração se presta correctamente informação, actuará, em principio, segundo a boa fé, se a Administração segundo a boa fé presta informação,

---

[213] Reflectindo esta lógica para o específico caso de procura de um cavaleiro branco v. LOHRMANN/VON DRYANKE (2002, 305-§59) e para o caso de campanhas publicitárias v. HOPT (2000, 1383), MAIER-REIMER (2001,264), HIRTE (2003, 961-§73) e KRAUSE/ /PÖTZSCH (2005, 1046-§133). Em sentido pouco restritivo v. a decisão *Mannesmann* do Tribunal de Estado (*Landesgerichtshof*) de Dusseldorf.

[214] No panorama estadunidense a *litigation* é uma das medidas mais habituais e é típico que logo depois de lançada uma *tender offer* sejam iniciados procedimentos junto da *Securities Exchange Commission* e intentadas acções judiciais com o fim de obstaculizar a oferta (desde logo com fundamento na incompletude ou inexactidão da informação divulgada pelo oferente; v. *Securities Exchange Act (1934) Rule* 14d.6). Sobre a litigação no contexto das *tender offers* v. ROSENZWEIG (1986), GARCÍA DE ENTERRÍA (1999, 162ss) e GAUGHAN (2002, 226ss.).

[215] V. GATTI (2000, 619).

em princípio a informação será correctamente prestada. A correcção da informação deverá aqui ser entendida em sentido amplo, não se restringindo à certeza da mesma face ao seu objecto, mas antes devendo revestir as características decorrentes do disposto no art. 7.°/1 do CVM (*"completa, verdadeira, actual, clara, objectiva e lícita"*), o que é aliás sublinhado pelo art. 181.°/1 do CVM. Uma referência directa da prestação da informação ao princípio da boa fé permite concluir (parece-me) um dever de a Administração, mesmo para além do imposto no art. 181.°/1 do CVM (que faz depender o relatório de uma iniciativa do oferente, isto é, da recepção pela Administração da visada do projecto do prospecto e do anúncio de lançamento ou da publicação de uma adenda[216]), actualizar a informação anteriormente prestada quando tenha havido alguma modificação substancial das circunstâncias[217].

A Administração da visada não deve fazer incorrer a sociedade em custos desmesurados em termos de relações públicas[218]; tais campanhas deverão servir um escopo mais informativo do que persuasivo[219], devendo também sublinhar-se que o dever informativo e de opinião da Administração é essencialmente cumprido através do relatório referido no ponto seguinte, conforme, aliás, sublinhado no Parecer Genérico da CMVM (v. I.4. e II.4§2).

48. O relatório da Administração

Conforme referido supra, a Administração pode e deve cumprir uma importantíssima função de informação e aconselhamento dos accionistas

---

[216] Assim, foi por exemplo publicado um novo relatório/aditamento ao relatório anterior pelas Administrações da PT e do BPI, na sequência do aumento do preço oferecido por cada um dos oferentes; v. Relatório da Administração da PT de 20 de Fevereiro de 2007 e Relatório da Administração do BPI de 26 de Abril de 2007.

[217] No mesmo sentido v. I.4 e II.4§4 do Parecer Genérico da CMVM e da Resposta da CMVM de 8 de Março de 2006 respectivamente. É de notar, contudo, que nesses documentos se explicita que tal dever de actualizar se verifica, não relativamente a modificações significativas, mas em caso de alterações que a própria CMVM repute significativas...

[218] Assim também ALTMEPPEN (2001, 1076) e LOHRMANN/VON DRYANKE (2002, 300-§43).

[219] V. a propósito GATI (2000, 618).

Da Conduta (Defensiva) da administração "Opada" 117

sobre a bondade da oferta. É justamente o que nos ordenamentos comunitário e norte-americano é imposto (v. art. 9.º/5 da DirOPA e a *Securities Exchange Act (1934) Rule* 14e-2) e, nomeadamente entre nós, nos termos do art. 181.º/1 do CVM, segundo o qual a Administração deve elaborar e divulgar um relatório sobre a oferta[220], que cumpre aquelas funções (v. art. 181.º/1-*in fine*/2-a) do CVM), sobre a qual nos deteremos nos próximos parágrafos. A outra função essencial é informar e opinar sobre o futuro da administração da sociedade e respectivas perspectivas futuras, atendendo aos objectivos e planos estratégicos do oferente (arts. 176.º/ /1-g), 138.º/1-g) do CVM e Anexo II/2.8 do Regulamento a CMVM n.º 3/2006), para que os accionistas saibam a visão da presente Administração sobre o que poderão contar, caso não vendam e a OPA tenha sucesso (art. 181.º/2-b)-c) do CVM)[221]. Finalmente, no relatório igualmente deve ser dada conta da intenção dos administradores que sejam igualmente accionistas[222] e dos votos negativos expressos quanto à aprovação do relatório (art. 181.º/2-d)/3 do CVM), para que seja possível aos destinatários fazer um juízo crítico sobre a feitura do relatório.

O art. 9.º/-5 da DirOPA é omissso quanto ao prazo de apresentação do relatório, enquanto que nos termos do art. 181.º/1 do CVM o relatório somente é exigido com a recepção dos projectos de anúncio de lançamento e de prospecto (ou de divulgação de adenda) e não com a recepção do anúncio preliminar. Poderá perguntar-se se tal não corresponde a uma lacuna da lei, pois não há grande justificação para que a Administração, durante um período que pode até extravasar o prazo da oferta propriamente dito, não deva tomar publicamente posição. Mas mesmo que se

---

[220] V. Relatório da Administração da PT de 6 de Março de 2006, Relatório da Administração da PTM de 6 de Março de 2006 e Relatório da Administração do BPI de 10 de Abril de 2006. No ordenamento alemão também o órgão de fiscalização deve apreciar a oferta nos mesmos termos (§27 da WpÜG e art. 3.7§1-1.ª-parte do *Corporate Governance Kodex*), embora possa conter-se no mesmo documento que engloba a apreciação da oferta pela Administração (assim APFELBACHER/MANN (2002, 235-§3)).

[221] Uma e outra função cumprem assim o escopo de possibilitar uma decisão ponderada aos accionistas (escopo esse salientado por APFELBACHER/MANN (2002, 235-§3)). Com a transposição da DirOPA igualmente a Administração assume uma importante função de informação dos trabalhadores da visada (arts. 9.º/5 da DirOPA e 181.º/2-c)/4/5-c) do CVM).

[222] Chamando a atenção para a necessidade de distinção de cada uma destas facetas, v. LOHRMANN/VON DRYANDER (2002, 292-§23).

entenda que não existe lacuna (nomeadamente por a Administração não ter, antes da recepção daqueles projectos, informação suficiente para emitir adequadamente o seu parecer), uma devida representação dos interesses de curto prazo dos accionistas, integrada pelo princípio da boa fé, poderá impor em alguns casos uma tomada de posição da Administração da visada antes da recepção daqueles projectos[223].

Uma OPA representa para os accionistas uma proposta de troca entre a contrapartida oferecida pelo oferente e as suas participações, a que é inerente um potencial retorno futuro[224]. Essencialmente o que interessa saber aos accionistas é qual a melhor alternativa, para o que é necessária uma operação de comparação entre ambas as alternativas, no que o papel da Administração poderá ser especialmente importante. A Administração há-de, por um lado, apresentar aos accionistas uma estimativa do valor real da suas acções, para o que deverá ser tida em conta a susceptibilidade de produção de dividendos futuros e outras distribuições de bens esperadas (v.g. *spin-off*), de valorização da participação no mercado e até a eventualidade de futuras novas OPA's sobre a visada, além de dever incorporar o prémio de controlo[225]. A estimativa poderá ser mais ou menos conservadora, consoante a menor ou maior probabilidade dos pressupostos futuros em que assenta; por exemplo, se a Administração pressupõe um forte crescimento económico nos próximos anos e a maioria das opiniões especializadas entende que se entrará proximamente em recessão, a estimativa será muito pouco conservadora. O grau de conservadorismo da estimativa deverá ser revelado no relatório, o que tem especial importância se aquela for muito pouco conservadora[226].

Determinada aquela estimativa, há que compará-la com o valor oferecido pelo oferente. Quando a contrapartida seja dinheiro, o montante

---

[223] Tal tomada de posição não se confunde com um comunicado qualificando simplesmente a OPA de hostil, como fizeram (ao abrigo do art. 248.° do CVM) as Administrações da PT, PTM e do BPI logo de seguida à divulgação do anúncio preliminar – v. o Comunicado da PT de 7 de Fevereiro de 2006, Comunicado da PTM de 8 de Fevereiro de 2006 e o Comunicado do BPI de 15 de Março de 2006.

[224] V. GEVURTZ (2000, 305).

[225] O prémio de controlo é a contrapartida a pagar pela obtenção do domínio sobre a sociedade, uma vez que o domínio é um bem exclusivamente detido e usufruído pelo sócio dominador. Sobre este prémio e seu cálculo v. GAUGHAN (2002, 520ss).

[226] Sobre a fundamentação das previsões e estimativas v. o Comunicado da CMVM de 24 de Maio de 2006.

Da Conduta (Defensiva) da administração "Opada"   119

numérico contra o qual comparar a estimativa supra já está então determinado, mas naquela comparação deverá ter-se em conta também o factor tempo-dinheiro, isto é, em princípio, num cenário não deflacionista e de subida das taxas de juro, um determinado montante vale mais hoje do que o mesmo montante num qualquer momento futuro[227]. Quando a contrapartida oferecida for em valores mobiliários o juízo é mais complexo, na medida em que a Administração deverá, em termos similares ao juízo referido no parágrafo anterior, fazer um juízo de qualidade dos valores mobiliários oferecidos em troca[228].

Deve também ter-se em conta na apreciação da oferta que o sucesso da OPA é ele mesmo também de verificação incerta, pelo que se deverá fazer um juízo sobre a maior ou menor probabilidade desse acontecimento. Nesse juízo de probabilidade deverão ter-se em conta as condições a que a OPA está sujeita, incluindo condições estranhas aos accionistas (v.g. obtenção de autorizações regulatórias, por exemplo), como condições ligadas aos accionistas que o oferente possa ter designado; por exemplo, por maior que seja o valor oferecido, dificilmente todos os accionistas irão alienar as suas acções (nem que seja por mero esquecimento de algum deles), pelo que uma condição de 100% de aceitações tornaria o sucesso da oferta bastante improvável[229].

Sumariando, a Administração terá a seu cargo um juízo complexo, em que deverá comparar valores e probabilidades de cada uma das alternativas vir a ocorrer, devendo depois concluir pelo mérito ou demérito da oferta apresentada pelo oferente para os accionistas, face à alternativa

---

[227] A propósito de um caso real, v. a discussão entre BEBCHUCK (2002, 1031) e LIPTON (2002, 1057).

[228] Assim MAIER-REIMER (2001, 263). A possibilidade de nas OPA's obrigatórias, e assim nas OPA's voluntárias em que se pretenda recorrer ao disposto no art. 189.°/1-a)/2 do CVM, serem oferecidos exclusivamente valores mobiliários é uma novidade no nosso ordenamento e foi introduzida aquando da transposição da DirOPA (v. art. 188.°/5 do CVM e §10 do Relatório Final da Consulta Pública n.° 11/2005 sobre o Anteprojecto de diploma de transposição da Directiva das OPA). No Direito alemão existe igualmente essa possibilidade nos termos do §31(2) da WpÜG, podendo ver-se sobre esse parágrafo LOHRMANN/VON DRYANDER (2002, 271ss-§22ss).

[229] Além de que uma condição deste tipo não teria grande justificação prática, tendo em conta a possibilidade de aquisição potestativa nos termos do art. 194.° do CVM, pelo que haveria que perguntar se seria sequer legítima (a condição – v. art. 124.°/3 do CVM – ou a OPA).

"oferecida" pela Administração[230]. Tendo também em atenção uma devida "representação" dos accionistas e o dever de boa fé a que está vinculada, a Administração deve considerar, apresentar e tratar no relatório toda a informação que entender ser necessária para que os accionistas, através de um *"parecer fundamentado"* (arts. 181.°/2-proémio do CVM e 9.°/5-1.ª-frase da DirOPA) da Administração, possam *"tomar uma decisão sobre a oferta com pleno conhecimento de causa"* (art. 3.°/1-b) da DirOPA), isto é (como bem se dizia no art. 553.°/1 do CMVM'), de modo a que os accionistas possam tomar uma *"decisão fundamentada"*.

Relativamente ao aspecto procedimental da apreciação da oferta, não gostaria deixar de chamar a atenção para o importantíssimo caso norte--americano *Van Gorkon*, em que estava em causa a fusão de uma sociedade a um prémio muito substancial para os accionistas desta face à cotação média e mesmo máxima das acções, mas o seu racional sendo aplicável a outras operações de aquisição de controlo[231]. No caso o Supremo Tribunal de Delaware decidiu que os *directors* não haviam actuado com o devido cuidado, destacou diversas circunstâncias que nessa medida deveriam ser atendidas e que sobre aqueles impende um dever de obterem toda a informação razoavelmente disponível[232]. Sublinhou-se que a reunião do *board of directors* para apreciar a transacção deve ser convocada com indicação do seu objecto e com a antecedência suficiente que possibilite uma devida preparação da mesma. Tal preparação implica que a documentação relevante seja distribuída com antecedência suficiente que possibilite a sua revisão pelos *directors*; além do projecto de contrato de fusão e outra documentação de suporte do processo, destaca-se também a utilidade de ser distribuído um sumário da transacção. Os *directors* não devem, assim, bastar-se com as declarações ou apresentações orais durante a reunião sobre os

---

[230] APFELBACHER/MANN (2002, 236-§7) falam numa recomendação implícita com que deve terminar o exercício analítico da Administração.

[231] Segundo alguns autores trata-se do primeiro de uma série de *takeovers cases*, mais do que um caso de infracção do dever de cuidado – assim MACEY/MILLER (1988, 135ss) e ALLEN/KRAAKMAN (2003,253). Segundo os primeiros, a preocupação da jurisprudência máxima de Delaware, num contexto de de lançamento de muitas *tender offers* hostis (década de 80), terá sido conceder tempo prévio de consideração de alternativas aos *directors*, através da imposição de determinados de expedientes procedimentais previamente à tomada de decisão sobre o mérito da oferta hostil.

[232] V. também KORT (2000, 1437s). Em geral, v. COSTA (2007, 82s) e LUTTER (2007, 844), este último, citando, aliás, o mesmo caso norte-americano.

Da Conduta (Defensiva) da administração "Opada"   121

termos essenciais da transacção, mas analisar e basear-se na documentação da transacção proposta (o que não significa que tenham de ler toda a documentação relevante, palavra por palavra). Além dos *directors*, sublinhou-se a utilidade de outras pessoas estarem presentes na reunião, tais como altos quadros da sociedade; além destes, a prática no âmbito dos *takeovers* é também a participação de representantes de bancos de investimento e advogados externos especialistas na área (v.g. no âmbito dos casos estadunidenses sumariados supra). Quanto à duração da reunião, esta deve prolongar-se pelo tempo necessário à tomada de uma decisão cuidada.

Por fim, relativamente ao cálculo do valor da sociedade, não deve atender-se somente ao valor de mercado das acções (que não reflecte como tal o prémio de controlo), mas ter-se em conta o valor intrínseco da sociedade, para o que, indiciariamente, se poderá solicitar um parecer sobre o mérito da oferta (*fairness opinion*), designadamente da parte de um banco de investimento ou de um analista financeiro independente, o que é hoje um lugar comum em todas as *tender offers* naquele ordenamento[233], e é também estritamente imposto nos termos da regra 3.1 do City Code londrino. Entre nós, um parecer sobre o preço da oferta pode também ser exigido no âmbito de uma OPA obrigatória, nos termos do art. 188.º do CVM, a emitir por um auditor independente registado na CMVM, o que a prática tem demonstrado ser bastante frequente.

Ora, estas indicações correspondem essencialmente a mandamentos de senso comum e igualmente poderão ser úteis no contexto português no que toca a procedimentos a encetar no âmbito da apreciação pelos administradores de uma qualquer operação de transição de controlo, seja ao abrigo de um princípio de actuação em termos informados previsto no art. 72.º/2 do CSC, seja do critério do gestor criterioso e ordenado constante dos arts. 64.º/1-a) e 114.º/1 do CSC, ou seja para cumprimento do dever de elaborar o relatório, em atenção aos interesses de curto prazo dos accionistas e segundo o princípio da boa fé, nos termos do art. 181.º/1 do CVM.

---

[233] Sobre a temática pode ver-se resumidamente GAUGHAN (2002, 14) e com mais desenvolvimento SCHIESSL (2003) e DAVIDOFF (2006). Estes pareceres devem concluir qual a margem de preço justa, indicar o objecto da avaliação, tendo como subjacente uma análise financeira detalhada, e divulgar a existência de quaisquer conflitos de interesses e as comissões cobradas. Criticamente, no que toca a fundamentar uma reacção defensiva, v. BEBCHUCK (2002, 1006), enquanto que HOPT (2000, 1380s) salienta que um tal parecer poderá ser necessário para fundamentar a posição da Administração.

BUSINESS JUDGEMENT RULE

49. A *business judgement rule*

A Reforma Societária introduziu entre nós um mecanismo inspirado na chamada BJR norte-americana, a exemplo do que já havia acontecido no ordenamento alemão (v. §93(1)-2.ª frase da AkG)[234].

---

[234] Para uma breve síntese da história da BJR no ordenamento alemão, passando pela sua consagração jurisprudencial (*Bundesgerichtshof Urteil ARAG/Garmenbeck* (1997), disponível na *Zeitschrift für Wirtschaftsrecht* (ZIP) de 1997, 1027ss), até chegar à codificação legal e para a interpretação da BJR v. FLEISCHER (2004, 686ss) e LUTTER (2007, 841ss). Acrescente-se que também entre nós temos uma primeira aproximação jurisprudencial na sentença da 3.ª Vara Cível de Lisboa de 27 de Outubro de 2003 (Caetano Nunes). A benefício do nosso legislador, deve notar-se que a BJR se aplica, e bem, literalmente a todas as formas societárias, tendo diversamente o legislador alemão somente previsto a regra na AkG; sobre o tema, v. LUTTER (2007, 847s). Sobre a recepção da BJR no ordenamento espanhol em virtude da *Ley 26/2003*, de 17 de Julho (*Ley de Transparência*) v. FONT GALÁN (2005, 93ss). Tanto originalmente, como entre nós, a BJR fixa um padrão de revisão judicial da conduta dos administradores (*standard of review*) inferior ao padrão de conduta a que os administradores estão normativamente obrigados (*standard of conduct*), diversamente do que geralmente acontece, em que aqueles dois padrões coincidem (v. ALLEN/KRAAKMAN (2003, 253)). Tradicionalmente diz-se que existe uma presunção da correcção da conduta dos administradores; paradigmaticamente proferiu o Tribunal em *Aronson v. Lewis* (473 A.2d 805, 812 (Del. 1984)), que é talvez a citação judicial mais frequente no que toca à BJR, que esta *"is a presumption that in making a business decision the directors of a corporation acted on na informed basis, in good faith and in the honest belief that the action taken was in the best interests of the company"*. Mas em bom rigor não há presunção nenhuma – a distribuição da prova nesta matéria resulta simplesmente das regras normais de distribuição de prova, pois é o autor que tem a prova dos factos constitutivos do seu direito (v. GEVURTZ (2000, 280), ABREU (2007, 42) e COSTA (2007, 63s); diversamente entre nós GOMES (2007, 557, 563) segue a toada presuntiva.). Portanto, a verdadeira valência da BJR é servir, quando aplicável, como padrão mais leve de revisão

124 Orlando Vogler Guiné

A gestão não é uma ciência certa e não é possível as mais das vezes determinar *a priori* qual a melhor decisão para determinado caso concreto. Não somente a melhor decisão para a execução de dada estratégia é as mais das vezes em absoluto indeterminável, como a opção por esta ou aquela estratégia é as mais das vezes insusceptível de um controlo apriorístico absoluto de mérito. E os administradores valem justamente pela sua especificidade, pela mais-valia que conseguem imprimir aos seus projectos em comparação com os outros[235]. A BJR visa potenciar o sucesso da sociedades, evitando que os administradores deixem de tomar decisões de risco com receio de serem responsabilizados por isso. Igualmente obsta a que os juízes, que por definição e formação tomam decisões sobre o mérito jurídico de um caso, afiram, salvo excepcionalmente, do mérito empresarial de uma decisão. Juízo esse, o judicial, que seria à partida prejudicado pelo conhecimento *a posteriori* das consequências da decisão[236].

---

da conduta a benefício dos administradores (*standard of review*). Tendo em conta o disposto no art. 72.°/2 do CSC, a BJR consiste numa excepção peremptória arguível e provável pelo administrador, impeditiva do direito de indemnização do autor decorrente da infracção do dever do administrador de tomar decisões razoáveis; em geral, sobre a contraposição entre factos constitutivos e excepções, v. por todos VARELA *et alii* (1985, 452ss).

[235] Voltando a um caso já referido anteriormente (*Schelensky v. Wrigley*, 237 N.E.2d 776 (Ill. App. Ct. 1968)), o Tribunal considerou nomeadamente que "*it cannot be said that directors, even those of corporations that are losing money, must follow the lead of the other corporations in the field*" (referindo-se ao facto de as outras equipas de basebol haverem instalado postes de iluminação para jogos nocturnos). É aquela especificidade o cerne do conceito de estratégia – nesse sentido v. o interessantíssimo artigo de PORTER (2000).

[236] Sobre estas e outras razões para a BJR v. *inter alia* GEVURTZ (2000, 289ss), NUNES (2001, 24ss), EMANUEL (2002, 182), ALLEN/KRAAKMAN (2003, 252), HAMERSH/ /SPARKS III (2005, 870ss), JOHNSON (2005, 453ss), ABREU (2007, 38s), COSTA (2007, 53s) e OLIVEIRA (2008, 275ss). Portanto, considera-se mais eficiente que exista uma BJR do que não exista. Agora, naturalmente, os casos que chegam a tribunal são aqueles em que houve um prejuízo com o curso decidido administrativamente. Por exemplo, os *directors* beneficiaram desta regra num caso em que foi feita uma distribuição em espécie (acções de uma outra sociedade) aos accionistas de 4 milhões de dólares em vez de ser realizada uma transacção em mercado daquelas acções e sofrer assim um prejuízo fiscal dedutível de 25 milhões de dólares; v. *Kamin v. American Express Co.* (54 A.2d 654 (N.Y. 1976)). Por outro lado, às vezes os tribunais vão longe de mais; assim parece ter sucedido em *Alaska Plastics Inc. v. Coppock* (621 P.2d 270) em que os *directors* beneficiaram desta regra numa situação em que o principal activo de uma sociedade era uma fábrica, que um incêndio destruiu, sendo que aqueles haviam previamente decidido não contratar nenhum seguro; para um breve resumo e também parece que criticamente v. TRIEM (2007, 23s).

Da Conduta (Defensiva) da administração "Opada" 125

A BJR limita a revisão judicial do dever de cuidado e mais especificamente do dever de tomar decisões razoáveis[237], enquanto que as formulações habituais pressupõem expressamente a ausência de conflito de interesses (expressão da faceta negativa do dever de lealdade). Daí que, por exemplo, os Princípios da ALI prevejam a BJR sistematicamente integrada num §4.01 epigrafado de *"Duty of care of Directors and Officers; the Business Judgement Rule"*, contida sistematicamente numa Part IV epigrafada de *"Duty of Care and the Business Judgement Rule"*.

As formulações estadunidenses variam, mas referem-se essencialmente aos mesmos elementos. Os Princípios da ALI consagram no seu §4.01 (c) que: *"A director or officer who makes a business judgement in good faith fulfils the duty under this Section if the director or officer: (1) is not interested in the subject of the business; (2) is informed with respect to the subject of the business judgement to the extent the director or officer reasonably believes to be appropriate under the circumstances; and (3) rationally believes the business judgement is in the best interests of the corporation."*

O último elemento (racionalidade) não é acompanhado por todos os sectores, mas acaba por ser a doutrina mais consolidada. Deve ser suficiente a mera racionalidade, não sendo necessário demonstrar a razoabilidade (critério mais exigente), bastando assim que a decisão não seja totalmente absurda[238].

Nos termos do art. 72.°/2 do CSC: *"A responsabilidade é excluída se alguma das pessoas referidas no número anterior provar que actuou em termos informados, livre de qualquer interesse pessoal e segundo critérios de racionalidade empresarial."*

O disposto nesta norma deve ser sujeito a uma interpretação restritiva, no sentido de somente ser admitido o seu funcionamento caso se

---

[237] V. GEVURTZ (2000, 278), ALLEN/KRAAKMAN (2003, 248), ABREU (2007, 38, 46) e COSTA (2007, 59s 70).

[238] Que não seja *"entirely crazy"* ou *"totally beyond the bounds of reason"*, não bastando que seja *"very unwise"* – v. EMANUEL (2002, 182, 186). Numa das decisões mais citadas, o caso *Sinclair*, foi confirmada a decisão de gestão, considerando-se que um tribunal não deve substituir o seu ao juízo do *board of directors*, caso este possa ser atribuído a *"any rational business purpose"*. Na nomenclatura de LUTTER (2007, 845) não se devem tratar de *"Hazard-Entscheidungen"*. Contra a posição maioritária, mas por referir a irracionalidade à falta de boa fé, v. ALEN KRAAKMAN (2003, 251s).

126   *Orlando Vogler Guiné*

suscite o mau cumprimento de algum administrador do seu dever fundamental e discricionário de administrar a sociedade e não o seu incumprimento de deveres legais de conduta específicos[239]. Em segundo e apesar da Declaração de Rectificação n.° 28-A/2006, de 26 de Maio (v. n.os 13 e 14), parece também que não tem muito sentido a remissão feita pelos arts. 78.°/5 e 79.°/2 para o art. 72.°/2 do CSC (pelo menos ali onde não esteja em causa o cumprimento discricionário do dever de administração)[240]. É o que resulta da teleologia da regra, que visa proteger a conduta propriamente discricionária da administração e não a actuação vinculada, e conduta essa que é devida à sociedade e não a outras entidades.

Os elementos (1) a (3) enunciados na regra do §4.01(c) dos Princípios da ALI correspondem essencialmente aos constantes do nosso art. 72.°/2 do CSC[241], o que não surpreende já que a doutrina norte-americana foi a directa inspiração do legislador. O terceiro elemento suscita, contudo, algum esforço interpretativo, mas, em atenção à origem do preceito e ao seu escopo de evitar a ingerência judicial nas decisões de gestão, por racionalidade deve entender-se ausência de irracionalidade[242].

---

[239] V. ABREU (2007, 38), COSTA (2007, 65ss), FRADA (2007, 82) e CÂMARA (2008, 52). Para o ordenamento alemão, v. FLEISCHER (2004, 690) e LUTTER (2007, 843)

[240] Assim ABREU (2007, 47-nota 93) e COSTA (2007, 72); mais conformadamente v. FRADA (2007, 98ss).

[241] Já a inserção de uma regra inspirada também na BJR na AkG (v. §93(1)-2.ª frase), não reflecte literalmente inteiramente aqueles três elementos, uma vez que não faz referência expressa à ausência de conflito de interesses: "Não existe violação de obrigação, quando o administrador numa decisão empresarial podia assumir de forma razoável que actuava com base em informação apropriada para o bem da sociedade." ("*Eine Pflichtverletzung liegt nicht vor, wenn das Vorstandsmitglied bei einer unternehmerischen Entscheidung vernünftigerweise annehmen durfte, auf der Grundlage angemessener Information, zum Wohle der Gesellschaft zu handeln.*") (Tradução minha) Finalmente, note-se que tanto esta formulação, como a portuguesa, não referem o pressuposto da boa fé (subjectiva) dos administradores, diversamente do que sucede na formulação dos Princípios da ALI supra referida, pelo que cabe perguntar se essa foi uma boa opção. Conforme referido anteriormente, trata-se do conceito a que a jurisprudência de Delaware tem recorrido para corrigir a solução de determinados casos, que doutro modo obteriam uma solução injusta. Incluindo o requisito da boa fé numa devida interpretação da disposição alemã, v. FLEISCHER (2004, 691).

[242] Assim ABREU (2007, 37, 45s), COSTA (2007, 57, 83ss) e CÂMARA (2008, 47). Para mais desenvolvimentos sobre o conceito de racionalidade v. ABREU (2007, 44s), COSTA (2007, 85s) e FRADA (2007, 95s). A título de curiosidade e como sublinha CÂMARA (2008, 47), note-se que o legislador penal já introduzira o conceito de "*gestão racional*" no art. 235.° do Código Penal; sobre o mesmo v. ANDRADE (1999, 542ss).

50. A *business judgement rule* e a conduta dos administradores na pendência da OPA

Vejamos a aplicabilidade da BJR à actuação dos administradores no contexto de uma OPA.

Em primeiro lugar, cabe notar que, em atenção ao acabado de expor, diversas das condutas que foram sendo referidas anteriormente como devidas pelos administradores não devem ter-se por abrigadas pela BJR. Assim será quando infrinjam o seu dever de boa fé em "representação" dos accionistas no processo negocial da OPA (181.°/5-d) do CVM). Assim será quando os administradores não cumpram ou cumpram deficientemente o seu dever de emitir e actualizar o relatório da Administração (art. 181.°/1 do CVM). Estas são condutas que (além de não serem condutas devidas à sociedade) são devidas ao abrigo de deveres de conduta específicos e não ao abrigo do dever fundamental de administrar a sociedade. Pela mesma razão não será aplicável a BJR quando a ilicitude da conduta dos administradores decorra de violação do disposto no art. 182.°/1 do CVM, a que é dedicado o próximo capítulo.

Relativamente à responsabilidade dos administradores perante a sociedade, no que toca à adopção de medidas defensivas subjectivas, note-se que, conforme referido, a BJR visa limitar a possibilidade de revisão judicial da conduta dos administradores no que toca às escolhas discricionárias dos administradores tomadas na administração dos negócios sociais. Aceitando-se a argumentação exposta supra, na conclusão de que a adopção de medidas defensivas subjectivas não corresponde ao racional subjacente ao interesse social, então a adopção das mesmas deixará de ser uma das escolhas possíveis da Administração[243]. Pelo que, se os administradores se decidirem por essa adopção, a BJR ser-lhes-á inaplicável. Claro está que provar que uma medida defensiva foi subjectivamente tomada é, no fundo, provar que a Administração actuou contra o seu dever de lealdade na sua acepção positiva, cabendo à autora provar os factos constitutivos dessa ilicitude (art. 342.°/1 do CC)[244]. A experiência jurisprudencial norte-americana tem mostrado que não se trata de uma prova

---

[243] Salientando que deve haver possibilidade de escolha da Administração para que a BJR se possa aplicar, v. Lutter (2007, 843).

[244] V. a propósito Abreu (2007, 43).

impossível. Se adicionalmente se aceitar, conforme se defendeu supra, que, por regra, a adopção de tais medidas estará para além do escopo do mandato legal de administração, cabe perguntar se, dado o objectivo da BJR supra referido, não se justificaria também exigir uma actuação contida no escopo desse mandato, antes que para além desse mesmo escopo.[245]

No que toca às medidas defensivas objectivas (e às subjectivas, quando não se partilhe da posição supra ou não se tenha logrado a prova do respectivo escopo subjectivo), tem especial interesse aprofundar o tema do conflito de interesses.

Conforme sublinhado em *Unocal*, a pendência de uma OPA (*tender offer*) não transfigura imediatamente a posição dos administradores num conflito de interesses[246], mas, não obstante, a sua posição também não corresponde exactamente àquela em que se encontram fora desse âmbito. Nessa sede notou em *Unocal* o Supremo Tribunal de Delaware existir um *"omnipresent specter that a board may be acting primarily in its own interests, rather than those of the corporation and its shareholders."*

Aqui gostaria de citar outra decisão emblemática do Supremo Tribunal de Delaware, *Cede II*. No contexto da aprovação pelo *board of directors* da aquisição da Technicolor, Inc por uma terceira entidade, estruturada em torno de uma *tender offer* inicial e de uma fusão subsequente, um dos seus accionistas intentou uma acção por *inter alia* quebra dos deveres fiduciários dos *directors*. A este propósito, relativamente à temática do conflito de interesses destes, o Tribunal veio sublinhar que determinadas situações, por exemplo quando (como naquele caso concreto) na sequência de uma transacção *directors* virem a adquirir acções em condições favoráveis ou melhores condições de emprego, embora não se enquadrem numa típica situação de conflito de interesses em que *directors* sejam uma das partes da transacção ("auto-transacção" – *self-dealing*), devem não obstante ser sujeitas a um teste de materialidade. Acho especialmente inte-

---

[245] V. EASTERBROOK/FISCHEL (1981, 1198s) e BEBCHUCK (2002, 996), este último rejeitando também, no contexto estadunidense, que a BJR obste à revisão jurisprudencial das decisões de adopção de medidas defensivas pelo *board of directors*.

[246] Como nota (CUIF (2005, 1 e 4), uma situação de conflito de interesses é aquela em que um interesse pessoal do agente conflitua com um interesse superior a que este deve obediência. Sobre o tema v. também VENTURA (1992, 553; 1989, 289s) e, com muito interesse, GEVURTZ (2000, 351ss).

ressante o primeiro parâmetro avançado no âmbito daquele teste, que consiste em averiguar se as circunstâncias do caso eram idóneas a afectar a independência de decisão dos *directors*[247].

Efectivamente, uma OPA em si mesma não se enquadra nos casos tipicamente estudados de conflitos de interesses, seja naquele ordenamento jurídico como de *self-dealing*, seja em ordenamentos do tipo continental, como o nosso; não se trata, por exemplo, de o administrador (enquanto tal) ser contraparte da sociedade numa transacção ou exercer uma actividade concorrente com a sociedade (v. arts. 397.º, 398.º/3ss e 428.º do CSC; §§5.02 e 5.06 dos Princípios da ALI), em que o conflito é evidente. A doutrina norte-americana tem apelidado estas situações de *structural bias*, em que, à partida, não é adequado aplicar (sem mais) o padrão mais leve de revisão judicial (a BJR) nem o muito mais pesado (justeza integral – *entire fairness*), aplicados respectivamente a uma situação de ausência de conflito de interesses e de *self-dealing*[248]. No nosso caso, trata-se antes de uma situação em que o sucesso de uma transacção entre accionistas poderá ditar a sorte futura de um ou mais administradores, designadamente em termos de manutenção dos seus cargos, das suas remunerações e/ou do seu poder dentro da sociedade[249]. Igualmente se deve ter em conta que os administradores são em boa medida indicados pelos maiores accionistas, cujos interesses poderão colidir com aquele sucesso, dado que a OPA desequilibrará o equilíbrio de poderes instalado. Assim sendo, deve reconhecer-se que a eventualidade do sucesso da OPA poderá ser um factor perturbador no processo de decisão de determinados administradores, que poderão ceder à tentação de dar prioridade a outros interesses que não os devidos na sua actividade de administração da sociedade. Agora, também é verdade que num caso concreto nem sempre as

---

[247] O segundo teste consistia em averiguar se o conflito de interesses de um ou parte dos *directors* inquinou ou não a independência dos restantes.

[248] Sobre as noções de *self-dealing* e de *entire fairness*, que inclui uma componente de negociação justa (*fair dealing*) e de preço justo (*fair price*), v. por todos GEVURTZ (2000, 351ss, 325ss). Em *Cede III*, pode encontrar-se o modo de concretização e as diversas circunstâncias que foram ponderadas relativamente a cada um daqueles componentes para concluir que nesse caso concreto o critério da *entire fairness* havia sido cumprido. Sobre a noção e situações de *structural bias* e vias que têm sido seguidas para resolver a questão no panorama norte-americano v. VELASCO (2004, 840ss).

[249] Muito elucidativamente v. VENTURA (1992, 206s).

circunstâncias supra referidas se precipitam e que é possível mitigar a sua importância concreta.

Vejamos dois exemplos. No caso (1) imagine-se um administrador não executivo independente[250], cuja maior parte dos rendimentos pessoais provém de outra fonte que não os proveitos auferidos enquanto administrador, cujo final do mandato se aproxima e a não renovação do mesmo se encontra já assente (por exemplo, por a pessoa em causa se ir aposentar ou por já ter aceite exercer funções numa entidade fora do grupo da sociedade visada); no caso (2) imagine-se um administrador membro da comissão executiva, pertencente aos quadros da sociedade, cuja fonte exclusiva de rendimentos são os proveitos auferidos enquanto administrador, em início de mandato e com expectativas de, caso o equilíbrio accionista se mantenha, vir a continuar a exercer aquelas funções durante vários anos e até vir a ser nomeado presidente da comissão executiva. Pergunta-se se, relativamente a uma decisão de adopção de uma medida defensiva, a situação em que ambos se encontram é similar ou se é diversa. Parece-me bastante claro que merecem um tratamento diverso, tendo em conta o diverso impacto que o sucesso da OPA ou de uma OPA futura terão no futuro de cada um. No primeiro caso, o respectivo futuro imediato nem sequer passa pela sociedade, pelo que dificilmente terá motivos fortes, ou suficientemente fortes, que coloquem em causa a observância do seu dever de leal-

---

[250] A independência dos administradores é também salientada geralmente pela jurisprudência de Delaware, no contexto da adopção de medidas defensivas (v.g. as decisões a este propósito sumariadas anteriormente neste capítulo), merecendo uma maioria de administradores independentes um juízo favorável daquela jurisprudência. Entre nós, nos termos do art. 1.º/2 do Regulamento da CMVM n.º 7/2001, *"não são considerados administradores não executivos independentes os que estejam associados a quaisquer grupos de interesses específicos na sociedade ou que se encontrem nalguma circunstância susceptível de afectar a sua isenção de análise e de decisão"*, depois se exemplificando algumas circunstâncias em diversas alíneas, entre outras que deverão ser ponderadas (art. 1.º/3); compare-se com o conceito de independência do disposto no art. 414.º/5 do CSC e os exemplos dele constantes. Estas formulações foram inspiradas pela cláusula geral constante do art. 13.1 da Recomendação da Comissão de 15 de Fevereiro de 2005 relativa ao papel dos administradores não executivos ou membros do conselho de supervisão de sociedades cotadas e aos comités do conselho de administração ou de supervisão, sendo especialmente útil, na concretização dessa cláusula geral, o Anexo II da supra referida Recomendação. Para uma formulação em boa parte de sentido similar do outro lado do Atlântico v. §8.62(d) do *Model Business Corporation Act*. Sobre a qualificação do administrador como independente entre nós v. ALMEIDA (2007, 160ss) e NEVES (2008, 169ss).

Da Conduta (Defensiva) da administração "Opada"

dade no desempenho das suas funções de administração, incluindo na adopção de medidas defensivas. Diversamente no segundo caso.

A maioria dos casos reais não serão tão evidentes, serão mais num tom acinzentado do que preto ou branco. Mas parece-me que, não obstante a dificuldade, a via a seguir nesta matéria deverá ser o apuramento caso--a-caso da existência de um conflito de interesses relativamente a cada um dos administradores[251]. Deverão ser atentadas as diversas circunstâncias do caso[252] e determinar-se se as mesmas implicavam ou não que o administrador se encontrava numa situação de conflito. Sublinhe-se que não está em causa determinar se efectivamente o administrador deu ou não preponderância a interesses espúrios em vez dos devidos, mas antes se se encontrava, à partida, numa situação de conflito de interesses[253].

---

[251] Assim MAIER-REIMER (2001, 266) e CÂMARA (2008, 49). Para usar expressão de JCSILVA (2007, 144) deve tratar-se de um "conflito de interesses significativo". Note-se que deverá coser-se pelas mesmas linhas a questão do conflito de interesses para efeitos de votação, nos termos do art. 410.º/6 (e 431.º/1) do CSC. Cabe, contudo, perguntar, quid iuris se todos os administradores estiverem no caso em conflito de interesses? Provavelmente a resposta não deixará de ter de passar por os administradores poderem, ainda que em conflito, votar, pois, de contrário, inviabilizar-se-ia a tomada de decisões pela Administração; para um raciocínio similar, no âmbito do conflito de interesses do sócio único, v. ABREU (2009, 245s).

[252] Por exemplo, outra circunstância relevante poderá ser a existência de paraquedas dourados, que servirão de contraponto às consequências negativas que poderão advir para o administrador do sucesso da OPA. Agora, é bem de ver que este tipo de dispositivos também poderá servir justamente o sentido contrário (v. HIRTE (2003, 937-§22) e KORT (2006, 108)), isto é, poderá levar a que o administrador tenha um menor incentivo para, em geral, exercer correctamente as suas funções e um menor incentivo para, em especial, favorecer com a sua actuação uma OPA contra os interesses devidos – quando, tudo ponderado, ao administrador compense mais ser destituído e receber a compensação do que manter-se em funções e auferir os respectivos proveitos. Embora fora do âmbito dos takeovers, veja-se sobre a matéria o caso Disney 2006.

[253] V. VENTURA (1992, 553s).

CAPÍTULO III

A REGRA DA NÃO FRUSTRAÇÃO

51. Introdução

Uma posição do tipo da adoptada pela jurisprudência de Delaware não é, como seria de esperar e se percebeu pela argumentação supra, consensual, sendo controvertida de ambos os lados do Atlântico.

O marco normativo da posição contrária podemos encontrá-la no City Code, que logo na sua redacção inicial (em 1968) veio a prever uma regra de limitação da actuação da Administração na pendência de uma OPA no seu princípio geral n.º 7 e concretizado na sua regra n.º 21. Actualmente mantém-se a regra, mas caiu o princípio geral[254].

Esta regra veio a influenciar diversos Estados europeus. Assim, por exemplo, logo no início dos anos 90 tanto Portugal como Espanha adoptaram regras inspiradas naquela regra do City Code, os arts. 575.º do CMVM', aprovado pelo DL n.º 142-A/91, de 10 de Abril, e 14.º do Real Decreto 1197/1991, de 26 de Julho.

No âmbito comunitário esta questão deu azo a intensos debates, que se iniciaram logo com o relatório Pennington de 1974 e, passando pela discussão mais intensa de uma Directiva sobre OPA's desde finais dos anos oitenta, prolongaram-se até à aprovação da DirOPA em 21 de Abril de

---

[254] Uma vez que o *Code Committee* preferiu substituir os princípios gerais do City Code pelos constantes da DirOPA (que de qualquer forma se inspiraram naqueles), de que aquele princípio geral não consta, e adaptar a regra em função do necessário (v. *The Panel on Takeovers and Mergers. Consultation Paper. The Implementation of the Takeover Directive. Proposals Relating to Amendments to be Made to the Takeover Code (PCP 2005/5; 18 November 2005)*, página 38).

134   *Orlando Vogler Guiné*

2004, que contém uma regra de não frustração da oferta pela Administração no seu art. 9.°/2-4[255]. A natureza controversa da matéria é comprovada através de um olhar para as legislações dos Estados-Membros previamente à entrada em vigor e transposição da DirOPA e em particular do seu art. 9.°/2-4. Enquanto que, além do Reino Unido, Portugal e Espanha (já citados), a Itália e a Áustria (respectivamente o art. 104.° (versão original) do *Testo Unico della Finanza* e §12 da Lei das OPAs austríaca (*Übernahmegesetz*), ambos datados de 1998), previam em sede subsequente uma regra desse tipo[256], a Alemanha aprovava em 2002 a sua WpÜG[257] em que o seu art. §33(1) literalmente afirmava um princípio de indiferença (objectiva) da Administração perante a OPA, conjugado com a possibilidade de o órgão de fiscalização poder autorizar medidas defensivas (subjectivas)[258].

---

[255] Efectivamente, a DirOPA contém uma regra de não frustração, antes que de uma regra de neutralidade, especialmente tendo em conta que a Administração não se encontra impedida de procurar um cavaleiro branco (art. 9.°/2-§1) e deve até emitir a sua opinião sobre a oferta (v. art. 9.°/5 da DirOPA) – v. SCHWENNICKE (2002, 474-§10). Para uma resenha histórica sobre a DirOPA mais breve v. WINTER *et alii* (2002-i, 13ss) ou MAUL/MUFFAT--JEANDET (2006, 223ss) e, com mais desenvolvimentos, v. VAZ (2000, 51ss) ou SCOG (2002, 30ss). Para o estado e forma de transposição da DirOPA nos diversos Estados-Membros, v. o *Report on the implementation of the Directive on Takeover Bids* (SEC (2007) 268).

[256] Conseguindo entre eles uma relativa harmonização de facto – assim FERRARINI (2001, 16).

[257] Para uma síntese da evolução do Direito alemão das OPA's até chegar à WpÜG de 2002 pode ver-se APFELBACHER/BARTHELMESS/BUHL /VON DRYANDER (2002, 1ss-§1ss).

[258] §33(1) da WpÜG: "Após a divulgação da decisão de lançar uma oferta até à divulgação do resultado previsto no §23 parágrafo 1 frase 1 número 2 a Administração da sociedade visada não pode empreender actos, através dos quais o sucesso da oferta possa ser impedido. Isto não conta quanto a actos que também um administrador criterioso e ordenado de uma sociedade, que não fosse objecto de uma oferta, teria tomado, quanto à procura de uma oferta concorrente, tal como quanto a actos aos quais o órgão de fiscalização da sociedade visada assentiu." ("*Nach Veröffentlichung der Entscheidung zur Abgabe eines Angebots bis zur Veröffentlichung des Ergebnisses nach § 23 Abs. 1 Satz 1 Nr. 2 darf der Vorstand der Zielgesellschaft keine Handlungen vornehmen, durch die der Erfolg des Angebots verhindert werden könnte. Dies gilt nicht für Handlungen, die auch ein ordentlicher und gewissenhafter Geschäftsleiter einer Gesellschaft, die nicht von einem Übernahmeangebot betroffen ist, vorgenommen hätte, für die Suche nach einem konkurrierenden Angebot sowie für Handlungen, denen der Aufsichtsrat der Zielgesellschaft zugestimmt hat.*") (Tradução e sublinhados meus) A letra da lei deverá contudo ser devidamente interpretada; v. designadamente SCHWENNICKE (2002, 473ss-§§10ss), HIRTE (2003, 950ss--§55ss) e KRAUSE/PÖTZSCH (2005, 1050ss-§§145ss).

Dada esta divergência, um dos motivos fundamentais que atrasou a aprovação da DirOPA, a solução encontrada foi uma solução de compromisso, harmonizando através de um expediente de desarmonização. Assim, previu-se que a solução contida no art. 9.°/2-4 da DirOPA poderia não ser adoptada como regra geral (*opt out*), desde que aos accionistas de uma determinada sociedade com sede no Estado-Membro que tivesse exercido legislativamente essa opção fosse dada a possibilidade de estatutariamente se sujeitar a tal regra (v. art. 12.°/1/2 da DirOPA)[259]. Como seria de esperar, a Alemanha, por exemplo, utilizou justamente essa opção, mantendo essencialmente o seu §33 da WpÜG e introduzindo um §33a. nessa mesma Lei[260]. O legislador italiano entendeu igualmente inverter a sua posição de 1998, tornando a regra de não-frustração dependente de opção estatutária (v. a versão actual do art. 104.° do *Testo Unico della Finanza*).

Por outro lado, é de referir que a DirOPA também previu a possibilidade de os Estados-Membros consagrarem a possibilidade de a regra ser afastada caso a sociedade oferente não se encontre sujeita a um princípio do mesmo tipo (art. 12.°/3 da DirOPA). Portanto, resolveu-se atribuir aos Estados-Membros a possibilidade de fazerem prevalecer um suposto princípio de igualdade de armas, intra e extra comunitário, sobre os benefícios decorrentes da regra geral, ponto a que voltaremos infra a propósito do art. 182.°/6 do CVM.

Entramos assim no terceiro capítulo deste trabalho, em que será analisado o art. 182.° do CVM, que consagra entre nós a regra de não frustração.

---

[259] (A DirOPA menciona antes os arts. 9.°/2-3, mas o efeito é o mesmo, já que o n.° 4 somente é aplicável se esses dois números o forem.) A regra de não frustração foi efectivamente um dos grandes motivos, senão o maior, para a demora na aprovação de um texto final (v. FERRARINI (2001, 19ss)). Note-se que uma solução assente numa lógica de *opt out* dos Estados-Membros foi sugerida pelos responsáveis de Portugal (como informa HOPT (2007, 261)) e permitiu assim que a DirOPA fosse aprovada, ainda que à custa da harmonização legislativa no espaço comunitário em pontos cruciais – além do disposto no arts. 9.°/2-4, igualmente quanto ao art. 11.° da DirOPA. E também a regulamentação da OPA obrigatória é na DirOPA demasiado incipiente para que se possa conseguir uma verdadeira harmonização; v. paradigmaticamente o disposto no art. 5.°/3 da DirOPA, que remete para cada Estado-Membro a determinação das percentagens e modos de cálculo relevantes (v. a propósito o *Report on the implementation of the Directive on Takeover Bids* (SEC (2007) 268), Anexo II). Tratou-se, portanto, de harmonizar desarmonizando.

[260] No âmbito da transposição da DirOPA em Espanha note-se também a sugestão de PAREDES GALEGO (2006, 149), inversa da solução actual alemã, no sentido de se aplicar supletivamente o regime de não frustração, podendo estatutariamente as sociedades desaplicá-lo.

O ART. 182.º/1-1.ª-PARTE DO CVM

52. Início do período de limitação

O momento do início da produção de efeitos do disposto no art. 182.º do CVM é determinado nos termos do seu n.º 1-1.ª parte, que estabelece que aquela se inicia com o conhecimento da decisão de lançamento da oferta. No seu n.º 2-a) equipara-se àquele conhecimento a entrega do anúncio preliminar. Nos termos do revogado art. 575.º/1 do CMVM' era esta entrega o momento único causador dos efeitos limitativos à Administração, alternativa a que, em trabalho anterior e no âmbito dos trabalhos de transposição da Directiva em Portugal, sugeri que se regressasse[261]. O que permitiria também que o intervalo temporal batesse certo com o disposto no art. 181.º/5-d) do CVM, já que não se vê por que hão-de ser dissonantes.

---

[261] GUINÉ (2005, 26). Igualmente JBPEREIRA (2000, 186-nota 23) prefere a solução anterior, que DUARTE (1998, 166) igualmente saúda; preferindo a solução actual, v. ANDRADE (2002, 731). Como se depreende, não é a alternativa do CMVM' que entendo actualmente estar plasmada na lei (assim também JBPEREIRA (2000, 186); em sentido contrário v. FRAGOSO (2005, 20)). Em primeiro lugar, a evolução normativa de um para outro Código não aponta claramente nesse sentido e não seria razoável que o legislador (cuja razoabilidade se deve presumir, nos termos o art. 9.º/3 do CC; mas, sobre a (in)validade das impostações metodológicas por via legislativa, v. BRONZE (2006, 79ss)) tivesse querido agora dizer o mesmo do que antes com muito mais palavras. Para mais, o sentido actual também parece claro, pois dizer que se equipara uma coisa a outra, implicará que o âmbito desta última extrapola o da primeira. Finalmente, o regresso à solução revogada foi considerada nos trabalhos de transposição da DirOPA, tendo-se decidido manter a solução actual (v. §11(7) do Relatório Final da Consulta Pública n.º 11/2005 sobre o Anteprojecto de diploma de transposição da Directiva das OPA). Finalmente, é de assinalar a posição de ANTAS *et alii* (1992, 217), que notam que o princípio da boa fé, no âmbito do CMVM', permitiria já impedir determinadas condutas da Administração antes do início da produção de efeitos do disposto no art. 575.º/1 desse Código.

A DirOPA parece-me que o permitia. Nos termos do seu art. 9.°/ /2§2-1ª frase, hão-de os efeitos limitativos à actuação da Administração produzir-se *"pelo menos a partir do momento em que o órgão de administração da sociedade visada recebe as informações referidas no primeiro período do n.° 1 do artigo 6.°"*. Esse primeiro período determina que *"os Estado-Membros asseguram que a decisão de lançar uma oferta seja imediatamente tornada pública [e que a autoridade de supervisão seja dela informada]"*. As informações referidas naquela primeira norma correspondem essencialmente à decisão de lançar a oferta. Ressalta a questão de saber se o recebimento dessa informação corresponde a tomar conhecimento por alguma forma ou antes, e também por razões sistemáticas, atendendo ao disposto no art. 6.°1-1.ª-frase, a tomar conhecimento no âmbito do cumprimento do dever do oferente inerente a esta última norma. Como veremos, e por diversas razões que a seguir se indicam, entendo ser a segunda a interpretação mais acertada. E foi também a opção tomada por diversos outros legisladores; v.g. os arts. 104.°/1-bis-2.ª-frase da *Testo Unico della Finanza*, 28.°/1 do *Real Decreto* 1066/2007, 27 de Julho, e o §33.a(2) da WpÜG[262]. Contudo, a DirOPA não impõe que seja esse o momento relevante, podendo ocorrer antes disso, como ocorre paradigmaticamente no Reino Unido em que se estabelece o início do período de limitação a partir do momento em que a Administração de boa fé acredita estar uma oferta iminente (regra 21.1.-§1 do City Code)[263].

Conforme referido anteriormente, julgo que teria sido mais conveniente regressar à orientação do CMVM'. Em contraponto existe a possibilidade de a Administração efectivamente tomar conhecimento do lançamento da OPA em momento anterior, mas é muito problemática a determinação do seu efectivo conhecimento e respectivo âmbito. Nomeadamente, qual o grau de certeza que a Administração deverá ter de que foi tomada uma decisão de lançamento de OPA? Obviamente que não deverão bastar rumores vagos, mas a OPA (sobre, pelo menos, um terço

---

[262] Sustentando, contudo, que a produção dos efeitos do §33 da WpÜG (que se inicia literalmente no mesmo momento) se deverá iniciar com o conhecimento da oferta pela Administração, v. KRAUSE/PÖTZSCH (2005, 1014-§63). Em sentido similar ao das normas referidas supra v. também o art. 29.°/2-1.ª-frase da Lei Federal sobre a Bolsa e Transacções de Valores Mobiliários (*Bundesgesetz über die Börsen und den Effektenhandel*) suíça.

[263] Favorável à introdução de tal antecipação entre nós v. VAZ (2000, 93).

da categoria dos valores mobiliários relevantes, como veremos) deve ser inevitável[264].

Deve existir uma decisão definitiva do oferente de lançamento da oferta, o que é também de exigir para o surgimento do dever de envio e publicação do anúncio preliminar ao abrigo do artigo 175.º/1 do CVM. Entre nós, essa decisão é matéria de gestão e, portanto, deverá a Administração do oferente ter deliberado já sobre o lançamento da oferta. Doutro modo não existe uma certeza suficiente que justifique a imposição das limitações constantes do art. 182.º do CVM à visada. Não se deve confundir uma verdadeira e própria decisão de lançamento com outras actuações preparatórias de uma oferta, tais como a sondagem dos maiores accionistas da visada[265]. Nem, pelos mesmos motivos, parece que baste uma decisão, sujeita a qualquer tipo de condição ou trâmites procedimentais internos[266] ou externos (como seja quanto à obtenção de financiamento); note-se que o CVM não faz referência à decisão condicional de lançar a OPA, diversamente do que sucedia no art. 534.º/2 do CMVM'. Deste modo evitar-se-á, em princípio, a situação em que a Administração da visada viu os seus poderes limitados, mas em que afinal uma OPA não é lançada[267]. Não obstante, coloca o problema de saber qual o hiato de tempo máximo durante o qual a Administração se encontra limitada enquanto não houver entrega do anúncio preliminar, porque, por razões de protecção da sociedade no tráfico e indirectamente dos accionistas potencialmente destinatários, parece ser de bom senso que a limitação não se

---

[264] JBPEREIRA (2000, 186s) menciona a necessidade de um *"conhecimento firme"* da decisão e a *"previsibilidade e iminência"* da OPA.

[265] Assim também APFELBACHER/SPERLICH (2002, 124-§4).

[266] Quando seja necessária aprovação por parte do Conselho Geral e de Supervisão (v. art. 442.º/1 do CSC), antes de obtenção da mesma não se deverá considerar que exista já uma decisão definitiva; assim também quanto ao órgão de fiscalização APFELBACHER/ /SPERLICH (2002, 125-§5). Mais lasso v. JBPEREIRA (2000, 185s).

[267] Situação que JBPEREIRA (2000, 185) não afasta liminarmente. Note-se que, nos termos do art. 175.º/2-a) do CVM *a contrario*, antes da publicação do anúncio preliminar o oferente não está obrigado a lançar a oferta. Mas, entendendo a "decisão definitiva" nos termos supra referidos, o (potencial) oferente não terá como não lançar a OPA assim que essa decisão seja tomada, uma vez que, assim que isso suceda, está obrigado a publicar o anúncio preliminar (175.º/1-*in fine* do CVM), que, por sua vez, obriga a lançar a OPA (art. 175.º/2-a) do CVM).

poderá estender por demasiado tempo sem ter sido entregue o anúncio preliminar (v. a propósito o art. 3.º/1-f) da DirOPA)[268].

Outra questão prende-se com o que se há-de entender por a Administração tomar conhecimento da oferta, dado que não houve entrega do anúncio preliminar, um documento que, preto no branco, assegura estar em causa o lançamento de uma OPA, e para cujo conhecimento pela sociedade bastará a sua mera recepção por um qualquer administrador (v. arts. 408.º/3 e 431.º/3 do CSC)[269]. Embora talvez seja de seguir o mesmo regime quanto à recepção de cópia devidamente certificada pelo secretário da sociedade oferente (v. art. 446.º-B/1-f) do CSC) da acta de deliberação incondicional de lançamento, *quid iuris* nos restantes casos? Parece-me que, recebidos dados informativos externos relevantes que possam levar a concluir pela existência de uma decisão definitiva de lançamento de OPA, será necessário tomar-se uma decisão sobre se esses dados permitem ou não essa conclusão, para o que a Administração deverá reunir de emergência. Aliás, segundo os mesmos termos deverão ser determinados os objectivos do potencial oferente. Como veremos, um dos três requisitos cumulativos para o funcionar da norma em análise são os objectivos do oferente, que essencialmente serão os objectivos pelo oferente *"anunciados"*, como decorre da própria letra da lei. Mas se ainda não foi entregue qualquer anúncio, torna-se necessário interpretar devidamente a norma nessa parte[270].

Deve também salientar-se que a aquisição do conhecimento pela Administração da sociedade visada da decisão de lançamento da OPA antes da entrega do anúncio preliminar supõe o incumprimento do disposto no art. 174.º e provavelmente do disposto no art. 175.º/1 do CVM, que impõem respectivamente o dever de segredo sobre a OPA até àquela entrega e o dever de imediata entrega e publicação do anúncio preliminar. Pelo que, assim que qualquer administrador receba os tais dados informativos, poderá ser aconselhável que os mesmos sejam comunicados à CMVM para que esta, no âmbito das suas atribuições (art. 353.º/1-b) do CVM), procure rapidamente esclarecer a situação e tome as medidas

---

[268] V. as preocupações de VELLA (2002, 896ss).

[269] V. a propósito DUARTE (1998,189). É a regra da disjunção que vale na representação passiva da sociedade, conforme sublinha ABREU (2008, 1217).

[270] Assim também JBPEREIRA (2000, 186-nota 26).

adequadas, incluindo para o cumprimento pelo oferente das obrigações respectivas[271].

Por outro lado, atendendo justamente ao disposto no art. 175.°/1 do CVM, dificilmente o hiato de tempo entre a tomada de conhecimento da decisão de lançamento e a entrega e divulgação do anúncio preliminar será relevante.

53. Objecto mínimo da oferta

No art. 182.°/1-1ª parte determina-se, em segundo lugar, o âmbito quantitativo mínimo da oferta como sendo de um terço dos valores mobiliários da mesma categoria. Esta qualificação deverá ser devidamente interpretada, pois não deverá ser interpretada para além do âmbito material referido no art. 173.°/3 do CVM, que somente considera *"acções ou valores mobiliários que conferem direito à sua subscrição ou aquisição"*. Se já assim poderemos chegar a resultados pouco razoáveis (como veremos), quanto mais se não fosse feita essa restrição (como a letra do art. 182.°/ do CVM aparentemente não faz). Portanto, o legislador terá considerado como relevante não só o actual capital com direito de voto, como o potencial capital com direito de voto (mas compare-se com o disposto no Considerando 11 da DirOPA). Neste âmbito e no que toca às acções, poderá perguntar-se se a solução se justifica quanto às acções preferenciais sem direito de voto (previstas nos arts. 341.°ss do CSC), a que o direito de voto em Assembleia Geral, por regra (v. arts. 341.°/3 do CSC), não é inerente (embora possam participar na mesma nos termos do art. 343.° do CSC). Por isso também que, por regra, os seus titulares não deliberam para efeitos de autorização de medidas defensivas ao abrigo do art. 182.°/3-b) do CVM. Sempre se justifica, pelo menos, nos casos em que a situação actual ou previsível, atento o circunstancialismo da sociedade, não é a regra, mas a excepção (descrita no art. 342.°/3 do CSC).

---

[271] Sobre o âmbito do dever de segredo, v. I.1 e II.1 do Parecer Genérico da CMVM. A propósito do cumprimento das respectivas obrigações, é também de sublinhar o disposto no art. 403.°/1 do CVM, que não dispensa o infractor que tenha pago a coima ou cumprido a sanção acessória do cumprimento do dever, na medida em que este ainda possa ser cumprido.

No que toca aos outros valores mobiliários, deve tratar-se de valores mobiliários emitidos pela sociedade visada que tenham como subjacente as suas acções e atribuam o direito de subscrever ou adquirir tais acções ou (parece-me) em que essa seja uma das possíveis opções de liquidação na maturidade. De contrário, a liquidação em acções da visada depende de factores totalmente estranhos à emitente dos valores mobiliários e a visada ficaria limitada em virtude de factos que não são próprios; a visada já é alheia à OPA, não deverá ser alheia à emissão dos valores mobiliários dela objecto. Complementarmente, veja-se no mesmo sentido o disposto no art. 187.°/1 do CVM, que releva os *"outros valores mobiliários emitidos por essa sociedade"* e não os emitidos por outro emitente. Assim, cabem nesta situação, *inter alia* (tendo em conta o princípio da aticipidade dos valores mobiliários, art. 1.°-g) do CVM[272]), as obrigações emitidas pela visada convertíveis em acções da visada (art. 365.°/1 do CSC), os warrants autónomos com liquidação física emitidos pela visada sobre acções próprias com direito de voto (art. 2.°/1-a) (e 4.°/1-g)) do DL n.° 172/99, de 20 de Maio) e os valores mobiliários emitidos pela visada convertíveis em acções próprias (v. arts. 2.°/1-b) e 3.°/1 (e v. 3.°/2) da Regulamento da CMVM n.° 15/2002).

Debrucemo-nos, agora, sobre a quantidade mínima objecto da oferta: um terço dos valores mobiliários relevantes da mesma categoria. Trata-se de um requisito que não era exigido nos termos do art. 575.°/1 do CMVM'[273]. Por uma determinação deste tipo joga, desde logo, uma nota de certeza, adequada ao mercado de valores mobiliários; os diversos agentes do mercado sabem assim com rigor a partir de que quantidade a norma produz os seus efeitos. No entanto, também é verdade que nas grandes sociedades o controlo se pode conseguir muitas vezes com capital votante em montante (muito) inferior a um terço. Por exemplo, um oferente a que não sejam imputáveis quaisquer direitos de voto na visada poderá lançar uma OPA sobre uma quantidade igual a um terço das acções ordinárias da sociedade menos uma acção, que lhe poderá na prática garantir o domínio da sociedade e, não obstante, os efeitos limitativos previsto neste art. 182.° do CVM não

---

[272] V. por todos sobre (a)tipicidade dos valores mobiliários, contrapondo a "tipicidade legal" própria do CMVM' à "tipicidade administrativa" da versão originária do CVM (v. art. 1.°/2 originário do CVM, entretanto modificada e substituída pelo actual art. 1.°-g) do CVM), Ascensão (2006, *maxime* 140s).

[273] Criticamente sobre esta disposição v. Duarte (1998, 182).

se produzirão nos termos da letra da lei[274]. Por outro lado e noutro exemplo, caso o oferente já detenha um montante significativo de direitos de voto, pode pretender vir a adquirir o domínio adquirindo um montante bastante inferior a um terço de acções da mesma categoria com direito de voto e, não obstante, os efeitos limitativos previstos neste art. 182.º do CVM também não se produzirão nos termos da letra da lei [275]. Depois e tendo em conta a definição de categoria constante do art. 45.º do CVM (v. também o art. 302.º/2 do CSC), podemos ter diversas categorias de acções e, apesar disso, todas terem direitos de voto inerentes[276]. Neste caso, um terço de uma das categorias poderá representar um montante bastante inferior a um terço do capital com direito de voto e, não obstante, produzir-se-ão nos termos da letra da lei os efeitos limitativos desta norma. Suponhamos, agora, que a sociedade visada é dominada por uma outra entidade entidade, que é lançada uma OPA sobre um terço das acções ordinárias da sociedade por terceiro e que o sucesso da OPA não prejudica o domínio já existente; não obstante, produzir-se-ão os efeitos limitativos da norma nos termos da letra da lei. Por fim, imagine-se que uma terceira entidade adquiriu o domínio sobre a sociedade, estando assim obrigada a lançar e tendo lançado uma OPA obrigatória (entre nós, subsequente à aquisição de domínio), pelo que a Administração já não estaria, em princípio, em posição de frustrar uma alteração de domínio na sociedade; não obstante, a letra da lei também não isenta estes casos dos efeitos limitativos da norma. Cabe perguntar se em algumas destas hipóteses não haveria que interpretar teleologicamente o requisito em análise, alargando ou restringindo o seu âmbito[277].

A OPA é um instrumento privilegiado de obtenção de domínio sobre a sociedade visada. E é por essa razão que uma norma deste tipo se justi-

---

[274] Como alertam criticamente JBPEREIRA (2000, 193) e ANDRADE (2002, 733-nota 50).

[275] Esta situação deve ser conjugada com o disposto sobre a OPA obrigatória, caso a visada seja uma sociedade aberta. Se por efeito da aquisição ao oferente vierem a ser imputados mais de um terço dos direitos de voto inerentes ao capital social, em regra (mas v. o disposto no art. 187.º/2/4 do CVM) haverá lugar ao surgimento do dever de lançamento de uma OPA nos termos do art. 187.º/1 do CVM, originadora, portanto, dos efeitos constantes do art. 182.º do CVM, sendo que, muitas vezes, uma tal OPA é lançada *ab initio*, conforme com o disposto no art. 189.º/1-a)/2 do CVM.

[276] Sobre a categoria das acções pode ver-se, brevemente e com mais indicações, POCUNHA (2007, 333s).

[277] Sobre a redução e extensão teleológica v. NEVES (1994, 186ss).

fica essencialmente, não sendo por isso de estranhar que na DirOPA se prescinda totalmente de um tal requisito numérico, estabelecendo-se antes como único critério que a oferta se dirija (ou seja subsequente) à aquisição de controlo (art. 2.°/1-a) da DirOPA). E essa foi também a solução exclusiva ou alternativa que sugeri em trabalho anterior e nos trabalhos de transposição da DirOPA[278]. O que implicaria esclarecer-se essa circunstância no anúncio preliminar e no prospecto (designadamente ao abrigo dos arts. 138.°/1-g), 176.°/1-g) do CVM e Anexo II/2.8 do Regulamento a CMVM n.° 3/2006). Note-se que a produção dos efeitos do art. 182.°/1 do CVM é do interesse primeiro do oferente, pelo que este não deixaria de devidamente o esclarecer nos documentos da oferta. Aliás, dado que é o oferente o principal interessado, justificar-se-ia também que o oferente pudesse prescindir do disposto nesta norma, embora na prática esse desiderato seja perfeitamente alcançável desde que o oferente especifique nesses documentos que não contraria os seus objectivos a prática de quaisquer actos que alterem a situação patrimonial da visada e não correspondam a actos de gestão normal.

Vimos através dos exemplos referidos no penúltimo parágrafo que diversas situações se poderão configurar em que, por um lado, se justificaria que a norma se aplicasse mas não se aplica e, por outro, que não se aplicasse mas se aplica. Assim sendo, mantenho a minha opinião de que a norma deveria ser alterada, conforme o disposto na DirOPA. Entendendo-se, por razões de coerência sistemática, ser preferível manter o referencial de um terço, então que se siga um critério do mesmo tipo do constante do art. 187.° do CVM. Que o referencial incida antes sobre o facto de o oferente, com o sucesso da operação, possa passar a deter mais de um terço dos direitos de voto inerentes ao capital social da sociedade ou então que a OPA vise a "aquisição" pelo oferente de mais de um terço de tais direitos de voto[279].

---

[278] V. GUINÉ (2005, 26).

[279] Assim é que efectivamente se conseguiria uma coerência com a sistemática do Código, e não com a solução actual como se alude no §11 do Relatório Final da Consulta Pública n.° 11/2005 sobre o Anteprojecto de diploma de transposição da Directiva das OPA (também FRAGOSO (2005, 14s) parece confundir as coisas). Em sentido próximo do defendido em texto pode ver-se DUARTE (1998, 184s) e veja-se a propósito também o §29 da WpÜG. Sobre as presunções de domínio constantes do art. 187.°/1 do CVM v. CÂMARA (2000, 243ss).

Note-se, contudo, que, como veremos, um dos requisitos de que depende a mobilização do art. 182.º/1 do CVM é a contraditoriedade com os objectivos do oferente, sendo que, não estando em causa a aquisição do controlo da visada, o campo de aplicação da norma reduz-se em boa medida[280]. Não obstante, não dispensa a Administração de ter de fazer um complexo juízo para aferir a legitimidade de várias medidas de gestão, o que de outro modo se evitaria.

---

[280] V. a propósito JBPEREIRA (2000, 193).

O ACTO PROIBIDO

54. Requisitos cumulativos

O art. 182.º/1-2.ª-parte estipula tês requisitos cumulativos para que se conclua que a Administração tem os seus poderes limitados quanto à prática de determinado acto e que fora do contexto da OPA em curso poderia praticar[281]. A limitação é aplicável a quaisquer medidas defensivas, sejam objectivas ou subjectivas[282], dado que tanto umas como outras podem prejudicar os interesses do oferente. A norma obviamente limita poderes que a Administração normalmente (fora do contexto de uma OPA) tem e não poderes que normalmente a Administração também não tem. Os requisitos são: (i) alteração de modo relevante da situação patrimonial da sociedade visada, (ii) não recondução do acto à gestão normal da sociedade e (iii) afectação de modo significativo dos objectivos anunciados pelo oferente. O revogado art. 575.º/1 do CMVM' estabelecia somente os dois últimos critérios, enquanto que a Directiva parece, à primeira vista, somente atender ao último critério ("*qualquer acção susceptível de conduzir à frustração da oferta*"). Os três critérios participam de conceitos indeterminados, com todas as vantagens e inconvenientes daí decorrentes[283],

---

[281] JBPEREIRA (2000, 194). Portanto, não se trata propriamente de uma regra simples, para mais, atendendo aos diversos outros números do artigo; no sentido de que a regra de não frustração deveria ser simples, v. MCCAHERY *et alii* (2003, 68) e HERTIG/MCCAHERY (2004, 35).

[282] No mesmo sentido, para o §33 da WpÜG, v. por todos SCHWENNICKE (2002, 480-§19).

[283] Aquelas vantagens e inconvenientes radicam essencialmente numa maior justiça contra uma menor segurança, os dois vectores fundamentais do Direito, como é sabido; v. sobre o tema ASCENSÃO (2001, 184ss). Sobre os conceitos indeterminados v. a interessante exposição de ENGISCH (1965, 173ss).

148   *Orlando Vogler Guiné*

embora o legislador socorra o intérprete com algumas bengalas. Foi uma
expressa intenção do legislador municiar o CVM de uma série de tais conceitos para efeitos de posterior concretização doutrinária, jurisprudencial e
administrativa (v. §4 do preâmbulo do DL n.° 486/99, de 13 de Novembro,
que aprovou o CVM).

55. Alteração patrimonial relevante

Numa primeira abordagem, a situação patrimonial corresponde ao
balanço da sociedade, ao seu activo, por um lado, e ao seu passivo e capital próprio, por outro[284]. Uma modificação na situação patrimonial implicará assim, em princípio, uma qualquer modificação nos componentes
de alguma dessas três rubricas, embora não necessariamente em mais do
que uma. Mas talvez seja de ir mais além; por exemplo, a Comissão das
OPAS (*Übernahmekommission*) suíça regulamenta no art. 36.°/1 do seu
Regulamento sobre OPAs (*Verordnung der Übernahmekommission über
öffentliche Kaufangebote*) que: "O activo e o passivo da sociedade visada
compreendem igualmente as posições fora do balanço, em particular as
decorrentes de contratos que impliquem riscos ou obrigações substanciais[285]."

Uma actuação da Administração preparatória de uma futura alteração patrimonial da visada, mas que no momento presente (isto é, durante
o decurso da OPA) não se repercuta nessa situação patrimonial, está
aquém do escopo limitativo da norma. Assim e por exemplo, a Administração não necessitará de interromper negociações encetadas com vista
à alienação de uma das jóias da coroa, embora, e cumpridos os demais
requisitos, possa estar impedida de vincular a sociedade a qualquer compromisso jurídico na pendência da OPA.

Depois, se a actuação da Administração vai no sentido não da alteração, mas da manutenção da situação patrimonial da sociedade, igualmente
não se enquadra no escopo limitativo da norma. Assim e seguindo o

---

[284] Sobre os conceitos contabilísticos aqui referidos v. ALVES/COSTA (1996, 85ss).

[285] *"Aktiv- und Passivbestand der Zielgesellschaft umfassen auch die Ausserbi-
lanzpositionen, insbesondere jene aus Verträgen, die wesentliche Risiken oder Verpflich-
tungen mit sich bringen."* (Tradução minha)

exemplo de há pouco, a Administração pode perfeitamente rejeitar uma proposta de compra de uma das suas jóias da coroa[286].

Por outro lado, pode entender-se que a situação patrimonial que serve de comparação se fixa no momento em que se fazem sentir as limitações constantes do 182.º/1 do CVM ou que se vai modificando tendo em conta as alterações subsequentes no património. Uma vez que foi na situação no momento do lançamento da OPA que o oferente se baseou, parece que é a primeira a solução que, por regra, se justifica. Assim, imaginemos, por exemplo, que durante uma OPA lançada sobre uma sociedade, cujo objecto consista na exploração de recursos energéticos, é inesperadamente descoberta uma enorme reserva de petróleo numa área concessionada à sociedade. Atendendo ao exposto, cabe perguntar se a Administração não deverá poder transaccionar sobre esse seu (novo) activo (diversamente se entretanto o oferente vem a aumentar o preço oferecido (art. 184.º do CVM) em função desses novos factos). Já se a Assembleia Geral autoriza (v. art. 182.º/3-b) do CVM) a prática de determinado acto proibido (nos termos do art. 182.º/1 do CVM), parece-me que a situação patrimonial a servir de comparação quanto a um novo acto a praticar no futuro deverá ser a existente após execução daquele primeiro acto.

Finalmente o legislador qualifica a alteração na situação patrimonial da sociedade visada de relevante. Isto é, terá de ser feito um juízo, em função da sociedade e não em função do oferente (que serve antes de referencial ao terceiro critério enunciado pelo art. 182.º/1-2.ª-parte do CVM), sobre se a alteração patrimonial concretamente em causa é importante.

No ordenamento suíço uma alteração patrimonial relevante é mesmo o critério único de determinação do impedimento da administração, como consta do art. 29.º/2-1.ª-frase da Lei Federal sobre a Bolsa e Transacções de Valores Mobiliários (*Bundesgesetz über die Börsen und den Effektenhandel*), que dispõe que a Administração "não pode (…) celebrar negócios jurídicos, através dos quais o activo ou o passivo da sociedade seria modificado de forma significativa"[287], razão pela qual poderá interessar ver o que nesse ordenamento se tem entendido por medidas relevantes. É de salientar que a listagem feita de seguida é de teor tão-só exemplifi-

---

[286] Relevando antes neste caso a inexistência do segundo requisito listado no art. 182.º/1-2.ª-parte do CVM, v. JCSILVA (2001-i, 116).

[287] [*Der Verwaltungsrat*] "*darf* (…) *keine Rechtsgeschäfte beschliessen, mit denen der Aktiv- oder Passivbestand der Gesellschaft in bedeutender Weise verändert würde.*"

150 Orlando Vogler Guiné

cativo e não exaustivo, na medida em que o art. 182.°/1-2.ª-parte do CVM dispõe uma cláusula geral.

Nesse ordenamento entende a *Übernahmekommission*, no art. 36.°/ /2-a)-b)-c)-d) do seu Regulamento sobre OPAs *(Verordnung der Übernah-mekommission über öffentliche Kaufangebote)*, por medidas relevantes, nomeadamente:

i) "A venda ou compra de meios de produção com um valor ou um preço superior a 10 por cento do balanço (com base no último balanço (consolidado, se aplicável) anual ou intercalar."[288]

Trata-se aqui das chamadas jóias da coroa. A alienação de *"parcelas importantes do activo social"* encontra-se igualmente prevista no art. 182.°/2-b) *in fine* do CVM, como um dos exemplos de uma alteração patrimonial relevante. No entanto, tal como as alterações patrimoniais são, em geral, qualificadas como de relevantes, igualmente as parcelas do activo social alienadas são qualificadas de *"importantes"*, pelo que, em sede de qualificação, o legislador se limitou no fundo a substituir um adjectivo por outro de sentido equivalente. Por outro lado, apesar de não expressamente previstas naquele art. 182.°/2-b)-2.ª-parte, mas uma vez que o critério em análise constitui uma cláusula geral, igualmente tem todo o sentido que uma aquisição de activos importante possa ser enquadrada como alteração patrimonial relevante, dado o seu impacto patrimonial e assim no objecto indirecto da OPA (a sociedade). O critério avançado pela *Übernahmekommission* tem o mérito também de apontar a relevância do acto para a sociedade em concreto; isto é, um acto que, num mesmo ordenamento ou num mesmo sector de actividade pode ser relevante para uma sociedade, pode não o ser para outra, atenta a sua dimensão. Isto parece--me evidente. Relativamente ao critério numérico de 10%, tem a vantagem de permitir uma situação de certeza jurídica, mas com as desvantagens inerentes à mesma, isto é, no caso concreto poderá não se revelar totalmente adequado, seja por ser demasiado baixo, seja por ser demasiado alto. Parece-me, no entanto, que pode assumir, entre nós, uma valia indicativa, sentido com que, aliás, um valor desse tipo é também tomado pelo *City*

---

[288] *"Der Verkauf oder der Erwerb von Betriebsteilen mit einem Wert oder zu einem Preis von mehr als 10 Prozent der Bilanzsumme (auf der Basis des letzten, gegebenenfalls konsolidierten Jahres- oder Zwischenabschlusses)."*

Panel no âmbito da determinação sobre se a operação em causa é num montante *"material"* (v. a nota 2 *in fine* à regra 21.1 do City Code)[289].

ii) "A venda ou a oneração de meios de produção ou de bens imateriais, que contem a título principal para a oferta e pelo oferente assim sejam caracterizados."[290]

Aqui a *Übernahmekommission* acaba por assumir o conceito de relevância como cunhada para o oferente em concreto e não em função da sociedade visada. Conforme se referiu, o único critério que a lei suíça impõe é, no fundo, o critério da alteração patrimonial relevante, diversamente do que sucede no nosso ordenamento, em que os objectivos do oferente se assumem como um critério autónomo e que, portanto, são considerados noutra sede. No entanto, saliento a nota de que, a par da venda de activos, igualmente poderá ser patrimonialmente relevante a oneração de activos sociais – também assim deve ser entre nós. Oneração deverá aqui entender-se em sentido amplo, compreendendo não só a constituição de direitos reais de gozo ou de garantia, mas igualmente a constituição de certos direitos pessoais de gozo, especialmente a constituição de relações jurídicas locatícias (art. 1057.º do CC: *emptio non tollit locatum*). O art. 28.º/1-c) do *Real Decreto 1066/2007*, de 27 de Julho, também prevê expressamente a *"enajenación, gravamen o arrendamiento de inmuebles u otros activos sociales"*. O art. 575.º/1-c) do CMVM' consagrava igualmente de modo expresso, ao lado da cessão de exploração de activos sociais[291], a celebração de contratos-promessa com vista à alienação ou

---

[289] No mesmo sentido, para o Direito alemão, v. SCHWENNICKE (2002, 484-§30).

[290] *"Der Verkauf oder die Belastung von Betriebsteilen oder von immateriellen Werten, welche zum Hauptgegenstand der Offerte zählen und vom Anbieter als solcher bezeichnet werden."*

[291] A expressão legal era mais exactamente a seguinte: *"Alienar ou ceder a exploração de um sector ou parcela significativa do património social, ou celebrar contratos-promessa para esse fim"*. Como é sabido, a expressão *"cessão de exploração"* era tipicamente utilizada com referência objectiva a um estabelecimento; v.g. a epígrafe do art. 111.º do Regime do Arrendamento Urbano em vigor ao tempo do CMVM' (mas compare-se com a constante agora do art. 1109.º do CC). Não parece, contudo, que o sentido do legislador no CMVM' tivesse sido tão-só mencionar as cessões de exploração de um sector ou parcela significativa que configurassem (objectivamente) um estabelecimento. Sobre o conceito de estabelecimento (ou empresa) em sentido objectivo pode ver-se *inter alia* ABREU (2006-ii, 213ss).

152   *Orlando Vogler Guiné*

cessão de exploração dos mesmos, hipótese que não deixa de fazer sentido hoje, ainda que não expressamente prevista.

iii) "A celebração de contratos com membros da Administração ou com quadros superiores da gestão da sociedade, que prevejam pagamentos anormalmente altos para o caso de destituição ou rescisão."[292]
Esta alínea abarca os chamados paraquedas dourados. Este tipo de medidas somente se poderão tornar um obstáculo importante caso impliquem o pagamento de montantes verdadeiramente astronómicos. Especialmente esse tipo de casos poderá muito bem resultar na constituição de provisões contabilísticas, caso em que teremos uma alteração patrimonial actual e contabilisticamente documentada da sociedade visada em resultado desse tipo de acordos. Mas, e à luz do que se expôs supra, mesmo quando aquelas situações não ocasionem um registo contabilístico actual nas contas da sociedade poderão considerar-se relevantes, desde que impliquem riscos e obrigações significativos em caso de sucesso da OPA.

iv) "A emissão de acções nos termos de um capital autorizado sem direito de preferência dos accionistas, desde que a deliberação da Assembleia Geral que autoriza o capital não preveja expressamente a emissão de acções na pendência de uma oferta. O mesmo vale para a emissão de obrigações convertíveis ou com direitos de opção nos termos de um capital autorizado sem direito de preferência dos accionistas."[293]
A emissão de acções ou outros tipos de valores mobiliários pela sociedade visada é uma das medidas defensivas mais utilizadas e por isso das situações mais vezes expressamente tratadas, incluindo o art. 9.°/2§1 *in fine* da DirOPA e o art. 182.°/2-b) do CVM, na sequência aliás, do art. 575.°/1-a)-b) do CMVM'.
A norma nacional parece ser melhor construída do que a suíça, que não considera, por um lado, a possibilidade de emissão de outros tipos de

---

[292] *"Der Abschluss von Verträgen mit Mitgliedern des Verwaltungsrates oder der obersten Geschäftsleitung, welche unüblich hohe Entschädigungen für den Fall des Ausscheidens aus der Gesellschaft vorsehen."*

[293] *"Die Ausgabe von Aktien aufgrund des genehmigten Kapitals ohne Bezugsrecht der Aktionäre, sofern der Beschluss der Generalversammlung, der das genehmigte Kapital schafft, nicht ausdrücklich die Ausgabe von Aktien im Fall eines Angebotes vorsieht. Dasselbe gilt für die Ausgabe von Obligationen mit Wandel- oder Optionsrechten aufgrund eines bedingten Kapitals ohne Vorwegzeichnungsrecht der Aktionäre."*

Da Conduta (Defensiva) da administração "Opada" 153

valores mobiliários que poderão dar origem à aquisição ou subscrição de acções e, por outro, se limita às situações em que inexiste preferência dos accionistas. Ora, a existência de um tal direito não impede um efeito prejudicial nos objectivos do oferente. A solução suíça tem, no entanto, o mérito de conceder liberdade deliberativa aos accionistas, a que voltaremos.

Deve também salientar-se que o art. 182.º/2-b) do CVM qualifica de alteração patrimonial relevante qualquer emissão ali prevista. Não parece, contudo, que determinadas emissões marginais, como, por exemplo, a emissão de um número perfeitamente residual de acções para distribuição aos seus trabalhadores deva merecer esse qualificativo de relevante[294].

56. Alteração patrimonial relevante e ofertas concorrentes

Finalmente, não altera o património a procura pela Administração de um *white knight*, disposto a lançar uma OPA concorrente (arts. 185.ºss do CVM). Por essa razão, e porque a concorrência entre os interessados é favorável aos accionistas, já se devia entender que era um acto perfeitamente legítimo, ainda que essa possibilidade de actuação da Administração não estivesse expressamente prevista[295]. Não é por acaso que o

---

[294] A este respeito veja-se também a exclusão operada pelo art. 36.º/2-a)-b)-c)-d) na *Verordnung der Übernahmekommission über öffentliche Kaufangebote* suíça.

[295] Entendendo tratar-se de uma medida admissível antes da transposição da DirOPA, v. JCSILVA (1999, 242), DUARTE (1998, 178), GUINÉ (2005, 27s) e §11 do Relatório Final da Consulta Pública n.º 11/2005 sobre o Anteprojecto de diploma de transposição da Directiva das OPA; contra, v. o Requerimento da Sonaecom de 6 de Março de 2006. A procura de um cavaleiro branco é sempre no interesse dos accionistas – assim também VELLA (2002, 895), HOPT (2000, 1383) e HARBARTH/WINTER (2002, 4). Note-se que, mesmo que o cavaleiro branco venha a perder o "leilão", os accionistas sairão sempre beneficiados em virtude do mesmo (mas sublinhe-se que o oferente concorrente pode até entrar na corrida com o único propósito de fazer o oferente inicial subir a sua oferta – v. SANTOS (2008, 25)). CRIPPS (1992, 503) refere o exemplo da aquisição da Jaguar pela Ford, no final dos anos oitenta, em que o cavaleiro branco General Motors perdeu o leilão, porque os accionistas receberam da Ford uma oferta extraordinariamente alta. KRAUSE/PÖTZSCH (2005, 1062-§165) salientam que a procura de ofertas concorrentes será uma medida legítima mesmo que o oferente tenha condicionado a oferta a que não surjam ofertas concorrentes (resta saber se a condição seria sequer admissível – a v. art. 124.º/3 do CVM.). Para uma

regime das ofertas concorrentes está estruturado sob a forma de um leilão, devendo cada "lance" ser sucessivamente superior ao anterior (v. arts. 185.°/5, 185.°-B/1 e 184.°/2 do CVM)[296]. Estando expressamente consagrada no art. 9.°/2§1 da DirOPA, ela acabou também por ficar, com a introdução de uma nova alínea c) no art. 182.°/3 do CVM, literalmente consagrada entre nós, à semelhança de diversas outras legislações europeias (v.g. art. 104.°/1-bis-3.ª-frase da *Testo Unico della Finanza*, arts. 60.°- -bis/1-§1 da *Ley del Mercado de Valores* e 28.°/1-§1/3-a) do *Real Decreto 1066/2007*, de 27 de Julho, art. 233-32.I *in fine* do *Code de Commerce, §12(2)*-1.ª-frase da *Übernahmegesetz* austríaca ou §33a(2)4 da WpÜG).

Além da procura de ofertas concorrentes nos termos dos art. 185.°ss do CVM, a Administração também pode procurar alternativas diversas que não passem necessariamente por uma situação desse tipo (v.g. um parceiro para realizar uma fusão). Justamente porque é no interesse dos accionistas a existência de alternativas diversas, desde que a escolha final neles radique. Essa parece-me ser a boa doutrina e a ela correspondendo uma interpretação adequada do disposto na alínea c) em análise. Finalmente, note-se que em qualquer caso a procura de alternativas deverá ser isso mesmo e não deverá fazer a visada incorrer em quaisquer actos que impliquem uma alteração patrimonial relevante (conjugada com os outros dois requisitos estabelecidos no art. 182.°/1 do CVM). Pelo que esta alínea serve mais de esclarecimento do que de verdadeira excepção ao art. 182.°/1 do CVM. Diversamente no art. 9.°/2-§1 da DirOPA o único requisito literalmente aposto é a contraditoriedade com os objectivos do oferente, pelo que (aí sim) a procura de um cavaleiro branco é uma verdadeira excepção.

57. Alteração patrimonial relevante e a Directiva das OPAs

A terminar, uma palavra para referir que, apesar de a DirOPA não consagrar este requisito de alteração patrimonial relevante, não parece

---

perspectiva diversa, no sentido de que a justificação para a procura de um *white knight* não é aumentar o preço a perceber pelos accionistas, mas antes proporcionar aos accionistas uma alternativa empresarial, v. Lange (2002, 1741).

[296] Sobre o regime das OPA's concorrentes v. SANTOS (2008, 43ss) e FERREIRA (2008).

Da Conduta (Defensiva) da administração "Opada" 155

que o Estado português tenha legislado para além das fronteiras que a DirOPA lhe permitia. Efectivamente, a transposição de uma Directiva não deve ser um trabalho de mera transcrição para um diploma nacional dos ditames da mesma. O espírito que lhe deve presidir é justamente o contrário, devendo-se partir de uma análise cuidadosa do Direito nacional actual para discernir quais efectivamente as modificações legislativas que se impõem[297], de modo a que os objectivos normativos comunitários se concretizem no Direito nacional[298]. Aliás, igualmente no âmbito de outras legislações a transposição não foi efectuada acriticamente, nem correspondeu a uma transcrição cega do texto da DirOPA para o Direito nacional: compare-se o texto do art. 9.º/2-4 da DirOPA com os textos, *inter alia*, da regra 21 do City Code britânico, do art. 233-32 do *Code de Commerce* francês, dos arts. 60.bis da *Ley del Mercado de Valores* e 28.º do *Real Decreto 1066/2007*, de 27 de Julho, espanhóis, da secção 15 do *Statutory Instrument* No. 255 (2006) irlandês, do art. 104.º do *Testo Unico della Finanza*, do §12 da *Übernahmegesetz* austríaca ou do §33a da WpÜG alemã. E foi também o que o legislador português empreendeu.

Por outro lado, pode-se avançar também com um argumento por maioria de razão, isto é, se o legislador poderia o mais – não estabelecer quaisquer limitações à Administração como regra geral, mas somente optativamente –, igualmente poderia o menos – estabelecer requisitos suplementares[299].

---

[297] E foi efectivamente o que se passou, no que à transposição da DirOPA diz respeito, tendo sido precedida de um duplo processo de consulta pública, a Consulta Pública n.º 1/2005 e Consulta Pública n.º 11/2005, que culminou no Relatório Final da Consulta Pública n.º 11/2005 sobre o Anteprojecto de diploma de transposição da Directiva das OPA.

[298] Como se nota justamente no §11 do Relatório Final da Consulta Pública n.º 11/2005 sobre o Anteprojecto de diploma de transposição da Directiva das OPA; sobre as Directivas comunitárias e sua transposição para o Direito nacional pode ver-se GORJÃO--HENRIQUES (2007, 278ss, 307s). Caso a DirOPA se enquadrasse no âmbito das normativas comunitárias sobre serviços financeiros, sujeitas ao chamado processo Lamfalussy (na sequência do relatório apresentado pelo comité de sábios presidido pelo barão Alexandre Lamfalussy – v. LAMFALUSSY *et alii* (2001)), enquadrar-se-ia obviamente entre as medidas de nível 1, isto é, de fixação de princípios de ordem mais genérica, susceptíveis de concretização, o que corresponde no fundo ao que os Estados-Membros fizeram na transposição da DirOPA. Sobre o processo Lamfalussy v. LAMFALUSSY *et alii* (2001, 19ss) e ANTUNES (2004).

[299] V. a propósito o §11 do Relatório Final da Consulta Pública n.º 11/2005 sobre o Anteprojecto de diploma de transposição da Directiva das OPA. A este argumento poder--se-á, contudo, apontar que a DirOPA, mal ou bem, não permitiria tal via *per mezzo*.

Por fim, diga-se também que na prática, sobretudo caso o critério em análise seja objecto de uma interpretação de um tipo mais generoso (tal como se foi exemplificando nas últimas páginas), muito dificilmente são cogitáveis situações que ponham efectivamente em causa os objectivos do oferente, mas que não envolvam uma alteração patrimonial relevante da sociedade[300].

58. Gestão normal

O segundo requisito é que o acto não se reconduza à gestão normal da sociedade. Em diversas outras ordens jurídicas comunitárias é igualmente feita referência, com maior ou menor âmbito, a uma ideia deste tipo. Com maior correspondência literal ao disposto no art. 9.°/3 da DirOPA, podem ver-se os arts. 233-32-III-§2 do *Code de Commerce francês* (*"cours normal des activités"*), 60.°bis/1-§2 da *Ley del Mercado de Valores* e 28.°/2 do *Real Decreto 1066/2007*, de 27 de Julho (*"curso normal de actividades"*), 104.°-1-ter do *Testo Unico della Finanza* (*"corso normale delle atività"*) e o §12(3)-1.ª-frase da *Übernahmegesetz* austríaca (*"normalen Geschäftsbetriebs"*). Menos apegados àquela letra, além da norma portuguesa, veja-se a secção 15(1)(a) do *Statutory Instrument No. 255 (2006)* irlandês (*"normal course of the company's business"*), o §33.a(2)/2 da WpÜG (*"normalen Geschäftsbetriebs"*) e a regra n.° 21.1(v) do City Code (*"ordinary course of business"*).

A actividade dos administradores compreende o exercício de poderes de gestão e de representação, os primeiros representam o momento interno e criativo daquela actividade e os segundos o momento externo e de execução dos primeiros. O que pode actuar como medida defensiva não é a decisão em si mesma (momento interno), mas antes a sua execução (momento externo). Mas os poderes executórios (o *"praticar actos"*) passam agora a estar sujeitos a uma limitação que consiste na sua possível recondução à gestão normal da sociedade.

---

[300] Como também se sublinha no §11 do Relatório Final da Consulta Pública n.° 11/2005 sobre o Anteprojecto de diploma de transposição da Directiva das OPA.

59. Gestão normal *versus* gestão corrente

Uma primeira questão que se coloca é determinar se este conceito de gestão normal, que a lei não define, se deverá entender como sinónimo de gestão corrente (*day-to-day business; Tagesgeschäfte*), em que se englobam muitos dos poderes delegáveis em administradores-delegados ou numa comissão executiva nos termos do art. 407.°/3 do CSC. A gestão corrente corresponderá em boa parte aos chamados assuntos de mero expediente, que se consubstanciarão em actos de menor relevância económica, caracterizados pela uniformidade (de conteúdo, limites e efeitos) e pela repetitividade, reflectindo por isso em boa medida mais a burocracia empresarial, do que a gestão social propriamente dita[301]. Mas o conceito vai também para além disso. Deve, no entanto, salientar-se que este conceito de gestão corrente deverá ser devidamente interpretado, atendendo às circunstâncias aplicáveis, designadamente atendendo à prática seguida no sector em que se insere e à especificidade da sociedade em questão, em termos similares ao que veremos acontecer a propósito do conceito de gestão normal infra e que por isso aqui se não desenvolve; paradigmaticamente, as decisões tipicamente tomadas por uma comissão executiva de uma grande sociedade cotada do índice PSI-20 dificilmente se reconduzirão a uma actividade de gestão corrente no âmbito de uma pequena sociedade anónima familiar e provavelmente reconduzir-se-ão mesmo em muitos casos à chamada alta direcção deste género de sociedades.

Apesar de no §21(13) do preâmbulo do DL n.° 142-A/91, de 10 de Abril, se ter mencionado o conceito de gestão corrente em conexão com o (então) art. 575.° do CMVM', não creio que no art. 182.°/1 do CVM se tenham tomado um pelo outro[302]. Por um lado, o conceito de gestão

---

[301] Para o conceito de actos de mero expediente (referido a título incidental no CSC apenas no seu art. 470.°/4) v. CANDEIAS (2000, 263), que sublinha, contudo e bem, que o conceito de gestão corrente deverá ser entendido em termos mais amplos (página 275). Para uma referência ao conceito de *gestion courante* no contexto da adopção de medidas defensivas subsequentes v. LOYRETTE (1971, 151), VIANDIER (1991, 213ss) e NABASQUE (2006, 250ss). Note-se adicionalmente que a ideia de gestão corrente assume também especial relevância em sede do Direito Constitucional – v. art. 186.°/5 da CRP e sobre ele MIRANDA (2006, 646).

[302] Diversamente o parecem entender FRAGOSO (2005, 38) e JCSILVA (2001-i, 115). No âmbito do art. 226.°/2-a) do Código da Insolvência e Recuperação de Empresas, que proíbe o devedor de contrair obrigações se o administrador da insolvência se opuser, salvo

corrente era já um conceito conhecido da legislação antes da aprovação do CVM (e mesmo do CMVM') que o precedeu, nomeadamente quando se tenha em conta o disposto no supra citado artigo do 407.°/3 do CSC, que se insere nada menos do que na Secção I (Conselho de Administração), do Capítulo VI (Administração (...) da Sociedade), Título IV (Sociedades Anónimas), deste último Código. Ora, o legislador, que devemos presumir razoável (art. 9.°/3 do CC), empregou justamente um conceito diverso desse, apesar de (certamente) não desconhecer o primeiro[303]. O "para-legislador" (CMVM), que não o desconhecia[304], igualmente manteve essoutro conceito no seu Ante-Projecto de Diploma de Transposição da Directiva das OPA (Consulta Pública n.° 11/2005).

Depois, pela sua natureza, a gestão corrente corresponderá em boa medida a actos que não implicarão uma alteração patrimonial relevante. Mas um e outro conceito – "*alteração patrimonial relevante*" e "*gestão normal*" – são autónomos um do outro na economia da norma em análise, pelo que dificilmente o legislador teria utilizado dois conceitos diferentes para traduzir, sob perspectivas diversas, um mesmo tipo de situação.

Por outro lado, se atentarmos na evolução recente do art. 182.° do CVM, notamos que o prazo de convocação da Assembleia Geral da sociedade visada, cuja autorização, como veremos, é a forma de sanar a falta de poderes da Administração para a prática de actos proibidos nos termos do n.° 1, foi reduzido para metade ou para menos seis dias, consoante a forma da convocatória (v. arts. 182/4-a) do CVM e 377.°/4 do CSC). Não se pode deixar de ter em conta que a amplitude da limitação que sobre a Administração impende (em que desde logo se inclui o elemento "*gestão normal*"), é inversamente proporcional à possibilidade de intervenção atempada da

---

tratando-se de "*actos de gestão corrente*" FERNANDES/LABAREDA (2005, 156) entendem que este conceito deve ser entendido como "*administração ordinária*", criticando, contudo, o adjectivo utilizado pelo legislador e preferindo este último. Contudo, deve salientar-se que, mais do que propriamente a designação dos conceitos (gestão normal *versus* gestão corrente), interessa é o respectivo conteúdo, v. a propósito ANTAS *et alii* (1992, 217-nota 2), que usam no seu texto indiferentemente os conceitos de gestão ordinária e corrente (v. páginas 217s).

[303] Assim também DUARTE (1998, 174).

[304] Efectivamente, os trabalhos para a reforma do CSC correram paredes meias na CMVM com os trabalhos de transposição da DirOPA, sendo aliás tratados no âmbito do mesmo Departamento (Departamento de Supervisão da Informação Financeira e Operações) e supervisionados pelo mesmo Director (Mestre Paulo Câmara).

Assembleia Geral; isto é, quanto mais rapidamente esta puder intervir, menos premente se torna que a Administração possa livremente actuar[305]. No entanto, mesmo perante um tal encurtamento dos prazos, duvidosamente um conceito estrito de gestão corrente permitirá um ponto de equilíbrio na tensão entre a eficiência do mercado mobiliário e a eficiência da condução da vida da sociedade, sendo de inquirir se o legislador não terá ido mais além. Efectivamente, se a gestão corrente cabe na gestão normal, o inverso poderá não ser verdade[306].

Vejamos, então, o que se poderá entender por gestão normal.

60. Gestão normal e alta direcção

Pela negativa, gestão normal não corresponderá à gestão de assuntos da chamada alta direcção da sociedade[307]. Trata-se do tipo de assuntos que se assume estruturante para a sociedade em causa e que decisivamente marca o seu futuro. É em especial o campo de adopção de decisões-quadro relativamente à estratégia da sociedade[308], susceptíveis e requerentes de posterior concretização ao nível mais operacional (ao nível da comissão executiva/administradores delegados, quadros superiores e assim sucessivamente). Trata-se aqui também por vezes de decisões tão fundamentais (*grundsätzliche Massnahmen*, em oposição às medidas de administração dos negócios sociais, as *Geschäftsführungsmassnahmen*) que se chega a apontar uma competência residual dos sócios em determinadas matérias; por exemplo, como se decidiu em *Holzmüller*, a decisão de alienar todos os seus activos fundamentais a uma outra entidade[309].

---

[305] Assim, é também menor a necessidade de reconhecer determinadas válvulas de escape, nomeadamente na iminência da insolvência da sociedade. Para a situação antes da transposição da DirOPA v. GUINÉ (2005, 31).

[306] No mesmo sentido v. DUARTE (1998, 174) e BAYER (2002, 616). Para algumas posições sobre o conceito de gestão normal na doutrina italiana, levantando algumas das hipóteses de densificação infra, v. MARTINS (1998, 22s-nota 34).

[307] Sobre o conteúdo da alta direcção v. ABREU (2006-i, 38) e FLEISCHER (2003, 4s). V. também ALVES *et alii* (2006, 143).

[308] Salientam especialmente a importância da definição e acompanhamento da estratégia da sociedade pela Administração, que pode até passar pela criação de uma Comissão de Estratégia, ALVES *et alii* (2006, 143, 150).

[309] V. o caso emblemático *Holzmüller*, tendo o Tribunal Federal (*Bundesgerichtshof*) mais recentemente vindo a especificar o seu âmbito em *Gelatine*, podendo ver-se sobre

61. Gestão normal e conservação/impacto patrimonial

Pela positiva, uma primeira hipótese seria reconduzir à gestão normal a actuação da Administração dirigida à conservação do património social. Como é sabido, é nestes moldes que o conceito de (mera) administração é tomado por regra no Direito Civil, uma vez que tal actividade nesse âmbito não visa essencialmente o lucro, tendo antes um fim de manutenção do património[310]. Mas o seu sentido é ou pode ser diverso noutros ramos do Direito[311] e consoante as circunstâncias. Assim, quando estejamos perante uma situação em que existe uma gestão de um património de terceiros, gestão essa cujo escopo seja lucrativo, não parece que um tal conceito seja o bastante. Assim sucederá, por exemplo, quanto à actividade do gestor no âmbito de uma relação jurídica de gestão de uma carteira de valores mobiliários, em que a entidade gestora tem como móbil legal a valorização da carteira (ar. 335.°/1-a) do CVM). Igualmente assim deverá ser quanto à administração de sociedades, cujo móbil é, por imperativo legal, a rentabilização da mesma (arts. 980.° do CC e 64.°/1-b) do CSC), o que envolve, desde logo, normalmente a prática de actos dispositivos[312]. Temos, portanto, no Direito Societário e Mobiliário um conceito próprio de gestão, uma vez que a sociedade, instrumento para o exercício empresarial, pressupõe uma consideração dinâmica, antes que estática de

---

a evolução da jurisprudência de um caso para o outro FUHRMANN (2004). Para a sua fundamentação, entre nós e além do argumento substancial ligado à importância fundamental da decisão para os sócios, veja-se a porta aberta pelo legislador no art. 373.°/2 *in fine* do CSC, podendo ver-se em sentido afirmativo ANTUNES (1994, 123ss) e, falando em competências *ex bona fide* da Assembleia Geral, CORDEIRO (2007-i, 135ss); em sentido contrário (designadamente por assim se incutir uma nota de grande indeterminação na repartição da competência entre os órgãos sociais) v. MAIA (2002, 165ss em nota). Para uma perspectiva destas questões do outro lado do Atlântico, tendo em conta que as leis estaduais geralmente requerem uma deliberação da Assembleia Geral para a venda de todos ou substancialmente todos os activos da sociedade (v.g. o §271(a) do *Delaware General Corporation Code*), v. por todos GEVURTZ (2000, 661ss).

[310] V. PINTO (2005, 407).

[311] Não se bastando com uma noção do tipo conservatório v. ASCENSÃO (2000, 447) ou MARTINS (1998, 22). Para o específico caso de que se cura v. DUARTE (1998, 172).

[312] V. MARTINS (1998, 22) e CANDEIAS (2000, 277), este último com um interessante exemplo. Para o âmbito da gestão de carteiras que há pouco se referia, igualmente se contém entre os poderes normais da entidade gestora a prática de actos dispositivos sobre os valores que compõem a carteira – v. GUINÉ (2008, 171-nota 73).

administração. É uma actividade *"activa, agressiva"*[313] e de escopo naturalmente muito lato; veja-se, desde logo, a amplitude conferida à Administração nos termos do art. 406.° (proémio e várias alíneas) do CSC.[314]

Deve ser a partir desse conceito próprio de gestão que se há-de cunhar o mais restrito de gestão normal e não a partir da sua noção civilística. Mas diga-se também que, se muito do que é gestão normal para efeitos societários ou mobiliários não o será necessariamente para outros efeitos, igualmente o contrário se poderá verificar. Por exemplo, imagine-se que a Administração pretende que a visada dê de locação as suas jóias da coroa por um período de seis anos. Neste caso, apesar do disposto no art. 1024.°/1 do CC, não parece que se trate de um acto de gestão normal para os efeitos do art.182.°/1 do CVM.

Uma perspectiva diversa, mas inspirada ainda de certa forma na precedente, permitiria distinguir entre actuação normal e extraordinária em atenção ao impacto patrimonial dessa mesma actuação[315]. Assim, por exemplo, a celebração de um contrato de montante bastante elevado atendendo ao balanço da sociedade dificilmente poderia ser visto como correspondendo a uma decisão de gestão normal, o que por regra parece ter sentido.

Mas imaginemos que a actividade da sociedade tem vindo desenvolver-se através da celebração muito repetida de contratos com valor elevado semelhante – mereceria a mesma qualificação em todos esses casos?

Por outro lado, tanto este critério como a hipótese (civilística) anterior colocam um problema particular. É que sucede que no art. 182.°/ /1-2.ª-parte do CVM já existe um critério autónomo de *"alteração patrimonial relevante"*, sendo que não é crível que o legislador tenha pretendido repetir no segundo (por outras palavras) o teor do primeiro. *Ubi lex distinguit, nos distinguere debemus*, sobretudo quando haja uma razão substancial subjacente.

---

[313] Na expressão de JCSᴉʟᴠᴀ (2001-i, 113).

[314] Entre o conceito de gestão ordinária para efeitos do Direito Civil e tal conceito para efeitos do Direito Societário e Mobiliário poderemos, a meu ver, encaixar o mesmo conceito mas para efeitos da lei da insolvência – art. 226.°/2-a) do Código da Insolvência e Recuperação de Empresas –, sendo assim mais amplo do que no Direito Civil e mais restrito do que no Direito Societário e Mobiliário (diversamente, equiparando-o ao conceito civil, v. Fᴇʀɴᴀɴᴅᴇs/Lᴀʙᴀʀᴇᴅᴀ (2005, 156)).

62. Gestão normal e objecto social

Outra hipótese seria ir buscar o conceito de gestão normal ao objecto social[316]. Assim, por exemplo, para uma sociedade gestora de participações sociais a gestão de participações sociais (art. 1.º/1 do DL n.º 495/88, de 30 de Dezembro), para uma sociedade de locação financeira a celebração de contratos de locação financeira (art. 1.º/1 do DL n.º 72/95, de 15 de Abril) ou para uma sociedade de titularização de créditos a aquisição de uma carteira de créditos para titularização (art. 39.º do DL n.º 453/99, de 5 de Novembro) seriam reconduzíveis à gestão normal de cada uma dessas sociedades.

No entanto, basta apurar um pouco os exemplos para concluir pela insuficiência deste critério. Assim, imagine-se que a primeira sociedade tem uma participação muito significativa numa sociedade visada, devendo a Assembleia Geral desta decidir sobre uma modificação estatutária a que um oferente sujeitou uma OPA[317]? Ou que a sociedade de locação financeira pretende celebrar um contrato de locação financeira que obrigue a decuplicar os fundos próprios exigíveis[318]? E quanto à sociedade de titularização de créditos, relativamente à qual, cada uma das transacções é quase invariavelmente de muito grande envergadura?[319].

---

[315] V. a propósito VIANDIER (1991, 215) e DUARTE (1998, 174).

[316] V. CARDENAS SMITH (1993, 132). Outra hipótese seria recorrer ao "*próprio comércio da sociedade*" (art. 397.º/5 do CSC); criticamente quanto a esse recurso v. FIGUEIREDO (2005, 568).

[317] O exemplo mais evidente de uma tal situação entre nós foi a recente OPA sobre a PT, em que a oferente sujeitou a oferta à revogação das limitações estatuárias ao exercício do direito de voto e cuja não "desblindagem" implicou a verificação da condição resolutiva que o oferente havia sujeitado a oferta. V. a propósito o Comunicado da PT de 2 de Março de 2007.

[318] Como é sabido, as sociedades de locação financeira são instituições de crédito (arts. 1.º/1 do citado DL n.º 72/95, de 15 de Abril, e 3.º-g) do Regime Geral das Instituições de Crédito e Sociedades Financeiras), estando obrigadas a manter determinado rácio de fundos próprios (v. art. 96.º desse Regime Geral).

[319] Pode conferir-se o volume das transacções que têm sido praticadas em Portugal consultando as contas das sociedades de titularização de créditos disponíveis no site da CMVM (*http://web3.cmvm.pt/sdi2004/titularizacao/pesquisa_stc.cfm*). Facilmente se concluirá que, por regra, cada operação corresponde pelo menos a algumas centenas de milhões de euros.

Depois, o critério do objecto social igualmente se torna problemático devido à grande amplitude que, na prática, pode assumir. Por um lado, poderá implicitamente compreender uma panóplia muito grande de actividades, acessórias do objecto e, por outro, há-de notar-se a amplitude que muitas vezes lhe é dado estatutariamente, especialmente naquelas sociedades que não vêem o seu objecto legalmente restringido[320]. A ampliação do âmbito do objecto é inversamente proporcional à prestabilidade desse mesmo objecto como critério para um conceito de gestão normal. Por fim, cabe notar que nos termos do art. 6.°/4 do CSC, sobre os administradores de uma sociedade impende nada menos do que um dever de não exceder o objecto social contratual ou deliberativamente fixado.[321]

63. Gestão normal e comparabilidade

Outro critério pensável seria um critério de tom comparativo, por referência a outras sociedades em identidade de circunstâncias; seria de gestão normal aquele acto que fosse comummente adoptado por outras sociedades em circunstâncias similares[322]. Assim, por exemplo, olhando-se para um mesmo sector de actividade, nota-se que o *boom* asiático, com grande impacto na indústria têxtil, levou a um grande esforço de modernização e reorientação do produto de uma parte importante da indústria portuguesa, para fazer face à "ameaça". Olhando-se trans-sectorialmente, para a dimensão das sociedades e dos respectivos grupos, nota-se também que a partir de certa dimensão começa a ser comum, mesmo em Portugal, a instituição de planos complementares de reforma para os trabalhadores ou uma mais alargada "responsabilidade social". Etc.

---

[320] Veja-se o seguinte exemplo: *"Constitui objecto da sociedade: actividade publicitária e de marketing, oferta de soluções integradas online e offline de comunicação, planeamento estratégico, publicidade, publicidade promocional, marketing promocional, planeamento e compra de media, organização de eventos, design, desenvolvimento e edição de conteúdos, estudos de mercado, gestão de promoções, produção de filmes 2D e 3D, marketing relacional, gestão de base de dados, criação, desenvolvimeno e manutenção de websites, banners, pop-up's, product placement e desenvolvimento de interfaces, e no exercício de todas as actividades e serviços conexos com os mesmos."*

[321] V. a propósito DUARTE (1998, 170s-nota 360).

[322] Noutro âmbito GEVURTZ (2000, 184) também chama a atenção para a *"customary business practice"*.

Esta tese também parece ser insuficiente. Uma actuação que repetidamente se verifique em sociedades nas mesmas circunstâncias poderá muito bem, no entanto, ser extraordinária para cada uma delas. Assim, se em momento de crise há uma necessidade excepcional de modernização, ainda que seja comum a todas elas essa necessidade, não obstante a resposta poderá muito bem ser um esforço extraordinário relativamente a cada uma delas. Por outro lado, cada vez mais as sociedades se distinguem pelo valor acrescentado que elas próprias conseguem produzir, pela sua individualidade, pelo que a normalidade de uma poderá corresponder a algo extraordinário para as demais[323].

64. Gestão normal e estratégia social

Outra possibilidade atém-se com a remissão do acto para a estratégia anteriormente delineada pela sociedade. Esta é, por exemplo, uma nota muito importante no âmbito jurisprudencial norte-americano, basta atentar nos casos *Unocal* e *Time*, e igualmente o Projecto Governamental para uma Lei das OPAs alemã (*Regierungsentwurf eines Übernahmegesetzes*), na justificação do proposto §33 e que serve, em boa medida, de guia interpretativo para a actual WpÜG, lhe fazia referência ("*Unternehmensstrategien*")[324]. Por estratégia entendo o plano de acção determinado pelos órgãos societariamente competentes para desenvolver e ajustar competitivamente a actuação da sociedade no mercado[325]. Um acto de gestão nor-

---

[323] Assim também HOPT (2000, 1392), DUARTE (1998, 175) e, com muito interesse, v. FIGUEIREDO (2005, 571). Como nota PORTER (2000, 3): "*A company can outperform rivals only if it can establish a difference that it can preserve*".

[324] V. designadamente DRYGALA (2001, 1866), BAYER (2002, 616), HARBARTH/WINTER (2002, 5), SCHNEIDER (2002, 128s) e KRAUSE/PÖTZSCH (2005, 1052-§148).

[325] Já assim em GUINÉ (2005, 30). Nesta sede, e em particular para o cerne do conceito de estratégia, não posso deixar de salientar o interessantíssimo artigo de PORTER (2000), intitulado justamente *What is Strategy?*, em que o autor define estratégia como sendo a criação de uma posição idiossincrática e valiosa no mercado, a partir da interconexão adequada das várias actividades de uma empresa e que implica um processo de escolha quanto ao âmbito de actuação da mesma. O conceito de estratégia supra é naturalmente mais amplo, mas não parece que o seu cerne deva ser outro que não o delineado por este último autor.

mal seria, assim, um acto de execução dessa estratégia. Uma interpretação deste tipo tem a vantagem de focar uma sociedade concreta, tendo em conta que actualmente as empresas cada vez mais sobressaem pela sua individualidade; o que é normal para uma pode não o ser para outra. É sobre uma sociedade específica que a OPA foi lançada e não sobre uma parte intercambiável de um todo. Há-de ser uma estratégia assente, por um lado, objectivamente através de operações já concretizadas em execução dessa estratégia[326]. Por outro, há-de ser documentalmente comprovável[327], *maxime* através de minutas das actas das deliberações relevantes e documentos sociais do conhecimento público, como sejam os relatório e contas ou, por exemplo, comunicados ao mercado, nos termos do art. 248.º do CVM. É discutível se deverão bastar factos ou documentos anteriores que não sejam do conhecimento público, em atenção à protecção das expectativas de oferente e accionistas. A necessidade de prévio assento dessa estratégia é inversamente proporcional à importância do acto em causa. Por fim, deve exigir-se uma estratégia concreta, e não uma orientação demasiado vaga, como seja simplesmente adquirir quaisquer outras sociedades ou diversificar as suas actividades[328]. Esta ideia de estratégia anteriormente assente (factica e documentalmente) parece, aliás, consentânea com o racional subjacente ao disposto no novo art. 182.º/2-c) do CVM, nos termos do qual se atribui relevância a um enquadramento decisional anterior, na medida em que já tenha sido, pelo menos parcialmente, levado à prática.

Nesta acepção, seriam extraordinários todos aqueles actos descontínuos face à estratégia anteriormente delineada. Mereceriam tal qualificação actos revelando modificações estratégicas, tal como também a concretização de oportunidades de negócio esporádicas – por exemplo, se a sociedade tem vindo a gerir com estabilidade, numa óptica de permanência a sua carteira de participações e de repente surge uma OPA sobre uma das participadas e a Administração decide alienar para concretizar

---

[326] V. Krause/Pötzsch (2005, 1053-§149).

[327] Salientam a importância da documentação da estratégia Krause (2002-i, 712), Harbarth/Winter (2002,7), Hirte (2003, 960-§70) e Krause/Pötzsch (2005, 1053-§149). Sobre o tema documental v. igualmente a *Comunicazione Consob n.º DIS/99085578* (19 de Novembro de 1999).

[328] V. Harbarth/Winter (2002,7), e Krause/Pötzsch (2005, 1053-§149).

uma importante mais-valia[329]. Igualmente mereceria o mesmo juízo uma sociedade que tivesse vindo a seguir uma política de contenção de custos sociais e de repente a Administração decidisse reforçar fortemente as prestações sociais aos seus colaboradores e respectivas famílias.

Agora, é bem de reconhecer que ainda que um acto seja estrategicamente enquadrável, poderá ainda assim assumir-se como extraordinário. Isto é, apesar de muitos actos em execução de uma estratégia poderem ser qualificados como normais, outros, ainda que em sua execução, poderão não merecer essa qualificação. Imagine-se que a estratégia assente de uma sociedade é um rápido crescimento através da aquisição de outras sociedades. Muito provavelmente poder-se-á dizer que a décima aquisição no espaço de 3 anos de uma sociedade com a dimensão das anteriores se assume como normal[330]. Agora, dificilmente merecerá essa qualificação se essa décima aquisição implicar um investimento igual ao somatório de todas as precedentes aquisições. Para um caso real, veja-se o caso *Time*, em que efectivamente existia uma estratégia documentalmente assente, mas em que em última análise estava em causa uma fusão entre duas sociedades com uma capitalização bolsista da ordem dos 10 biliões de dólares cada.

65. **Gestão normal. Conclusão**

Tudo ponderado, nenhum dos critérios avançados parece em si mesmo ser suficiente, sendo sempre possível configurar situações que, apesar de cumprirem estritamente o critério, não se adequam à recondução a um padrão de normalidade de gestão.

Tendo em conta que é sobre uma sociedade concreta, com determinadas características e inserção contextual que a OPA é lançada, parece-me que há que perguntar essencialmente se, ponderadas as diversas circunstâncias, é ou não extraordinária para a sociedade visada determinada actuação, se pode ou não esperar-se que a sociedade visada actue desse modo.

---

[329] Para um caso real, qualificando tal acto como de gestão extraordinária, v. JCSILVA (2001-i, 114s),

[330] V. a propósito SCHWENNICKE (2002, 484-§31), HARBARTH/WINTER (2002, 6), SCHNEIDER (2002, 129) e KRAUSE/PÖTZSCH (2005, 1052-§148).

Tendo em conta o que foi dito supra, parece-me que poderá ter sentido pensar o conceito de gestão normal em termos móveis, como um tipo aberto[331]. Portanto, um tipo que apresenta certos elementos, cuja importância relativa é variável consoante o caso concreto, podendo num caso alguns deles assumir uma maior importância e noutros outros deles, ou eventualmente num caso concreto poderem nem estar presentes todos os elementos ou estar apenas um só, importando sobretudo a imagem que do caso concreto, ponderados os elementos em presença, o intérprete possa concluir. Os elementos que se divisaram supra em texto, sem prejuízo de outros que pertinentemente igualmente possam ser avançados, foram (i) o impacto patrimonial do acto; (ii) o objecto social; (iii) a comparação com outra sociedades em igualdade de circunstâncias; e (iv) a estratégia da sociedade (assente objectiva e documentalmente). Saliento, no entanto, que este último elemento me parece ser especialmente importante, conforme já se pôde depreender da extensão com que foi tratado.

Vejamos um exemplo concreto[332]. Durante a OPA sobre o BPI a Administração pretendeu implementar um plano agressivo de expansão do número de balcões, abrindo oitenta novos balcões. Na sequência de con-

---

[331] Para uma conclusão similar, ainda que referindo-se ao conceito de gestão corrente (que parifica contudo ao de gestão ordinária) e referindo os factores "*da importância, da finalidade e da excepcionalidade*" do acto como os elementos a tomar em conta nesse conceito, v. FIGUEIREDO (2005, 571s), enquanto que FLEISCHER (2003, 5) nota, por exemplo, que a própria noção de administração somente pode ser tipologicamente compreendida. Sobre o sistema móvel em que um pensamento tipológico assenta v. CANARIS (1989, 127ss) e, com muito interesse, a propósito da noção de estabelecimento comercial, CARVALHO (1967, 819ss, 835ss), podendo ver-se mais brevemente, a propósito da noção de contrato de distribuição comercial, MONTEIRO (2002, 71ss). Recorde-se também a referência inicial às *tender offers* no panorama norte-americano, em que igualmente é tipológica a perspectiva de qualificação.

[332] Outro caso interessante sucedeu a propósito da OPA lançada sobre a Sport Lisboa e Benfica – Futebol, SAD em Maio de 2007. A OPA desenvolveu-se em pleno "defeso" e questionou-se se a OPA, na ausência de uma deliberação da Assembleia Geral, impediria a transacção dos direitos daquela sociedade relativamente ao jogador Simão Sabrosa (no valor de cerca de €20.000.000). V. a propósito a notícia da página 25 do Jornal de Negócios de 19 de Junho de 2007 (OPA de Berardo coloca em causa transferências de jogadores). Pena é que COLAÇO (2008), na sua obra sobre OPAs nas sociedades anónimas desportivas e e com um capítulo específico sobre essa OPA em particular, não se tenha referido a esta situação, que foi provavelmente a mais interessante no âmbito daquela OPA.

versações com a CMVM, o BPI divulgou depois o Comunicado de 30 de Novembro de 2006, comprometendo-se a, salvo se especificamente autorizado pela Assembleia Geral, não abrir mais do que vinte novos balcões nem assumir compromissos financeiros extravasando esse número na pendência da OPA.

Deixando de lado os restantes dois elementos da proibição e atentando nos elementos publicamente disponíveis, vejamos se a abertura dos tais oitenta balcões seria reconduzível à gestão normal do BPI.

Começa-se por notar que nos termos do artigo 3.º/1 dos respectivos estatutos: "*O objecto da sociedade é o exercício da actividade bancária, incluindo todas as operações acessórias, conexas ou similares compatíveis com essa actividade e permitidas por lei.*" Aquela abertura era acessória ao exercício da actividade bancária, que constitui o objecto social do BPI.

Tendo em conta a extensão da medida, parece que se tratava de uma medida que poderia ter um impacto patrimonial com algum significado, atendendo a que, de acordo com o seu relatório e contas relativo ao ano de 2005 (página 24), o BPI tinha, em final de 2005, cerca de seiscentos postos de atendimento ao público abertos, sendo que estaria em causa um aumento de cerca de 13% da rede de balcões[333].

Numa perspectiva comparada, atendendo aos seus principais concorrentes (BCP, Banco Espírito Santo, S.A. ("BES"), Banco Santander Totta, S.A. ("BST"), e Caixa Geral de Depósitos, S.A. ("CGD")) e tendo em conta os respectivos relatório e contas relativos ao ano de 2006, parece também que a abertura de oitenta novos balcões seria uma circunstância relativamente anormal. Os mais activos durante esse período foram o BST e a CGD, ambos tenentes de um maior número de balcões do que o BPI, que abriram respectivamente 36 e 18 novos balcões em Portugal durante o ano de 2006 (v. páginas 34 e 67 respectivamente).

Finalmente, a dimensão daquela actuação não parecia corresponder a uma estratégia previamente assente e consolidada do banco. Efectivamente, tendo em conta os relatório e contas relativos aos anos de 2005 e 2004, durante o ano de 2005 o banco tinha aberto 27 novos balcões, enquanto que em 2004 tinha aberto 16 novos balcões (v. páginas 51 e 57).

---

[333] Salienta a importância documental dos relatórios e contas HIRTE (2003, 960-§71).

Da Conduta (Defensiva) da administração "Opada" 169

E acrescente-se que não havia sido comunicada ao mercado informação privilegiada (v. *www.cmvm.pt*) no sentido de uma estratégia mais agressiva.

Tudo ponderado, parece que a abertura de oitenta novos balcões não se enquadrava na normalidade do banco e, portanto, não se deveria considerar como compreendida na sua gestão normal. Diversamente, por exemplo, se o BPI fosse um banco muito jovem, fundado no início do século XXI e que tivesse aberto todos os anos cerca de 100 balcões. Parece-me que nesse caso haveria sobretudo que relevar a estratégia própria do banco para caracterizar a abertura daqueles novos balcões como sendo uma actuação de gestão normal. Mas não era esse o caso.

Agora, em boa verdade, a Administração de uma sociedade visada muito dificilmente deixará de convocar uma Assembleia Geral para obter autorização para a prática do acto nas situações em que se levantem dúvidas[334]. Por outro lado, note-se também que os oferentes geralmente particularizam diversos pressupostos (para efeitos do art. 128.º do CVM), em que incluem uma lista de factos e actos na base dos quais a oferta foi elaborada[335]. Pelo que a Administração, mesmo que não tenha muitas dúvidas, dificilmente incorrerá num tal facto ou acto sem recorrer previamente à Assembleia Geral.

---

[334] Assim também é a sugestão de SCHWENNICKE (2002, 490-§44).

[335] V. n.º 11s, n.º 14s, páginas 21ss respectivamente do Anúncio Preliminar (PT) de 6 de Fevereiro de 2006, Anúncio do Lançamento (PT) de 12 de Janeiro de 2007 e Prospecto (PT) de 12 de Janeiro de 2007, n.º 9s, n.º 12s, páginas 10ss respectivamente do Anúncio Preliminar (PTM) de 7 de Fevereiro de 2006, Anúncio do Lançamento (PTM) de 12 de Janeiro de 2007 e Prospecto (PTM) de 12 de Janeiro de 2007, e n.º11s, n.º 11s e página 23ss respectivamente do Anúncio Preliminar (BPI) de 13 de Fevereiro de 2006, Anúncio do Lançamento (BPI) de 5 de Abril de 2007 e Prospecto (BPI) de 5 de Abril de 2007. Sobre a modificação da oferta por alteração superveniente das circunstâncias v. PCSILVA (2003, 128ss), chamando a atenção para que dificilmente a adopção de medidas defensivas na pendência de uma OPA deverá ser tida como imprevisível; em especial por adopção de medidas defensivas subsequentes, no âmbito do anterior Código, v. DUARTE (1998, 286ss).

170 Orlando Vogler Guiné

66. Gestão normal e a Directiva das OPAs

Dos três requisitos arvorados pelo legislador, parece-me ser este o mais paradigmático. Se na pendência da OPA a Administração não deve praticar certos actos, igualmente não se desliga do positivo dever de administrar a sociedade, o que não pode deixar de ser assim e para o que não pode deixar a Administração de estar habilitada. E somente dessa forma se prosseguem da melhor maneira os interesses dos accionistas[336]. Note-se que, por força de circunstâncias exógenas e/ou ligadas ao oferente, pode também a oferta acabar por não ter sucesso, v.g. por não se preencherem as condições a que o oferente havia subordinado a oferta (mas v. art. 124.°/3 do CVM), por o oferente revogar a oferta nos termos do art. 130.°/1 do CVM ou por não terem sido obtidas as necessárias autorizações regulatórias[337]. Nestas situações os accionistas deixarão de poder concretizar uma mais-valia e terão de se conformar com a manutenção da participação social (e a possibilidade de alienação da mesma em mercado secundário, fora do contexto daquela OPA), pelo que se justifica que a sociedade não seja desmedidamente paralisada na sua actividade. Por outro lado, doutra forma de alienantes voluntários (e, portanto, com a força negocial imanente a tal voluntariedade) os accionistas poderiam ver-se transformados em alienantes coagidos por força das circunstâncias, na medida em que teriam de alienar para não fazer face às consequências nefastas decorrentes da paralisação da sociedade na pendência da OPA[338].

Foi este o conceito basilar que o legislador português já no art. 575.°/1 do CMVM' encontrou, analogamente ao legislador espanhol de então no art. 14.°/1 do entretanto revogado *Real Decreto 1197/1991*, de 26 de Julho (*"actividade ordinaria"*), para construir uma ponte entre o Direito das Sociedades, que rege habitualmente a administração de uma sociedade, e

---

[336] V. a propósito VELLA (2002, 887). E igualmente do oferente, aliás, que doutra forma poderia sujeitar-se a adquirir uma sociedade empresarialmente desvalorizada por motivo da paralisação da sociedade; v. a propósito ANTAS *et alii* (1992, 217s).

[337] Nesta sede é interessante a sugestão de LIPTON (2002, 1062s), de o oferente dever ser obrigado a indemnizar a visada, por exemplo no montante de 5% do valor da *tender offer*, para o caso de a mesma se vir a frustrar por razões regulatórias.

[338] Um pouco à semelhança do chamado dilema do prisioneiro, sendo que agora o elemento coactivo não estaria na submissão a uma nova maioria de controlo, mas nas consequências negativas para a sociedade decorrentes da limitação da Administração; assim também MAIER-REIMER (2001, 266) e SCHWENNICKE (2002, 490-§45).

o Direito do Mercado de Capitais, preocupado em garantir aos investidores a possibilidade de realização de mais-valias, apontando-se também a OPA como um instituto jurídico de fronteira entre um e outro Direito[339].

Todavia, o requisito de não correspondência a um acto de gestão normal não vem expressamente mencionado no art. 9.º/2§1 da DirOPA[340]. Não obstante, parece-me que andou bem o legislador em mantê-lo. Por um lado, poder-se-ia procurar avançar com um argumento por maioria de razão, em modos similares ao referido supra a propósito do requisito da alteração patrimonial relevante: se Portugal poderia muito bem ter optado por estabelecer como regra geral a não sujeição à regra de não frustração, poderia muito bem, ao invés, estabelecer requisitos suplementares a uma tal regra[341]. Por outro, julgo que uma devida interpretação da DirOPA, se não o impõe, pelo menos assim o permite.

Por um lado, o resultado alcançado pelo legislador português identifica-se com o desígnio do legislador comunitário, que afirma no Considerando 16 da DirOPA que *"para evitar operações que possam comprometer o êxito de uma oferta, deverão ser limitados os poderes do órgão de administração de uma sociedade visada em relação a certas operações de carácter excepcional, sem impedir indevidamente a sociedade visada de prosseguir o curso normal das suas actividades."* Esse desígnio já havia sido expresso em termos similares pela Comissão Europeia na sua Proposta de directiva do Parlamento Europeu e do Conselho relativa às ofertas públicas de aquisição (COM/2002/0534 final), em que sublinhava que: *"A directiva não define as medidas susceptíveis de comprometerem o êxito de uma oferta. Trata-se em geral de diversas operações que não são realizadas no quadro normal das actividades da empresa ou que não estão*

---

[339] Como já notava JNPEREIRA (1991, 66); sobre o tema v. MÜLBERT (2001) e MERKT (2003, 133s) e também KRAUSE/PÖTZSCH (2005, 1004ss-§§46ss), estes últimos sobre o §33 da WpÜG se dever incluir num ou noutro desses ramos de Direito. KIRCHNER (2000, 1823) aponta o Direito do Mercado de Capitais (*Kapitalmarktrecht*) como Direito especial face ao Direito das Sociedades (*Gesellschaftsrecht*).

[340] Diversamente na proposta inicial de PENNINGTON (1974, Appendix-31) – v. art. 22.º-(b). Criticamente sobre a não inclusão de uma tal ressalva v. KIRCHNER (2000, 1828), com fundamento na necessidade de não paralisar a administração da sociedade.

[341] V. o §11 do Relatório Final da Consulta Pública n.º 11/2005 sobre o Anteprojecto de diploma de transposição da Directiva das OPA. A este argumento poder-se-á, contudo, apontar que a DirOPA, mal ou bem, não permitiria uma tal via intermédia.

em conformidade com as práticas habituais do mercado." (Sublinhados meus em ambos os casos)

E também o art. 3.°/1-f) da DirOPA participa de um mesmo racional do Considerando 16, ao prever, por um princípio do razoável, uma limitação temporal para as limitações impendentes sobre a sociedade (no mesmo sentido se podendo ver o princípio geral n.° 6 do City Code e o §3(4)-2.ª-frase da WpÜG). Ora, a não obstaculização do curso normal da sociedade deve conjugar duas vertentes – que a Administração da sociedade não fique demasiadamente limitada no decurso da oferta e que essa limitação não se prolongue por demasiado tempo. Quanto maior for esse período temporal (que já vimos pode ser bastante grande), menor deverá ser a limitação de actuação[342].

Depois no art. 9.°/3 da DirOPA faz-se referência ao *"quadro normal das actividades da sociedade"*, estabelecendo que somente nesses casos as decisões da Administração tomadas previamente ao período de limitação ainda não parcial ou totalmente executadas deverão ser aprovadas pela Assembleia Geral. Ora, a larga maioria dos legisladores optou, como se referiu, por transpor este artigo tendencialmente como ali textualmente previsto.

Mas o que prejudica o sucesso da oferta é a execução da decisão, antes que a decisão em si mesma; pelo que não faz sentido distinguir-se neste n.° 3 entre actos que prejudiquem a oferta que se insiram dentro do quadro normal de actividades e actos que prejudiquem a oferta e aí não se insiram, e não o fazer no n.° 2-§1. Há uma antinomia que deve resolver-se ou desconsiderando essa nota no n.° 3 ou considerando um requisito suplementar no n.° 2-§1, sendo que faz todo o sentido essa consideração suplementar neste número[343].

Como o nosso andou, e bem, o legislador alemão[344], que, relativamente às sociedades cujos accionistas estatutariamente tenham previsto a sujeição a uma regra de não frustração, estabeleceu que as limitações não valem quanto a *"Handlungen innerhalb des normalen Geschäftsbetriebs"* (§33a(2).2), conceito, aliás, já na boa tradição alemã dos arts. 19.°§2 do

---

[342] Embora também seja de reconhecer, conforme já referido, que quanto mais expedita puder ser a intervenção da Assembleia Geral, menos se justifica que a Administração possa actuar sem limitações.

[343] No mesmo sentido para o Direito espanhol, sugestão que todavia o legislador não acolheu, v. GUERRA MARTÍN (2006, 173s). Contudo, poderá dizer-se que o legislador se exprimiu desse modo no n.° 1 justamente porque essa era a sua intenção, diversamente de como se exprimiu no n.° 3. E *ubi lex non distinguit, nec nos distinguere debemus.* Simplesmente essa não é a hipótese mais razoável.

[344] Contra v. HEISER/SEIBT (2006, 311).

Código das OPAs (*Übernahmekodex*) e 3.7-§2 do *Corporate Governance Kodex*. Igualmente o legislador irlandês tomou uma opção semelhante na secção 5(1)(a) do *Statutory Instrument No. 255* (2006).

Em conclusão, a solução mantida pelo legislador português corresponde com coerência aos desígnios do legislador comunitário. Adicionalmente e pelo mesmo motivo, há-que reconhecer substracto substancial à presunção de acerto do nosso legislador, decorrente do art. 9.°/3 do CC.

67. Objectivos do oferente

O terceiro elemento do *Tatbestand* é que o acto possa afectar de modo significativo os objectivos do oferente. Não será relevante uma actuação que somente residual ou marginalmente afecte os objectivos do oferente, nos dizeres do art. 9.°/2§1 da DirOPA, essa não será uma "*acção susceptível de conduzir à frustração da oferta*". Mas atente-se que a letra da norma nacional, bem como da comunitária, é clara em exigir somente uma pontencialidade de afectação desses objectivos e não uma efectiva afectação dos mesmos[345].

Conforme já explicado noutro lado, o objecto primordial de uma OPA são as acções da sociedade e o objectivo do oferente será a obtenção do domínio sobre a mesma e a gestão da sociedade. Agora, esse objectivo será obviamente motivado pelo facto de a sociedade deter certos activos no seu património que o oferente pretenderá controlar e gerir. O oferente tem directamente interesse na disposição e gestão de determinados activos sociais, mas indirectamente tem interesse em que a aquisição de controlo decorra o mais eficientemente possível. Os objectivos do oferente poderão correspondentemente ser afectados em qualquer um daqueles âmbitos, dependendo de a Administração da sociedade visada tomar o que apelido de medidas defensivas directas ou indirectas, os objectivos podendo portanto ser directa ou indirectamente afectados[346]. O art. 575.°/1 do CMVM'

---

[345] No mesmo sentido para o Direito alemão v. KRAUSE/PÖTZSCH (2005, 1020-§84). Note-se que o nosso legislador utilizou o mesmo verbo que utiliza a propósito da cláusula geral de domínio (v. arts. 486.°/1 do CSC e 21.°/1 do CVM), o verbo "poder", salientando--se justamente na doutrina que o domínio se basta com a potencialidade de influência dominante – sobre o tema v. ANTUNES (2002, 454s) ou GUINÉ (2006, 305-nota 39).

[346] Assim já GUINÉ (2005, 33).

174   *Orlando Vogler Guiné*

distinguia em boa medida essas duas realidades, prevendo, ao lado dos "*actos que (…) possam afectar de modo relevante (…) os objectivos e intenções anunciados pelo oferente*", os "*actos que (…) possam afectar de modo relevante o êxito da oferta*".

Em relação à afectação directa dos objectivos do oferente, o oferente pode muito bem perseguir objectivos vários. Nestes casos a infracção grave de um só desses objectivos pode muito bem levar à proibição do acto em causa. Mas igualmente parece pertinente nesses casos que quanto mais abrangente for o leque de objectivos predispostos pelo oferente, maior deverá ser o grau de prejuízo num só deles em ordem a poder-se considerar uma afectação significativa dos objectivos no seu conjunto.

Quanto às medidas que prejudicam indirectamente os objectivos do oferente, todas elas acabam por ser nocivas para o oferente, independentemente dos desideratos concretos tidos em vista pelo oferente com a aquisição. Por isso é da máxima importância, sobretudo nestes casos, a consideração sobre se os objectivos do oferente são assim significativamente afectados[347]. A DirOPA também participa desta ideia, quando refere ser interdita "*qualquer emissão de valores mobiliários susceptível de impedir de forma duradoura que o oferente assuma o controlo da sociedade visada.*" (Sublinhados meus) Mas igualmente quanto a medidas que prejudicam directamente os objectivos tidos em vista pelo oferente deve reflectir-se sobre se tais medidas afectam de forma significativa esses objectivos.

Decorre do art. 182.º/1 do CVM que importam os objectivos anunciados pelo oferente e não (com a ressalva feita no próximo parágrafo) outros deduzidos, presumidos ou mesmo conhecidos pela Administração[348]. Assim decorre, desde logo, da letra da lei: se naquela norma o legislador soube muito bem distinguir entre conhecimento e anúncio (preliminar) da decisão de lançamento de OPA, igualmente saberia distinguir entre objectivos conhecidos e anunciados. Mas igualmente deverão ser estes, e não outros, os tidos por relevantes numa eventual revogação da oferta (art. 130.º do CVM)[349]. Por outro lado, não se deve olvidar a segu-

---

[347] V. também Krause/Pötzsch (2005, 1021-§84).

[348] Já Fragoso (2005, 29ss) não faz aquela ressalva. Relembre-se também a outra ressalva (residual) feita anteriormente – quando o período de limitação se inicie antes da entrega do anúncio preliminar.

[349] Sobre a retirada da oferta por adopção de medidas defensivas subsequentes, no âmbito do CMVM', v. Duarte (1998, 284).

Da Conduta (Defensiva) da administração "Opada"

rança jurídica de que a presente situação é especialmente credora[350] e que muitas vezes, mais do que conhecer verdadeiramente, a Administração da visada poderá julgar conhecer outros objectivos.

Os objectivos anunciados pelo oferente são os objectivos divulgados pelo mesmo no anúncio preliminar (primeiro) e no prospecto (depois), respectivamente nos termos dos arts. 176.°/1-g)[351] e 138.°/1-g) do CVM (e Anexo II/2.8 do Regulamento a CMVM n.° 3/2006). Agora, deverá fazer-se a devida ressalva relativamente aos objectivos indirectos do oferente. É que é certamente um objectivo do oferente que a aquisição do controlo decorra o mais eficiente possível. Mesmo que tal não seja expressamente divulgado na documentação relevante, não se poderá deixar de considerar como um objectivo relevante do oferente para estes efeitos[352]. Diversamente dos objectivos directos, dependentes em boa parte do oferente em concreto, aqui falamos de um objectivo geral e comum em qualquer OPA e que, por isso, não deve carecer da sua concretização na documentação como os objectivos directos.

Um bom exemplo de um acto que, em si mesmo, é incólume aos objectivos do oferente é a alienação de activos que não sejam aqueles em que o oferente está interessado. Relativamente à celebração de contratos pela sociedade visada sujeitos à condição suspensiva do fracasso da OPA, eles poderão contradizer indirectamente os objectivos do oferente, caso os accionistas prefiram assim manter a sua participação, em atenção aos benefícios futuros que esperam advenham desse contrato. No entanto, essa celebração não deve ter-se como abrangida pelo art. 182.°/1 do CVM que estamos a analisar, uma vez que a transacção não se verificará se a OPA tiver sucesso e, portanto, não afectará o objecto indirecto da OPA, enquanto que predispõe uma alternativa aos accionistas, que decidirão vendendo ou mantendo a sua participação, conforme o que entenderem que melhor serve os seus interesses.

---

[350] Salientado por DUARTE (1998, 177) e FRAGOSO (2005, 30).

[351] Que foi uma novidade resultante da transposição da DirOPA. Até então o oferente somente era, nos termos estritos da lei, obrigado a divulgar os seus objectivos no prospecto (e, antes disso, no projecto de prospecto entregue, nos termos do art. 179.°-a) do CVM), o que podia levar a situações de indeterminação dos objectivos do oferente logo após o início da produção dos efeitos limitativos. A doutrina já se havia dado conta da lacuna até então existente – v. GUINÉ (2005, 33-nota 124) e FRAGOSO (2005, 31s).

[352] V. DUARTE (1998, 176s) que, se bem percebo, segue uma interpretação similar sobre esta temática. Salientando a relevância de "objectivos implícitos" em moldes que não acompanho na mesma medida, v. JBPEREIRA (2000, 196).

Deve também ter-se em conta que a prática tem revelado a aposição de diversos pressupostos à OPA na documentação da oferta, conforme já referido. Nestes casos, não poderá deixar de se considerar como significativa afectação dos objectivos do oferente a prática de actos que conformem algum dos factos contrários a tais pressupostos. Obviamente também que a aposição de pressupostos não poderá ser realizada de forma abusiva pelo oferente[353]. A imposição de excessivos e pouco razoáveis pressupostos será, aliás, um forte indício de que a OPA terá sido lançada abusivamente.

E o legislador teve igualmente presente a possibilidade do lançamento abusivo de uma OPA. Efectivamente, dadas as especiais consequências resultantes para a sociedade visada do lançamento de uma OPA, poderá eventualmente suceder que um terceiro, nomeadamente com a certeza de que a OPA irá fracassar, seja pelo preço proposto, seja pela enunciação de determinados pressupostos ou aposição de determinadas condições (mas v. art. 124.º/3 do CVM), lance uma OPA somente com o fito de provocar limitações à Àdministração da sociedade visada. Imagine-se, por exemplo, que oferente e visada são concorrentes em determinado âmbito que requeira expeditamente a prática de actos proibidos nos termos do art. 182.º/1 do CVM. O Direito não poderia pactuar com uma actuação desse tipo. O direito, ou melhor, a liberdade de lançar uma OPA não pode ser abusivamente exercida, de contrário será um exercício ilegítimo[354]. Assim decorre do princípio geral contido no art. 334.º do CC, tendo até o legislador previsto expressamente a responsabilidade do oferente nesses casos no art. 182.º/5 do CVM. Agora, a par da responsabilidade do oferente, deve também ter-se em conta que, se a OPA é efectivamente abusiva, então essa declaração negocial do oferente deve ser considerada insusceptível de produzir os efeitos previstos no art. 182.º/1 do CVM. E deve também a CMVM impedir a OPA (v. arts. 114.º/2, 119.º/1-b) e 131.º/1 do CVM)[355].

---

[353] Deve exigir-se que os pressupostos correspondam a um interesse legítimo do oferente e que não afectem o funcionamento normal do mercado, conforme o disposto no art 124.º/3 do CVM (literalmente) para as condições; v., a propósito da abrangência do termo empregue pelo legislador (mas no âmbito do CMVM') JCSILVA (1999, 230).

[354] V. PEREIRA (2000, 192-nota 38) e SILVA (2001, 79). Para o Direito alemão, v. KRAUSE/PÖTZSCH (2005, 1017-§73). Trata-se justamente da aplicação do instituto do abuso do direito para além dos direitos em sentido técnico, no caso à liberdade de lançamento de OPA.

[355] Assim também DUARTE (1998, 183s), JCSILVA (2001-i, 80) e LEITÃO (2003, 124); no Direito alemão v. HIRTE (2003, 945-§40). Sobre os vários tipos de efeitos que o disposto no art. 334.º do CC pode implicar v. CORDEIRO (2005, 381s).

ÂMBITO

68. Decisões prévias

A alínea c) do art. 182.°/2 do CVM é nova face à redacção inicial do preceito e vem esclarecer que "*a limitação estende-se aos actos de execução de decisões tomadas antes do período ali referido* [no art. 182.°/1] *e que ainda não tenham sido parcial ou totalmente executados.*"

A introdução desta nova alínea vem na sequência da transposição do disposto no art. 9.°/3 da DirOPA, que estipula que: "*No que respeita às decisões que devam ser tomadas antes do início do período previsto no segundo parágrafo do n.° 2 e que não tenham sido ainda parcial ou totalmente aplicadas, a assembleia-geral de accionistas deve aprovar ou confirmar qualquer decisão que não se insira no quadro normal das actividades da sociedade e cuja aplicação seja susceptível de conduzir à frustração da oferta*". Em primeiro lugar, note-se que a versão portuguesa é deficiente na parte em que refere "*decisões que devam ser tomadas antes do início do período…*". Ora, se devem ser tomadas é porque ainda não foram tomadas antes daquele início, o que não tem sentido. Deve antes ler-se, e tendo em conta as versões do texto noutras línguas, "decisões tomadas antes do início do período…"[356]. Por outro lado, é de notar que a DirOPA faz menção à parelha "*aprovar ou confirmar*", o que parece significar que a limitação é aplicável seja a decisões prévias da Administração como da Assembleia Geral; a Assembleia Geral aprova decisões de

---

[356] V.g.: "*As regards decisions taken before the beginning of the period referred to in the second subparagraph of paragraph 2…*"; "*Vor dem in Absatz 2 Unterabsatz 2 genannten Zeitpunkt gefasste Entscheidungen…*"; ou "*Por lo que se refiere a las decisiones adoptadas antes de iniciarse el período contemplado en el segundo párrafo del apartado 2*". Tendo sido tomadas anteriormente, não terão assim sido motivadas pela OPA, como salientam MAUL/MUFFAT-JEANDET (2004-II, 31).

178   *Orlando Vogler Guiné*

outro órgão e confirma as suas próprias decisões. Em comentário à sua Proposta alterada de décima terceira directiva do Conselho em matéria de direito das sociedades relativa às ofertas públicas de aquisição (COM(90) 416 final – SYN 186), a Comissão Europeia referia justamente que *"toda a autorização anterior da Assembleia Geral deverá ser confirmada pelos accionistas no decurso da oferta"*[357], orientação essa que igualmente deverá orientar a interpretação da lei portuguesa. Relativamente à referência ao *"quadro normal das actividades da sociedade"* permito-me remeter para o que se disse no ponto anterior, relativamente ao conceito de gestão normal que lhe corresponde no ordenamento nacional.

A referência, na DirOPA a medidas *"totalmente aplicadas"*, como no CVM a actos *"totalmente executados"* parecem-me redundantes. Assim, o legislador alemão e o austríaco, por exemplo, somente sublinham a circunstância de os actos terem sido parcialmente executados, no §33a(1)/2 da WpÜG e §12(3)-1.ª-frase da *Übernahmegesetz*. Se as decisões já foram executadas em toda a sua extensão, não há mais actos a praticar, pelo que a prática dos mesmos não poderá encontrar-se limitada. Talvez a preocupação do legislador tenha sido esclarecer que os efeitos limitativos não retroagem.

No âmbito da redacção inicial do art. 182.º do CVM já deveria defender-se que a limitação abrangia actos anteriormente decididos (e, portanto, decididos sem uma OPA como pano de fundo) mas ainda não executados[358]. Isto porque, conforme já referido, o que prejudica o ofe-

---

[357] Conforme referência e tradução de VAZ (2000, 91). A favor da interpretação supra (quando a deliberação da Assembleia Geral não tenha previsto expressamente a sua utilização para o caso de sobrevir uma OPA) v. VAZ (2000, 91, 189); contra, no sentido de que se dirige somente a decisões da Administração, v. HOPT *et alii* (2005, 112). Neste último sentido terá sido a leitura dos legisladores austríaco e francês; v. §12(3)-1.ª-frase da *Übernahmegesetz* e art. 233-32/III-§2 do *Code de Commerce*. NABASQUE (2006, 254) entende, com referência a este último Direito, que somente deverão ser abrangidas decisões anteriores da Assembleia-Geral quando exista algum espaço de discricionariedade concedido à Administração.

[358] GUINÉ (2005, 36) e v. também §11 do Relatório Final da Consulta Pública n.º 11/2005 sobre o Anteprojecto de diploma de transposição da Directiva das OPA. Antes da transposição da DirOPA, no sentido de que em geral a Administração pode actuar executivamente v. a *Comunicazione Consob n.º DIS/99085578* (19 de Novembro de 1999) e em sentido contrário PICONE (2000, 363); advogando para os aumentos de capital que as actuações meramente executivas da Administração não se deveriam ter por restringidas v. VELLA (2002, 893).

rente não é a decisão em si mesma, mas antes a prática do acto. E, por outro lado, prejudica-o independentemente de qual o órgão competente para a prática do acto. A novidade face à anterior versão do artigo, e que se retira através de um argumento *a contrario* desta alínea c), é a maior amplitude à actuação da Administração, pois a parte que resta executar pode actualmente ser executada independentemente da proibição dessa execução se esta fosse autonomamente considerada. Não se lançando mão de um tal argumento despe-se na prática a norma nesta parte de sentido útil, o que não me parece que fosse a intenção legislativa (nacional nem a comunitária). O sentido assim concluído participa da ideia de continuidade que informa igualmente o conceito de "gestão normal" há pouco analisado.

O disposto *a contrario* no art. 182.º/2-c) acaba, assim, por corresponder a uma excepção, implícita ou oculta, ao disposto no art. 182.º/1 do CVM. Deverão cumprir-se três requisitos para que a Administração possa actuar ao abrigo desta alínea c): (i) deve existir uma decisão (deliberação) anterior que requeira (expressa ou tacitamente) a prática de determinados actos (não devendo bastar deliberações genéricas a concretizar ainda ao nível deliberativo em momento anterior; de contrário, deixar-se-ia entrar pela janela ao que se quis fechar a porta), (ii) deve a sociedade já ter actuado ao abrigo dessa decisão antes do lançamento da OPA e (iii) o acto que presentemente se pretende tomar deve ser requirido pela deliberação em causa, devidamente interpretada (arts. 236.ºss do CC)[359].

Finalmente cabe notar que *a contrario* o disposto no art. 9.º/3 da DirOPA não permite que sejam praticados actos que não ocasionem uma alteração patrimonial relevante, em execução de decisões que ainda não tenham sido parcialmente executadas, mas que não correspondam à gestão normal, diversamente do que resulta da norma portuguesa. Mas deve notar-se que, na prática, dificilmente haverá medidas defensivas que contrariem substancialmente os objectivos do oferente e que correspondam a actos de gestão anormal mas não impliquem uma alteração patrimonial relevante. Adicionalmente, essa margem de diferença entre uma e outra norma deverá estar a coberto da discricionariedade permitida ao legislador nacional, conforme já antes exposto.

---

[359] Uma deliberação societária é, por regra, um negócio jurídico – v. ABREU (2009, 239), ainda que a propósito das deliberações dos sócios; v. também ASCENSÃO (2002, 371) e CORDEIRO (2007-i, 149ss).

180 *Orlando Vogler Guiné*

69. Grupos

Uma das questões que também se colocam é a repercussão que uma OPA possa ter na administração de outras sociedades da esfera de influência da sociedade visada. Obviamente que os actos de gestão da própria visada com reflexos nas sociedades por si dominadas ou participadas estão abrangidos pelo disposto no art. 182.° do CVM, como sejam deliberações de que tome parte enquanto sócia em alguma participada, a subscrição em aumentos de capital de alguma delas, etc[360]. Mas pergunta-se se, para além disso, outras sociedades que não a visada poderão vir a estar afectadas[361].

O legislador espanhol, por exemplo, resolveu tratar expressamente a questão logo em 1991, no art. 14.°/2 do revogado *Real Decreto 1197/1991*, de 26 de Julho, solução que manteve nos arts. 60.°-bis/1-§1 da *Ley del Mercado de Valores* e 28.°/1-§1 do *Real Decreto 1066/2007*, de 27 de Julho. Igualmente no *Übernahmekodex* alemão, no seu art. 19°§1, esta questão vinha tratada.

Comecemos pelas relações de grupo. Fala-se aqui de relação de grupo enquanto grupo de infra/supra-ordenação, tal como previsto no CSC (grupos de domínio total e contratuais de subordinação; arts. 488.°ss e 493.°ss do CSC), grupos, portanto, em que as sociedades (totalmente) dominadas ou subordinadas estão hierarquicamente dependentes da sociedade (absolutamente) dominante ou subordinante (arts. 491.° e 503.°/1 do CSC). Obviamente que a emissão de instruções pela sociedade visada e cúpula do grupo é uma medida de administração desta e está assim directamente sujeita às limitações decorrentes do art. 182.°/1 do CVM[362].

---

[360] V. JBPereira (2000, 190) e Fragoso (2005, 26).

[361] No Direito alemão v. Krause/Pötzsch (2005, 1019s-§§80ss) e Hirte (2003, 949s-§53s).

[362] Daí que, e bem, a Administração do BPI obteve a autorização da Assembleia Geral do banco para o caso de pretender instruir a BPI Vida Companhia de Seguros de Vida, S.A., a alienar o lote de acções do BCP detidas pela BPI Vida. V. o Comunicado do BPI sobre Deliberações da Assembleia Geral de 19 de Janeiro de 2007. Note-se que o BPI era, directa e indirectamente, um dos maiores accionistas do BCP, sendo que a última comunicação ao mercado realizada na pendência da OPA relativamente à participação qualificada do BPI no capital social do BCP consta da Comunicação ao Mercado do BCP de 15 de Fevereiro de 2006. Mesmo que a iniciativa de alienação partisse da Administracção da BPI Vida, esta autorização era, ainda assim, necessária, como se verá já a seguir.

Agora, questão diversa é se, além disso, a própria Administração das sociedades (totalmente) dominadas ou subordinadas vê os seus poderes limitados pelo lançamento da OPA sobre a cúpula. Uma hipótese para conseguir esse resultado seria impor à Administração desta a obrigação de emissão de uma instrução às anteriores de actuação não desconforme com as limitações que sobre ela própria impendem[363]. Ou então simplesmente assumir tal instrução como decorrendo da circunstância do lançamento de uma OPA sobre a cúpula. Pela minha parte, parece-me que uma interpretação teleologicamente preocupada do art. 182.º/1 do CVM deve levar a que em todos os casos em que a Administração de uma sociedade tenha, pela lei societária, de observar as prescrições de gestão emitidas por outra sociedade, uma OPA lançada sobre esta não deve deixar de produzir as mesmas limitações à sua actuação que incidem sobre a Administração da sociedade visada. É que as sociedades (totalmente) dominadas ou subordinadas estão aqui sob a asa da sociedade visada no que toca à sua gestão. Apesar de a DirOPA não se ter pronunciado sobre o assunto, teria sido conveniente que o legislador tivesse aproveitado a oportunidade para esclarecer justamente esta solução[364].

Em muitos casos a relação entre a sociedade visada e as suas participadas poderá não ser de grupo, mas designadamente de domínio. Nestes casos a gestão das sociedades dominadas deve ser, pelo menos nos termos legais, orientada em função do seu próprio interesse social[365], sendo proibida a ingerência pela dominante na sua gestão. Parece-me que mesmo naqueles casos em que na prática as coisas não se passem assim, isto é, mesmo naquelas situações que podemos apelidar de relações de domínio qualificado[366], em que de facto existe aquela ingerência, dificilmente a mesma solução será defensável. Doutro modo estaríamos a conceder efeitos grupais a situações a que o legislador não os quis atribuir[367]. Por outro lado, note-se também que os accionistas da sociedade dominada não são

---

[363] V. Duarte (1998, 168) e JBPereira (2000, 190).

[364] Como já se alertava em Guiné (2005, 34).

[365] Diversamente pode suceder numa relação de grupo – v. Antunes (2002, 648).

[366] Para a sua caracterização v. Guiné (2006, 301ss).

[367] A conceder prospectivamente é bem de ver. Diversamente, sobre a atribuição de efeitos retrospectivos, para efeitos de responsabilização solidária nos termos do art. 501.º/1 do CSC a uma relação de domínio qualificado, pode ver-se Guiné (2006); contra v. Oliveira (2009, 1206-nota 9), de quem discordo, pelos motivos já referidos em nota anterior.

destinatários da OPA, diversamente dos accionistas da sociedade dominante[368]. Assim, nem dela poderão beneficiar nem podem decidir em Assembleia Geral sobre o levantamento das limitações impendentes sobre a Administração nos termos do art. 182.º/3-b) do CVM. Adicionalmente, ainda que no âmbito do art. 575.º do CMVM', note-se que o art. 2.º/2 do DL n.º 20-A/95, de 30 de Janeiro, relativo à última fase de reprivatização do Banco Português do Atlântico, S.A., estendia as limitações dali decorrentes também às sociedades dominadas pela visada, pelo que *a contrario* tais limitações não impenderiam já sobre tais sociedades nos termos do art. 575.º do CMVM'[369].

Para fazer face a situações deste tipo, quando efectivamente a administração das sociedades dominadas possa prejudicar os interesses do oferente, o melhor expediente que o oferente terá será lançar também uma OPA sobre as sociedades relevantes dominadas pela visada, eventualmente sujeitando a aquisição das participações nas sociedades dominadas ao sucesso da OPA sobre a sociedade dominante. Entre nós, ao lançar uma OPA também sobre a PTM, sujeita à condição de sucesso da OPA sobre a PT[370], foram estendidos à PTM os mesmos efeitos limitativos que pendiam sobre a PT, pelo que a Administração da PTM, nos termos do art. 182.º/1 do CVM, não teria poderes para, por exemplo, alienar o seu negócio de cabo (a sua jóia da coroa).

70. Conselho Geral e de Supervisão

Do art. 182.º do CVM consta actualmente um novo n.º 7, nos termos do qual as limitações vigentes para a Administração se alargam ao Conselho Geral e de Supervisão, quando a sociedade visada seja de estrutura dualista. É uma solução que o §12 da *Übernahmegesetz* austríaca, por exemplo, já consagrava e que o legislador comunitário veio a prever no

---

[368] Para um argumento similar v. JBPEREIRA (2000, 189), que entende também que as sociedades dominadas não são afectadas na sua gestão por uma OPA sobre a sua dominante. DUARTE (1998, 169) e FRAGOSO (2005, 27) concluem do mesmo modo, no âmbito do CMVM' e CVM respectivamente.

[369] Argumento salientado por DUARTE (1998, nota 356).

[370] V. n.º 8-c) do Anúncio Preliminar (PTM) de 7 de Fevereiro de 2006, n.º 10-ii) do Anúncio de Lançamento (PTM) de 12 de Janeiro de 2007 e 2.6-§1-ii) do Prospecto (PTM) de 12 de Janeiro de 2007.

art. 9.°/6 da DirOPA, cuja versão portuguesa é novamente deficiente, ao falar em *"conselho de administração"* e em *"direcção"*, em vez de referir o (então) Conselho Geral ao lado do segundo[371]. Uma interpretação devida do preceito e uma comparação com versões da DirOPA noutras línguas permitia retirar o sentido correcto do texto[372].

A opção comunitária parece justificar-se, na medida em que, diversamente de outras estruturas fiscalizadoras, como entre nós o Conselho Fiscal[373], o Conselho Geral e de Supervisão acaba por poder participar também, ainda que indirectamente, na gestão da sociedade, na medida em que os estatutos ou a própria lei submetam a prática de determinados actos pelo Conselho de Administração Executivo a prévio assentimento desse órgão (art. 442.°/1 do CSC). As limitações somente se aplicam se e na medida em que este órgão intervenha indirectamente na gestão da sociedade[374]. Se, na prática, este órgão não intervém nessa gestão, então o disposto no art. 182.° do CVM é lhe inaplicável por falta de objecto.

---

[371] Provavelmente aquela deficiência foi a razão pela qual no Ante-Projecto de Diploma de Transposição da Directiva das OPA (Consulta Pública n.° 11/2005) não foi prevista essa extensão ao Conselho Geral. Mas note-se que o o projecto de transposição espanhol padecia do mesmo vício (v. GUERRA MARTÍN (2006, 173)), embora sem a desculpa daquela deficiente redacção (v. a nota seguinte).

[372] V.g.: *"For the purposes of paragraph 2, where a company has a two-tier board structure «board» shall mean both the management board and the supervisory board"*; *"Für die Zwecke von Absatz 2 bezeichnet der Begriff Leitungs- bzw. Verwaltungsorgan sowohl den Vorstand der Gesellschaft als auch deren Aufsichtsrat, sofern die Organisation der Gesellschaft eine dualistische Leitungsstruktur aufweist"*; ou *"A los fines del apartado 2, por órgano de administración o dirección se entenderá tanto el órgano de gestión de la sociedad como el órgano supervisor de ésta, cuando la organización de la misma siga la estructura de dos pilares"*.

[373] Cuja função essencial é fiscalizar (v. art. 420.°/1 do CSC). A Comissão de Auditoria igualmente tem por função fiscalizar (v. art. 423.°-F do CSC) e aos seus membros é vedado o exercício de funções executivas (art. 423.°-B/3 do CSC), além de que, como administradores, sempre estariam já sujeitos ao disposto no art. 182.°/1 do CVM.

[374] Assim também HIRTE (2003, 948-§49) e KRAUSE/PÖTZSCH (2005, 1018-§78). Sobre os conflitos de interesses no âmbito do órgão de fiscalização e em especial dos representantes de bancos v. KUHNER (2002, 1737ss, 1745s) e LUTTER/KRIEGER (2002, 303ss--§§788ss). Para um exemplo de uma competência indirecta do Conselho Geral e de Supervisão, entre nós, v. o art. 5.°/3 dos estatutos do BCP que estabelece que: *"A emissão de obrigações, quando se trate de emissão regida exclusivamente pelo Código das Sociedades Comerciais e pelo Código dos Valores Mobiliários e de valor nominal superior a metade do capital social, deverá ser objecto de parecer favorável do Conselho Geral e de Supervisão."*

Agora, como já referido e a que voltaremos, o disposto no art. 182.º/1 do CVM limita essencialmente a capacidade executória da Administração antes que deliberativa; afecta esta segunda reflexamente. Ora, o Conselho Geral de Supervisão, por regra, não pratica actos, pelo que, no que toca a este órgão, estarão sobretudo em causa determinadas competências deliberativas (v. arts. 442.º/1 do CSC). Mas, tomando em conta o disposto nos restantes números do art. 182.º do CVM, já a Administração não poderia executar um acto por si deliberado e assentido pelo Conselho Geral e de Supervisão que estivesse para além do disposto no art. 182.º/1 (caso nenhuma das excepções – v. art. 182.º/3-a)-b)/6 e 182.º/2-c) *a contrario* – fosse aplicável). E independentemente de existir ou não uma norma extensiva no seu n.º 7, uma deliberação deste último órgão não deixaria de dever respeitar o disposto imperativamente no art. 182.º do CVM. A valência deste novo número (além de literalmente cumprir o disposto na DirOPA) é sobretudo recordar esta última imposição, mas não parece trazer, na prática, muito de novo ao ordenamento nacional. Em alguns casos, contudo, a alteração pode ser pertinente, especialmente no que toca à sua relação com os administradores (v. arts. 429.º e 441.º-c) do CSC), mas também noutros âmbitos em que possa ter funções de representação social (v. art. 441.º/1-p) do CSC[375]).

---

[375] E, por identidade de razão, v. arts. 421.º/3 e 423.ºF-p) do CSC.

EXCEPÇÕES

71. Cumprimento de obrigações prévias

No art. 182.º/3-a) do CVM exceptuam-se os actos da Administração que resultem do cumprimento de obrigações assumidas antes do conhecimento do lançamento da oferta. A solução já vem do CMVM' (art. 575.º/2) e acabou por ser mantida, apesar de no Ante-Projecto de Diploma de Transposição da Directiva das OPA (Consulta Pública n.º 11/2005) se ter suprimido essa excepção. Igualmente o §12(3)-2.ª-frase da *Übernamegesetz* austríaca contém uma solução deste tipo, e também a proposta inicial de Pennington a continha (art. 22.º/2)[376], tal como o 19.º§3 do pretérito *Übernahmekodex* alemão[377]. Deve interpretar-se o dispositivo em termos amplos, abrangendo-se também obrigações da visada constituídas anteriormente ao lançamento da OPA, ainda que não tenham surgido por vinculação negocial da própria visada[378].

Com boas razões se optou pela manutenção da solução original[379]. Desde logo, ao oferente cabe tomar a sociedade tal como ela se encontra, sendo que, salvo se assim tiver sido convencionado, nem a OPA nem o sucesso da mesma resolvem *maxime* um contrato ou justificam o incumprimento do mesmo[380]. Depois, se as obrigações foram assumidas em

---

[376] V. PENNINGTON (1974, Appendix-32).

[377] E assim parece que deve ser interpretado o actual §33 da WpÜG – v. SCHWENNICKE (2002, 491s-§46).

[378] V. ANTAS *et alii* (1992, 220) e *The Panel on Takeovers and Mergers. Consultation Paper. The Implementation of the Takeover Directive. Proposals Relating to Amendments to be Made to the Takeover Code (PCP 2005/5; 18 November 2005)*, página 72.

[379] Já assim em GUINÉ (2005, 33). Contra uma solução desse tipo no Direito espanhol v. HERMOSILLA MARTÍN (1992, 317).

[380] Assim MAIER-REIMER (2001, 274).

momento anterior, a sua assumpção não terá sido motivada pelo lançamento da OPA[381]. Por outro lado, não cumprindo as suas obrigações a sociedade não deixará de incorrer em responsabilidade[382], além de que um princípio de protecção dos interesses de terceiros parece justificar esta excepção[383]. Caso esse cumprimento ficasse sujeito às limitações inerentes ao art. 182.°/1 do CVM e, portanto, nesse contexto sujeito a deliberação dos accionistas da sociedade visada (art. 182.°/3-b) do CVM), esses accionistas poderiam deliberar tendo em conta o seu interesse particular de realizar mais-valias na OPA em vez de motivados pelos seus "*interesses de longo prazo*" (para usar a linguagem do art. 64.°/1-b) do CSC), motivação essa com que, por regra, os credores poderão contar na actividade de administração da sociedade.[384]

Agora, o cumprimento de uma obrigação prévia dependerá da Administração da sociedade em causa e a Administração poderá no caso concreto entender incumprir o contrato com as devidas consequências jurídicas.[385] Imagine-se, por exemplo, que sobre a visada impende o cumprimento de obrigações voluntariamente assumidas mas contraditórias entre si, caso em que o cumprimento de uma implicará o incumprimento da outra. Da oportunidade do cumprimento há-de a Administração decidir, desde que o cumprimento seja devido e o incumprimento não implique ele mesmo uma medida defensiva proibida nos termos do art. 182.°/1 do CVM (v.g. um determinado incumprimento origina um direito de resolução que privará a visada de uma das suas jóias da coroa ou permitirá à contraparte reclamar o pagamento de uma pena muito elevada ao abrigo de uma cláusula penal).

---

[381] Assim GARCIA (1995, 250s), JBPEREIRA (2000, 197) e §11 do Relatório Final da Consulta Pública n.° 11/2005 sobre o Anteprojecto de diploma de transposição da Directiva das OPA.

[382] GARCIA (1995, 251), JBPEREIRA (2000, 197) e §11 do Relatório Final da Consulta Pública n.° 11/2005 sobre o Anteprojecto de diploma de transposição da Directiva das OPA.

[383] Assim NABASQUE (2006, 253).

[384] Notando, no âmbito da adopção de medidas defensivas, que a Assembleia Geral não está vinculada ao interesse social, v. SCHWENNICKE (2002, 496-§57) e KRAUSE/PÖTZSCH (2005, 1072-§189); contra, no que toca a deliberações em matéria de gestão (*Geschäftsfürungsmassnahmen*), v. ALTMEPPEN (2001, 1078).

[385] Assim também DUARTE (1998, 180s).

Estará em causa o cumprimento das obrigações prévias na estrita medida do estabelecido anteriormente. Se a Administração pretender cumprir as obrigações previamente assumidas após o lançamento da OPA com modificações face ao anteriormente estabelecido, tais modificações ficarão sujeitas ao disposto no art. 182.°/1 do CVM. Assim, por exemplo, se a Administração pretender cumprir antecipadamente alguma daquelas obrigações[386].

Esta norma confirma aquela ideia de que o que se pretende com esta regulamentação é a compatibilização de um não entravamento da OPA por actuação da Administração com a continuidade da exploração normal da sociedade. Releva-se aqui justamente que a sociedade não deve deixar de seguir o seu *"curso normal"* no decurso de uma OPA, razão pela qual, apesar de a DirOPA não consagrar expressamente o ponto, me parecia que uma transposição plena da mesma não impedia a manutenção desta excepção entre nós.

72. Reciprocidade

Outra excepção consta hoje do art. 182.°/6 do CVM, que vem dar corpo à possibilidade de dispensa prevista no art. 12.°/3 da DirOPA, de as sociedades sedeadas em determinado Estado-Membro sobre que impenda um regime limitativo nos termos do seu art. 9.°/2-4 poderem legalmente não ficar sujeitas àquelas limitações caso o oferente (ou sua sociedade dominante) não esteja sujeito a limitações do mesmo tipo. Isto visaria garantir um balizamento internacional (*level playing field*), o que motivou a sua proposição por parte da CMVM e foi aplaudido pelos respondentes na consulta pública da CMVM pelos mesmos motivos[387].

Para uma nota juscomparatística, segundo o *Report on the implementation of the Directive on Takeover Bids* (SEC (2007) 268) (página 6), em Fevereiro de 2007 cinco países haviam introduzido a excepção de reci-

---

[386] V. JBPEREIRA (2000, 197) e FRAGOSO (2005, 33s). V. também *The Panel on Takeovers and Mergers. Consultation Paper. The Implementation of the Takeover Directive. Proposals Relating to Amendments to be Made to the Takeover Code (PCP 2005/5; 18 November 2005)*, página 72.

[387] V. §11 do Relatório Final da Consulta Pública n.° 11/2005 sobre o Anteprojecto de diploma de transposição da Directiva das OPA.

procidade (França, Eslovénia, Grécia, Húngria e Portugal). Entretanto, a Itália igualmente consagrou um tal regime (v. art. 104.º-ter da *Testo Unico della Finanza*). Em Espanha a aplicação da reciprocidade depende de deliberação da Assembleia Geral da visada; v. art. 60-bis/2 da *Ley del Mercado de Valores*.

A primeira questão que se coloca é a determinação da similitude dos regimes. A lei fala simplesmente em *"mesmas regras"*. Não se poderá exigir que as regras sejam exactamente iguais, mas deverá ser feito um juízo de substancial similitude, isto é, apurar se existe no ordenamento relevante um princípio de não frustração similar ao português. Se este trabalho já poderá apresentar substanciais dificuldades entre os diversos Estados-Membros (trabalho no qual o *Report* supra referido poderá ser bastante útil), pior ainda quando se trate de sociedades sedeadas em Estados terceiros[388]. Em sede de apreciação em concreto deste requisito de similitude, a CMVM poderá ter um papel muito importante, dada a proximidade que tem com outros reguladores e, assim, o contacto juscomparatístico com outras jurisdições. E a CMVM poderá já, em certa medida, ter um tal papel, caso preliminarmente discuta o tema com o oferente ou se disponha a apreciar o conteúdo do anúncio preliminar nessa parte (v. art. 176.º/1-h) do CVM)[389].

Do art. 182.º/6 do CVM poderão, assim, vir a surgir dificuldades importantes, no que toca à determinação da equivalência dos regimes[390]. Por exemplo, existe reciprocidade entre um Estado que tenha transposto a regra de não frustração (art. 9.º-2-4) e a regra do rompimento (*break-through rule*; art. 11.º) e outro que somente tenha implementado uma de tais alternativas ou que somente tenha implementado a segunda relativamente ao período de pendência da OPA?[391] E a existência de uma

---

[388] A propósito das tensões regulatórias entre os diversos Estados envolvidos numa OPA v. BANKE (2002, 487ss-§§112ss). Sobre as ofertas públicas internacionais v. VICENTE (2007).

[389] Não se percebe é por que razão o legislador não o impôs igualmente no conteúdo do prospecto (v. art. 138.º/1 do CVM *a contrario*), que tem de ser aprovado pela CMVM (arts. 114.º/2 e 118.º/6 do CVM). Provavelmente foi por esquecimento, pelo que haverá que integrar devidamente a lacuna. Quanto aos critérios de aprovação do prospecto pela CMVM, v. arts. 118.º/6/7 e 119.º/1-a)/2 do CVM.

[390] Como nota também OPROMOLLA (2007, 1448).

[391] V. a propósito MAUL/MUFFAT-JEANDET (2004-II, 213) e ANGELILLIS/MOSCA (2007, 1158). Note-se que o disposto no art. 11.º da DirOPA é complementar do disposto

cláusula estatutária que opte pelo regime mais limitativo (v. §33.a da WpÜG e art. 104.°/1/1-bis do *Testo Unico della Finanza*) permite uma efectiva equivalência de regimes, uma vez que a oferente poderá muito bem alterar as suas regras estatutárias? E *quid iuris* quando, existindo ofertas concorrentes, um oferente esteja e outro não esteja sujeito a tal regime?[392]

De iure dando e porque este é um problema que se poderá colocar nas diversas jurisdições comunitárias, parece que a forma mais eficaz de resolver este tema seria um instrumento comunitário (uma comunicação da Comissão Europeia ou de um comité específico[393]), (i) esclarecendo quais as situações de similitude de regime entre as diversas jurisdições comunitárias e as mais importantes restantes jurisdições (Delaware e outros Estados norte-americanos importantes, japonesa, chinesa, outras) e (ii) remetendo para a autoridade competente (v. a propósito o art. 145.°-A do CVM) um tal juízo quando se tratasse da equivalência com outras jurisdições[394].

Por outro lado, é de referir também que, nos termos do art. 182.°/6 do CVM, se a sociedade oferente estiver sujeita a regras similares, mas não o estiver a sociedade dominante desta, igualmente se aplica essa mesma excepção. O que se compreende na lógica do princípio do balizamento internacional, uma vez que, em bom rigor, a equivalência deve fazer-se entre os dois pólos em que esteja "sedeado" o controlo (do oferente e da visada), sendo que o controlo do oferente poderá não estar localizado na jurisdição da oferente, mas no da sua sociedade dominante. Em jeito de crítica tanto ao texto comunitário como ao nacional, não se vê é propriamente justificação para que a excepção da reciprocidade seja apli-

---

no seu art. 9.°/2-4 (em boa medida o primeiro está para as medidas defensivas prévias tal como o segundo está para as subsequentes), pelo que um regime que transponha um e não o outro na mesma medida é em boa parte manco – v. WINTER *et alii* (2002-i, 26) e a propósito ANGELILLIS/MOSCA (2007, 1100ss)). V. também o *Report on the implementation of the Directive on Takeover Bids* (SEC (2007) 268), páginas 4s.

[392] V. a propósito LEITÃO (2007, 75).

[393] V. a propósito arts. 18.° e 19.° da DirOPA. Note-se também que, no âmbito do Comité Europeu de Reguladores de Valores Mobiliários (o *Committee of European Securities Regulators*, vulgarmente siglado de CESR), foi criado um grupo de trabalho responsável pela DirOPA, presidido pelo Professor Eddy Wymeersch.

[394] V. a propósito a competência da *Commissione Nazionale per le Societetá e la Borsa*, nos termos do art. 104.°-ter/3 do do *Testo Unico della Finanza*.

cável naquelas situações em que o oferente não esteja sujeito a uma regra similar mas o esteja a sua sociedade dominante.[395] O texto pelo menos não é claro e deverá por isso ser devidamente interpretado. Note-se que muitas vezes o oferente é um SPV (*special purpose vehicle*) localizado noutra jurisdição, designadamente por razões fiscais (v.g. tributação mais eficiente dos dividendos). Foi o que sucedeu nas OPA's sobre a PT e a PTM e sobre o BPI, em que um dos oferentes era respectivamente a SONAE--COM, B.V. e o BCP Investment B.V. Ora, se àquelas OPA's já fosse aplicável o actual regime (que não era; v. art. 6.° do DL n.° 219/2006, de 2 de Novembro) e se as B.V.'s fossem o único oferente em cada uma delas (que também não eram), tendo em conta que, como se salienta no *Report* supra referido (página 12), a Holanda é um dos Estados-Membros que não transpôs como regra o princípio de não frustração, então a conclusão (se o art. 182.°/6 não fosse devidamente interpretado) seria que em ambas as OPA's a Administração de qualquer uma das visadas não estaria sujeita às limitações constantes do art. 182.° do CVM. O que seria obviamente uma solução ridícula, pois as sociedades dominantes (portuguesas) de cada uma das B.V.'s não deixariam de estar sujeitas ao disposto no art. 182.° do CVM.

Vamos, agora, a dois exemplos práticos.

Assim, por exemplo, se uma sociedade sujeita ao regime geral constante do §33 da WPÜG alemã ou ao regime geral societário italiano lançar uma OPA sobre uma sociedade sujeita ao regime do art. 182.° do CVM, a Administração desta última não parece que deva ficar sujeita às limitações da norma nacional. Caso a oferente tenha exercido a opção estatutariamente de se sujeitar às limitações decorrentes do disposto no §33.a da WpÜG ou do art. 104.°/1-bis do *Testo Unico della Finanza*, atento ao exposto supra, não deixo de ter algumas dúvidas sobre se efectivamente as limitações constantes do art. 182.° são de aplicar.

Suponhamos agora que a oferente é uma sociedade sedeada em Delaware. Como já se referiu, uma das principais razões, se não a princi-

---

[395] Por outro lado, este regime do art. 182.°/6 do CVM e o seu princípio da igualdade de armas fazem pensar em qual deveria ser a solução devida para os casos em que o oferente, nacional ou estrangeiro, é uma entidade jurídica sobre a qual não é susceptível adquirir-se o domínio, desde logo fundações, instituições públicas, etc (v. a propósito PAREDES GALEGO (2006, 152)). Veja-se, por exemplo, o caso da Caixa d'Estalvis i Pensions de Barcelona ("la Caixa"), o principal accionista do BPI, sobre a sua participação qualificada podendo ver-se o Comunicado do BPI de 4 de Maio de 2007.

Da Conduta (Defensiva) da administração "Opada"   191

pal, que levou à consagração de um regime excepcional deste tipo na DirOPA foi a preocupação com uma igualdade de armas transatlântica, tendo-se já sumariado o regime mais generoso a que a jurisprudência de Delaware sujeita a adopção de medidas defensivas pelo *board of directors*. Neste caso dificilmente se poderá considerar que existe um regime limitativo similar[396] e parece que seria de aplicar o disposto no art. 182.°/6 do CVM[397].

Finalmente, há a ponderar se o art. 182.°/6 do CVM é plenamente injuntivo ou se poderá ser estatutariamente derrogado, podendo assim os accionistas decidir que, mesmo que a oferente não se encontre sujeita ao mesmo tipo de regras, a sociedade visada deva ficar sujeita às mesmas. Dificilmente o escopo que presidiu à consagração desta excepção se compadecerá com tal injuntividade limitada, tendo também em conta um argumento *a contrario* retirado do art. 182.°-A do CVM, em que – aí sim – o legislador previu a intervenção estatutária dos accionistas.

---

[396] Contudo, sublinhe-se que curiosamente WINTER *et alii* (2002-i, 40s) notavam que, dada a muito mais intensa pressão, por via dos mercados, investidores institucionais, *proxy fights*, risco de acções judiciais, etc, a diferença prática entre um e outro regime não seria muito substancial (no mesmo sentido v. HOPT (2004, 226)). Também COATES IV (2003, 1200ss) salienta que as sociedades norte-americanas não são "*takeover-proof companies*", no mesmo sentido podendo ver-se LIPTON (2002, 1054). Com muito interesse v. também GATTI (2004, 96ss), o qual conclui que aquele regime, assente em *poison pills* e *proxy contests*, e a regra de não frustração europeia, na medida em que em ambos existe a possibilidade de recurso à Assembleia Geral (v. com muito interesse a este propósito BEBCHUCK (2002, 984ss)) e que os accionistas votarão racionalmente em ambos os casos, se distinguem essencialmente pela regra aplicável supletivamente (*default rule*), caso não exista esse recurso. Como nota o autor, subsistem, no entanto, obstáculos a uma substancial paridade de regimes, tendo em conta os custos implicados num *proxy contest* para o oferente e a necessidade de deliberação por maioria qualificada (em Itália, por exemplo). Permito-me acrescentar outro obstáculo, que consiste no domínio da *proxy machinery* pelos *board of directors* norte-americanos (como salienta GEVURTZ (2000, 231); note-se o contraste com o disposto no art. 381.°/2 do CSC). Agora, mesmo aplicando-se a cláusula de reciprocidade, em termos práticos, continuarão a existir regimes diversos, designadamente atendendo aos diversos conceitos de interesse social aplicáveis.

[397] Assim também HOPT (2007, 263); contra v. MAUL/MUFFAT-JEANDET (2004-II, 213). Para mais alguns exemplos do funcionamento da cláusula de reciprocidade v. as últimas autoras, no local citado, e PAREDES GALEGO (2006, 152).

73. Assembleia Geral

A última excepção consiste na intervenção autorizante da Assembleia Geral da sociedade visada[398]. O legislador, tendo em conta que o disposto no art. 182.º/1 do CVM visa salvaguardar os interesses dos accionistas na realização de mais-valias, entendeu consonantemente que aquelas limitações poderiam ser revogadas com o acordo da Assembleia Geral.

Note-se que não é certo que uma decisão da Assembleia Geral favoreça os interesses do oferente. Poderá desfavorecê-lo mesmo que os sócios interessados em realizar mais-valias na OPA estejam em maioria na Assembleia Geral, caso uma boa parte deles entenda que o acto decidendo não coloca seriamente em causa os objectivos do oferente. Poderá também desfavorecê-lo, caso aqueles sócios interessados estejam em minoria e os seus votos não sejam assim suficientes para fazer passar uma deliberação favorável aos interesses do oferente. A tendência até será para que o universo dos accionistas interessados em realizar mais-valias na OPA seja superior percentualmente ao universo de tais accionistas presentes na Assembleia Geral, dado que muitos daqueles accionistas, desde logo pequenos accionistas, acabam geralmente por não estar presentes nas Assembleias Gerais[399]. Assim, mesmo na pendência da OPA sobre a PT a

---

[398] Refira-se também que o pretérito art. 575.º/3 do CMVM' cifrava uma outra excepção: ser o acto previamente autorizado pela CMVM. O City Code estabelece na sua regra 21 normas do mesmo tipo sobre a intervenção do *City Panel*. Note-se que ao tempo da aprovação do CMVM' também no âmbito das propostas comunitárias era previsto um expediente do mesmo tipo; veja-se o disposto no art. 8.º/1-b) da Proposta alterada de décima terceira directiva do Conselho em matéria de direito das sociedades relativa às ofertas públicas de aquisição (COM(90) 416 final – SYN 186) em que se conferia valia excepcionante à "*autorização devidamente fundamentada da autoridade fiscalizadora*". Opinando pela bondade da solução pretérita, v. VENTURA (1992, 201) e GARCIA (1995, 251 e nota 549); em sentido contrário v. CORDEIRO (1994, 777) e VAZ (2000, 188-nota 475). Sobre o tema v. também DUARTE (1998, 189ss).

[399] O que se pode designar por "apatia accionista", designadamente dada a reduzida expressão de cada accionista e também por comodismo, para evitar as formalidades necessárias à representação na Assembleia Geral (sobre a matéria v. GAUGHAN (2002, 266ss) e GEVURTZ (2000, 230s)), que envolve geralmente a passagem de certificados bancários e cartas diversas; veja-se, por exemplo, o elenco dos procedimentos descritos nas páginas 2ss da Convocatória para a Assembleia Geral da PT a realizar em 2 de Março de 2007 (de seguida referida). Outra causa para o absentismo é não perder a oportunidade

Assembleia Geral de 2 de Março de 2007 convocada designadamente para o "desbloqueio" dos estatutos da mesma, a que havia sido sujeita a OPA, teve uma participação que não terá chegado a 70%[400]. Por fim, mesmo estando em maioria os accionistas que não pretendam vir a alienar as suas acções na OPA, caso uma boa parte deles entenda que o acto deliberando, por outros motivos, não é conveniente à sociedade, poderá a deliberação ser em sentido negativo e, portanto, acabar por favorecer os interesses do oferente.

---

de poder alienar as suas acções na pendência do bloqueio (art. 72.º/4 do CVM). Suscitou-se, aliás, uma interessante troca de argumentos entre o Presidente da Mesa da Assembleia Geral da PT (Professor Menezes Cordeiro) e a CMVM a propósito do cancelamento do bloqueio das acções até ao término da Assembleia Geral (v. os Comunicados do Presidente da Mesa da PT de 20 e 22 de Fevereiro de 2007, os Comunicados da CMVM de 21 e 22 de Fevereiro de 2007 e CORDEIRO (2007-iii, 718)). O mecanismo do bloqueio, todavia, está em vias de remoção – v. o art. 7.º/1-b)/2 da Directiva 2007/36/CE do Parlamento Europeu e do Conselho de 11 de Julho de 2007 relativa ao exercício de certos direitos dos accionistas de sociedades cotadas e sobre a matéria GIÃO (2005) e PCSILVA (2008).

[400] V. a nota do Jornal O Público (Assembleia geral da PT com 67,4 por cento dos votos dos accionistas) em *http://dossiers.publico.pt/noticia.aspx?idCanal=1647&id= 1287158*. Tendo como base uma amostra das maiores sociedades cotadas portuguesas, ALVES *et alii* (2006, 120) mencionam uma participação média em Assembleia Geral de 61% dos accionistas.

ASSEMBLEIA GERAL

74. Momento

A Assembleia Geral em causa deverá ser convocada durante o período mencionado no art. 182.º/1-1.ª-parte do CVM. Relativamente a este tema, três observações são pertinentes.

A primeira é que, e bem, o legislador aproveitou a transposição da DirOPA para esclarecer que a Assembleia Geral poderia ser convocada durante todo o período de limitação. Um texto com esse sentido havia já constado do art. 575.º/1 do CMVM' (*"Salvo autorização específica da Assembleia Geral concedida durante esse período"*), sendo que não se percebia a razão da sua modificação com o CVM na sua versão inicial, em que se mencionava que a Assembleia Geral deveria ser convocada *"durante o prazo da oferta"*. O prazo da oferta é, em bom rigor, o período durante o qual esta pode ser aceite pelos investidores (v. art. 183.º/1 do CVM), sendo que entre o momento em que os efeitos do art. 182.º/1 do CVM se iniciam, pelo menos com a entrega do anúncio preliminar, e o início desse período (antes do qual a oferta terá de ser registada – art. 114.º/2 do CVM) podem medear muitos dias, semanas e mesmo meses! Pelo que a norma necessitava de ser devidamente interpretada, porque era teleologicamente necessário que a Assembleia Geral pudesse ser convocada a partir do momento em que se iniciasse a limitação dos poderes da Administração[401].

A segunda é que, não obstante a modificação legislativa, ainda assim subsistem alguns problemas na articulação de normas, que fazem pensar novamente na adequação de ter um momento certo (e publicamente conhe-

---

[401] Assim JBPereira (2000, 198-nota 46) e Guiné (2005, 34s).

cido – v. art. 175.º/1 do CVM) a partir do qual os efeitos limitativos se produzem. Efectivamente, nos termos do art. 174.º do CVM, a sociedade visada, os seus accionistas e os titulares dos seus órgãos sociais, deverão guardar segredo sobre a preparação de uma OPA de que tenham conhecimento até à publicação do anúncio preliminar. Uma vez que o início da limitação dos poderes da Administração se inicia com o conhecimento da decisão de lançamento da OPA, tal dever de segredo implica que a Assembleia Geral somente possa ser convocada após a publicação do anúncio preliminar, o que me parece algo antinómico, uma vez que esta situação particular, resulta em que, temporariamente, não somente a Administração, mas a própria sociedade visada poderá ver o seu âmbito de actuação restringido. E como explicar a um terceiro que não se pode realizar determinada transacção sem o acordo extraordinário da Assembleia Geral, quando não se pode mencionar que se prepara uma OPA sobre a visada? Esta antinomia resolver-se-ia certamente com o retorno já apontado à solução do CMVM' para o início do período de limitação (a entrega do anúncio preliminar).

A terceira observação atém-se com os actos deliberados pela Assembleia Geral previamente ao lançamento da OPA. A execução dessa deliberação é obviamente um acto de administração[402]. Imaginemos, por exemplo, deliberações da Assembleia Geral no âmbito de uma fusão, cisão ou transformação (arts. 100.º/2, 120.º e 133.º/1 do CSC), operações que o art. 575.º/1-e) do CMVM' expressamente mencionava. A questão que se coloca é se um tal acto de administração está sujeito às limitações constantes do art. 182.º/1 do CVM.

Em sentido contrário, dir-se-á que o disposto no art. 182.º/1 do CVM visa limitar a capacidade executória de decisões (de adopção de determinadas medidas defensivas objectivas e/ou subjectivas) tomadas pela própria Administração e não decisões tomadas pela Assembleia Geral, composta pelo colégio de sócios que são os destinatários da oferta. Se estes tomaram determinada decisão, agora *sibi imputet*! A letra da lei cons-

---

[402] E que a Administração estará, em princípio, obrigada a executar, no que toca a matérias da competência própria da Assembleia Geral – assim expressamente o §83(2) da AkG. Conforme escreve ABREU (2006-i, 55ss) a Administração está obrigada a cumprir as "*deliberações* prescritivas válidas e eficazes *permitidas por* lei", podendo pensar-se em determinados casos, como sublinha o autor, numa ressalva em caso de alteração substancial e superveniente das circunstâncias.

Da Conduta (Defensiva) da administração "Opada" 197

tante do art. 182.º/1 apontará também nesse sentido, de que é a Administração somente que vê os seus poderes limitados. Por outro lado, também se poderá dizer que o normal para a Administração é executar uma deliberação da Assembleia Geral, anormal seria não a executar.

Por exemplo, na Suíça a Administração pode executar todas as deliberações da Assembleia Geral, mesmo que prévias ao lançamento da OPA (v. art. 29º/2-2.ª-frase do *Bundesgesetz über die Börsen und den Effektenhandel*).

Simplesmente essa argumentação não parece convencer.

Em primeiro lugar, mesmo quando esteja em causa a execução de uma deliberação da Assembleia Geral, a limitação constante do art. 182.º incide sempre e somente sobre a Administração da sociedade visada. Simplesmente, conforme também já anteriormente referido, incide, em primeira linha, sobre a sua capacidade executória, uma vez que é a execução das decisões e não as decisões em si mesmas que poderá prejudicar os interesses do oferente. Por outro lado, as circunstâncias actuais não são as de ontem, justamente porque sobreveio uma OPA[403]. Caso soubessem do lançamento da OPA, circunstância excepcional de que os sócios poderiam preferir beneficiar, poderiam também muito bem ter deliberado diversamente. Por fim, é bem de ver que essa parece ter sido a opção do legislador comunitário, quando emparelhou no art. 9.º/3 da DirOPA os termos *"aprovar ou confirmar"*, o que parece significar que a limitação é aplicável seja a decisões prévias da Administração como da Assembleia Geral, como já se explicou.

Já vimos também anteriormente que a execução das decisões anteriores que ainda não tenham sido parcialmente executadas está sujeita ao disposto no art. 182.º/1 do CVM, que inclui o requisito da (a)normalidade da gestão. Agora é de esclarecer que a qualificação de uma decisão precedente como de gestão normal não se encontra impedida pelo mero facto

---

[403] V. DRYGALA (2001, 1865) e WINTER *et alii* (2002-i, 27s). Apesar de reconhecer a valência do argumento supra, DUARTE (1998, 196) critica curiosamente a solução legal, opinando que seria mesmo conveniente que as deliberações da Assembleia Geral fossem tomadas antes do lançamento de uma OPA, para que os potenciais oferentes melhor pudessem ponderar as suas estratégias aquisitivas. Acrescente-se, contudo, que o autor entende que, quanto a matérias da competência decisional própria da Assembleia Geral, as limitações constantes (então) do art. 575.º/1 do CMVM' não eram aplicáveis (v. DUARTE (1998, 197ss)). Voltaremos a este ponto.

198 *Orlando Vogler Guiné*

de a decisão em causa ser oriunda da Assembleia Geral[404]. Se muitas das matérias (como as supra exemplificadas, quanto à transformação, cisão ou fusão) não se reconduzem a uma gestão normal da sociedade, outras poder-se-ão reconduzir a tal, tudo dependendo do caso concreto e do seu enquadramento no conceito aberto "gestão normal". Por exemplo, uma emissão de obrigações pode ser deliberada pela Administração ou (somente) pela Assembleia Geral, consoante os estatutos aplicáveis (v. arts. 350.º/1 do CSC); por que razão o mesmo facto (contracção de um financiamento através do mercado de capitais) deixaria de ser considerado como um acto materialmente de administração, consoante a respectiva competência deliberativa?

No entanto, cabe talvez fazer uma crítica *de iure dando* ao actual preceito.

Dos dois requisitos – requisito temporal, que estamos analisando e a exigência de maioria qualificada (art. 182.º/4-b) do CVM) sobre que nos debruçaremos infra – é mais importante o segundo, porque directamente ligado à formação da vontade dos sócios. Se em todos os casos, sem excepção, só perante uma dada OPA concreta e em curso devem poder os sócios deliberar sobre o assunto em questão, o paternalismo legislativo talvez seja excessivo[405]. Quando os sócios tivessem deliberado anteriormente, atingindo a maioria exigida naquele n.º 4 e previsto expressamente a eventualidade da OPA, talvez essa deliberação devesse poder ser executada pela Administração[406]. Por outro lado, relativamente aos accionistas que tivessem assumido essa qualidade após a tomada da deliberação, seria racionalmente exigível que se tivessem informado sobre as deliberações anteriores da Assembleia Geral, para mais quando, no que toca a sociedades cotadas, a adopção de tais deliberações deverá estar publicamente disponível (v. art. 248.º do CVM). Uma solução adequada poderia passar por termos até bastante semelhantes ao disposto na lei alemã, que no §33(2) da WpÜG exige, para os efeitos desse parágrafo, que as delibe-

---

[404] Assim também HERMOSILLA MARTÍN (1992, 343).

[405] Numa perspectiva crítica v. também SCHNEIDER (2002, 130). Existe também um terceiro requisito atinente com a convocação da Assembleia Geral, a que se voltará.

[406] Nesse sentido, no quadro do art. 575.º do CMVM', no que toca aos aumentos de capital anteriormente decididos, v. VENTURA (1992, 199s), GARCIA (1995, 249) parecendo ser mais abrangente. No plano do Direito constituído actual contra tal solução v. JBPEREIRA (2000, 198-nota 45).

Da Conduta (Defensiva) da administração "Opada" 199

rações (de "reserva") da Assembleia Geral com propósito defensivo tenham sido tomadas até dezoito meses antes e por maioria qualificada[407].

75. Convocatória e âmbito

Outra alteração que foi operada no art. 182.°/3-b) do CVM atém-se com a substituição do advérbio de modo qualificador da convocação da Assembleia Geral. A redacção inicial do preceito referia que esta deveria ser "*especificamente*" convocada, enquanto que a redacção constante do art. 575.°/1 do CMVM' mencionava uma "*autorização específica*" desse órgão.

A propósito do termo legalmente empregue pôs-se a questão de saber se, quanto às Assembleias Gerais anuais de 2006 da PT, PTM e do BPI na pendência das OPA's que sobre elas incidiam, a Assembleia Geral de cada uma de tais sociedades poderia deliberar para estes efeitos juntamente com outras deliberações sobre outros âmbitos ou se, pelo contrário, o objecto de uma deliberação da Assembleia Geral para efeitos do disposto no art. 182.° do CVM se deveria ater somente com a autorização à Administração para a prática do acto, posição esta advogada pela CMVM[408]. Em concreto estavam em causa (i) os pontos 7, 8, 12, 13 e 14 da ordem de trabalhos para a Assembleia Geral da PT de 21 de Abril de 2006, que se atinham com a alienação e compra de acções próprias, incluindo um programa de recompra de acções próprias, e a emissão de obrigações, incluindo obrigações convertíveis, (ii) os pontos 6 e 7 da ordem de trabalhos para a Assembleia Geral da PTM de 19 de Abril de 2006, que se atinham com a alienação e compra de acções próprias e um programa de recompra de acções próprias, e (iii) o ponto 10 da ordem de trabalhos para a Assembleia Geral do BPI de 20 de Abril de 2006, atinente à aquisição e

---

[407] A referência a um período de dezoito meses é igualmente feita no art. 12.°/5 da DirOPA e 182.°-A/7 do CVM. Já me parece criticável o terceiro requisito erigido pelo legislador alemão, que o órgão de fiscalização deva assentir na execução da deliberação na pendência da OPA (§33(2) *in fine* da *WpÜG*). O requisito parece justificar-se com fundamento no perigo de abuso pela Administração (v. SCHWENNICKE (2002, 503s-§75), mas criticamente v. KRAUSE (2002-II, 137)).

[408] V. n.° 2 da Resposta da CMVM à Sonaecom de 6 de Abril de 2006 e da Resposta da CMVM ao BCP de 6 de Abril de 2006.

alienação de acções próprias. Aqueles pontos acabaram por ser retirados da ordem de trabalhos, o que, apesar do mérito em boa medida da posição "derrotada" (como veremos), acabou por ser uma decisão sensata, tendo em conta as circunstâncias concretas, designadamente o risco de litígio e a não urgência daquelas deliberações[409]. Mas vejamos.

A posição da CMVM parecia ter algum assento na letra da lei. Substancialmente também haverá que reconhecer que, tratando-se efectivamente de uma deliberação que poderá ser muito importante para os accionistas (na medida em que poderão pretender não excluir a hipótese de vir a realizar mais-valias na OPA), se a Assembleia Geral se reduzir à discussão e deliberação destas matérias, melhor se chamará a atenção dos accionistas para o tema[410]. Note-se também que uma deliberação nos termos do art. 182.º/3-b) do CVM pode ter importantíssimas consequências, diversamente do que sucede, por regra, nas deliberações da Assembleia Geral sobre matérias de gestão. Por outro lado, igualmente se evitaria que fossem discutidos demasiados assuntos e assim a Assembleia Geral se prolongasse para lá do razoável[411].

Não me parece, no entanto, que os argumentos devessem ter procedido.

Em primeiro lugar, levado a extremos, aquele argumento substancial deveria em bom rigor implicar que houvesse uma Assembleia Geral para cada acto sobre o qual deliberar, o que seria perfeitamente irrazoável. Mas, se então poderão ser levados a uma mesma Assembleia Geral 1, 2, 3..., 10,

---

[409] V. respectivamente a Convocatória para a Assembleia Geral da PT a realizar no dia 21 de Abril de 2006 e o Comunicado da PT de 19 de Abril de 2006, a Convocatória para a Assembleia Geral da PTM a realizar no dia 19 de Abril de 2006 e o Comunicado da PTM de 19 de Abril de 2006 e a Convocatória para a Assembleia Geral do BPI a realizar no dia 20 de Abril de 2006 e o Comunicado do BPI de 20 de Abril de 2006.

[410] V. n.º 2-§2 da Resposta da CMVM à Sonaecom de 6 de Abril de 2006 e da Resposta da CMVM ao BCP de 6 de Abril de 2006.

[411] O que poderia levar à necessidade de suspender a Assembleia Geral, ou melhor, à necessidade de a Assembleia Geral suspender os seus trabalhos, antes que o Presidente da Mesa o decidir (v. art. 387.º/1 do CSC e a propósito CORDEIRO (2007-i, 73, 77) e MAIA (2002, 461)). Resta saber se é regra sem excepção, designadamente quando a Assembleia Geral não tenha condições técnicas para deliberar, como sucedeu numa recente Assembleia Geral do BCP que acabou por ser suspensa, sem deliberação da Assembleia Geral, por 21 dias (curiosamente o mesmo prazo do que um dos dois previstos no art. 377.º/4 do CSC); sobre o tema veja-se o Comunicado do BCP de 7 de Agosto de 2007. Opinando pela bondade de tal suspensão e que a mesma terá ocorrido *ope legis*, v. CORDEIRO (2007-iii, 733).

11 ou 12 ou mais actos, por que razão não se deve permitir que tais deliberações se cumulem com assuntos de outro tipo na ordem de trabalhos? Assim parece justificar um princípio da economia de meios, a que a realização das Assembleias Gerais não deverá deixar de obedecer. Adicionalmente, é um foco de confusão para os accionistas uma sucessão de Assembleias Gerais num curto espaço de tempo. Aliás, o chamar devidamente a atenção para os assuntos em discussão não conflitua com a cumulação com outros pontos da ordem de trabalhos, mas antes implica que da convocatória conste a conexão dos actos deliberandos com o disposto no art. 182.º e a maioria exigida para aprovar as mesmas deliberações[412] e que seja dado o devido destaque na convocatória divulgada[413]. Note-se também que há decisões porventura muito mais importantes para os accionistas, como seja uma fusão ou cisão, em que estes deliberam, em princípio, pela mesma maioria qualificada (v. arts. 103.º/1 e 120.º do CSC) e em que, não obstante, não se exige que a ordem de trabalhos se restrinja a essas matérias (v. arts. 100.º/2-3-4 *a contrario* e 120.º do CSC). Por fim, aquela interpretação levaria simplesmente, na prática, a que se marcassem duas Assembleias Gerais, uma a seguir à outra, eventualmente no mesmo dia[414], num claro prejuízo do aludido princípio da economia de meios e o que seria gerador de injustificada confusão para os accionistas.

Por via das dúvidas (ou reconhecendo a valia dos argumentos em sentido contrário), veio o legislador esclarecer na redacção actual do preceito que a Assembleia Geral deverá ser convocada *"exclusivamente"* para o fim do disposto no art. 182.º/3-b) do CVM. Num mesmo sentido pode ver-se a regra geral fixada pelo legislador espanhol, nos termos do art. 28.º/4-a) do *Real Decreto 1066/2007*, de 27 de Julho. Portanto, Assembleias Gerais que decidam ao abrigo do art. 182.º/3-b) do CVM deverão ser convocadas para esse fim somente e não outro, mas obviamente que, atento o exposto supra, se há-de pelo menos permitir que possa ser tomada mais do que uma deliberação nesses termos numa mesma Assembleia Geral.

---

[412] Como sublinhado no n.º 4-§2 da Resposta da CMVM à Sonaecom de 6 de Abril de 2006 e da Resposta da CMVM ao BCP de 6 de Abril de 2006.

[413] Tal como poderá ser aconselhável que o Presidente da Mesa coloque tais autorizações como os primeiros pontos da ordem de trabalhos; v. a propósito MAIA (2002, 441).

[414] Mesmo assumindo-se como a devida a interpretação criticada, dificilmente se poderia considerar mesmo nestes casos estar-se a defraudar a lei; sobre a fraude à lei, pode ver-se MACHADO (1999, 275s).

202 *Orlando Vogler Guiné*

Relativamente ao âmbito da deliberação, retomando a formulação do art. 575.°/1 do CMVM', é de exigir uma *"autorização específica"* desse órgão, o que não deve colidir com algum grau de conformação à Administração na execução da medida. Tendo em conta o escopo da deliberação, e também (como veremos) a sua natureza (em regra) de autorização antes que de decisão propriamente dita, a Assembleia Geral deverá deliberar sobre os pontos essenciais que se poderão assumir como defensivos. Tomando como exemplo uma emissão de obrigações, que a Administração tenha decidido (v. art. 350.°/1 do CSC), a deliberação da Assembleia Geral deverá *inter alia* referir o montante máximo da emissão e do juro, as condições de vencimento antecipado que caiam fora da prática de mercado e especialmente uma qualquer *change of control provision* ou um qualquer *covenant* que impeça a alienação de determinados activos. Não me parece que deva bastar uma deliberação que diga simplesmente que a Administração poderá defensivamente "alienar activos" ou "realizar um aumento de capital"[415].

76. **Prazo**

Outra inovação, esta perfeitamente positiva, foi uma redução do prazo necessário para reunir a Assembleia Geral. Efectivamente, nos termos do art. 377.°/4 do CSC, esse prazo nunca seria inferior a trinta ou vinte e um dias, consoante os casos. Para evitar que o período de limitação de actuação da Administração se alongasse em demasia, convinha efectivamente reduzir este prazo. E, conforme já anteriormente referido, quanto mais alargado for aquele prazo, maior o âmbito de actuação a conceder à Administração.

---

[415] Nesse sentido (permitindo uma tal deliberação genérica), no âmbito do CMVM', v. DUARTE (1998, 195). Nesse sentido também, no âmbito das deliberações da Assembleia Geral prévias ao lançamento da OPA (à luz do §33(2) da WpÜG), v. LOHRMANN/VON DRYANDER (2002, 286-§11, 304-§55), com fundamento numa lógica de eficiência e na *ratio* legal de facilitar a adopção de medidas defensivas. (Deve notar-se que, entre nós, a *ratio* do disposto no art. 182.° do CVM aponta justamente no sentido contrário.) No mesmo sentido destes últimos autores, acrescentando o argumento de não mostrar o jogo ao adversário, v. SCHWENNICKE (2002, 504-§76), enquanto que em sentido mais perto do defendido supra pode ver-se HIRTE (2003, 981-§118) e HARBARTH/WINTER (2002, 15).

No ordenamento italiano, o legislador atentou logo em 1998 para este problema, tendo remetido no art. 104.º/2 do *Testo Unico della Finanza* para o Ministro da Justiça a possibilidade de conceder para estes casos um prazo abreviado, que veio a prever um prazo de quinze dias nesse mesmo ano (*regulamento d.m. 437/1998*). Em 2002 a WpÜG alemã veio prever também um prazo abreviado de duas semanas para Assembleias Gerais da visada convocadas com relação a uma OPA (v. §16(4)-1.ª-frase)[416].

O legislador comunitário, por seu lado, veio a sugerir também essa possibilidade de prever um prazo especial aos legisladores nacionais, desde que não inferior a duas semanas (art. 9.º/4 da DirOPA), sugestão essa que a lei nacional veio, e bem, a acolher, determinando-se hoje um prazo mínimo de quinze dias (art. 182.º/4-a) do CVM), solução seguida também pelo legislador espanhol (art. 60.º-bis/1-§4 da *Ley del Mercado de Valores*)[417].

77. Maioria

Relativamente à maioria exigida, exige-se uma maioria agravada, nos termos exigidos para a alteração dos estatutos (art. 182.º/4-b) do CVM; v. art. 386.º/3/4 do CSC), em detrimento da regra geral da maioria simples (art. 386.º/1 do CSC)[418].

A DirOPA nada consagra quanto ao tipo de maioria exigida, pelo que parece que o legislador comunitário terá deixado a situação para regulação autóctone. Conforme decorre também do seu Considerando 25, a DirOPA

---

[416] KIRCHNER/PAINTER (2000, 3) notam que a convocação e preparação de uma Assembleia Geral na Alemanha superava geralmente os dois meses.

[417] Curiosamente o mesmo prazo é disposto no art. 442.º/3 do CSC. Agora, poderão também suscitar-se problemas curiosos, atinentes com a questão dos prazos. Imagine-se que o Presidente da Mesa entende que o acto não se encontra proibido nos termos do art. 182.º/1 do CVM; deverá, não obstante, permitir que a Assembleia Geral se realize no prazo abreviado de quinze dias? O problema tem mais interesse académico do que prático, uma vez que, sendo a deliberação inválida por esse motivo, por essa mesma razão a Administração sempre poderia praticar o acto.

[418] Pode perguntar-se se, tendo em conta o disposto no art. 383.º/2 do CSC, é também exigível a existência do quórum constitutivo ali referido ou se vale (ou deve valer) como especificação suficiente a remissão feita no art. 182.º/4-b) do CVM. Note-se, contudo, que, tendo em conta a importância e mediatismo das matérias em causa, é (bastante) improvável (parece-me) que um tal quórum não se forme.

é uma Directiva de harmonização mínima e não máxima e, tendo em conta as implicações do disposto no art. 12.° da DirOPA, a questão sobre que tipo de maioria aqui deverá vingar é claramente uma questão menor. Os legisladores nacionais tiveram assim liberdade de adequar a solução ao que entenderam por conveniente, ainda que com prejuízo da harmonização legislativa no espaço comunitário. Assim, se, por exemplo, na regra 21 do City Code (e nas respectivas notas) e no §33a(1).a da WpÜG não se qualifica o quórum constitutivo ou deliberativo[419], já os arts. 60.°-bis/1-§1 da *Ley del Mercado de Valores* e 28.°/1-§1/3-b) do *Real Decreto 1066/2007*, de 27 de Julho, e a disposição portuguesa, qualificam em maior ou menor medida a deliberação da Assembleia Geral.

Quanto à finalidade prosseguida com a estipulação de uma maioria qualificada ela é facilmente discernível. Trata-se de criar um consenso mais alargado num assunto que poderá ser de crucial importância para os accionistas e, assim, a potenciação da possibilidade de realização de mais-valias pelos accionistas, mesmo contra a vontade da maioria (simples) dos accionistas (controladores eventualmente) que componham o colégio votante de sócios. Serve, pois, os mesmos propósitos de facilitação do sucesso da OPA que o próprio estabelecimento da limitação contida no art. 182.°/1 do CVM[420].

Finalmente, refira-se que a mesma maioria se impõe quanto à distribuição antecipada de dividendos e de outros rendimentos[421], uma vez que estes, sobretudo se em montante extraordinário, poderão constituir um aliciante forte para que os accionistas não vendam na OPA. Percebe-se a intenção, mas não se percebe muito bem o respectivo âmbito de aplicação. Quanto à distribuição antecipada de lucros de exercício, ou melhor, para usar a terminologia utilizada no CSC, quanto aos adiantamentos sobre os lucros de exercício rege, em geral, o disposto no art. 297.° daquele Código, que não prevê qualquer deliberação da Assembleia Geral. Terá o legislador

---

[419] Embora seja de referir que, nos termos da nota 10 à regra 21.1 do City Code, o *City Panel* derrogará normalmente a necessidade de fazer intervir a Assembleia Geral quando quando os accionistas detentores de mais de 50% declarem por escrito que aprovam a transacção proposta e que votariam em favor de uma deliberação nesse sentido.

[420] Nos respectivos Direitos, contra a agravação da maioria, v. GUERRA MARTÍN (2006, 174); a favor, v. VELLA (2002, 891). Notando também a maior dificuldade com um tal requisito de impedir o sucesso da OPA, v. KIEM (2000, 1512) e GATTI (2000, 623).

[421] V. a propósito JBPEREIRA (2000, 176).

pretendido, no art. 182.º/4-b) do CVM, impor um novo requisito para a realização de distribuições antecipadas de dividendos no contexto de OPA (a existência de uma deliberação da Assembleia Geral tomada por maioria qualificada)? Talvez, mas não está claro. Por outro lado, a letra da lei somente refere dividendos e outros rendimentos distribuídos de forma "*antecipada*"; ora, de forma antecipada, somente parecem ser distribuíveis os dividendos, antecipadamente face ao seu período normal de distribuição (no final do exercício). Será que esta disposição constante do art. 182.º/4-b) do CVM deverá, antes ou também, aplicar-se às deliberações de distribuição de bens aos sócios, nos termos do art. 31.º/1 do CSC, para as quais não se estabelece (em geral) qualquer maioria qualificada? Talvez, embora também não esteja claro (mas sempre se poderia argumentar que seria uma distribuição antecipada à data (eventual) de liquidação futura da sociedade). Finalmente, note-se que o art. 28.º/1-d) do *Real Decreto 1066/2007*, de 27 de Julho, por seu lado, proíbe antes as distribuições extraordinárias de dividendos e outras remunerações que caiam fora da política habitual da sociedade, com a ressalva ainda assim de tais distribuições ou remunerações extraordinárias terem sido previamente aprovadas e publicadas. E talvez não fosse má ideia importar, em futura revisão do CVM, aquela referência à política habitual da sociedade, uma vez que, sendo habituais, o oferente pode, e deve, contar com as mesmas.

78. *Break-through rule*

Nos termos do art. 11.º/3§1 da DirOPA, as restrições em matéria de direito de voto previstas no contrato social ficam sem efeito na Assembleia Geral que deliberar sobre matérias para as quais a Administração deve obter a concordância da primeira por estar a decorrer uma OPA. Como é sabido, o CSC possibilita tal previsão limitativa quanto ao exercício do direito de voto (art. 384.º-2-b)). O mesmo regime vale, nos termos do §2, quanto a restrições em matéria de direito de voto previstas em pactos parassociais ou em contratos entre os accionistas e a sociedade visada. Diversamente, é proibido, entre nós, a consagração do voto plural (art. 384.º/5 do CSC) e, como tal, não tem entre nós aplicação o disposto no §3 deste art. 11.º/3 da DirOPA.

O principal argumento em sentido contrário ao disposto no art. 11.º/3 da DirOPA, e avançado também pela maioria dos respondentes às consultas públicas n.ᵒˢ 1/2005 e 11/2005 lançadas pela CMVM, é o desrespeito pela liberdade contratual dos accionistas concretizada no pacto social[422]. O legislador português tendeu aqui, bem ou mal, para o respeito dessa liberdade, ficando na disponibilidade dos accionistas preverem estatutariamente que as restrições estatutárias ao exercício do direito de voto não sejam aplicáveis às deliberações autorizantes em análise, sendo supletivamente aplicáveis tais restrições na ausência de orientação estatuária contrária.[423] Entre os Estados-Membros, Espanha, por exemplo, tomou uma opção muito similar nesta matéria a Portugal (v. art. 60.°-ter/1-b) da *Ley del Mercado de Valores*).

79. Conflito de interesses

Muitas vezes, como primeiro passo para a aquisição do controlo sobre determinada sociedade, o futuro oferente adquire, antes de lançar a OPA, uma posição significativa na sociedade visada, tendo sempre presente, no entanto, que, atingindo determinados limites, o oferente terá de comunicar ao mercado a aquisição de participação qualificada, nos termos do art. 16.° do CVM, e o mercado poderá então antecipar a OPA, com o aumento da cotação das acções da sociedade visada e, assim, da despesa prevista para a operação. Por outro lado, poderá ser necessário o oferente deter uma determinada posição accionista na sociedade visada caso pretenda votar ou propor determinados assuntos à deliberação da Assembleia Geral da sociedade visada. Assim, por exemplo, estando em causa a eliminação designadamente de restrições estatutárias ao exercício do direito de voto como condição da OPA, como sucedeu na OPA sobre a PT[424],

---

[422] PAREDES GALEGO (2006, 14s), muito crítico desta regra do rompimento, fala igualmente em excepção ao princípio da soberania dos accionistas. Sobre a autonomia privada e liberdade contratual (esta paradigmaticamente referida no art. 405.° do CC) v. por todos PINTO (2005, 102ss).

[423] Para os principais argumentos avançados e pesados no âmbito das Consultas Públicas n.° 1/2005 e n.° 11/2005 v. o §12 do Relatório Final da Consulta Pública n.° 11/2005 sobre o Anteprojecto de diploma de transposição da Directiva das OPA.

[424] V. n.° 10-c), n.° 12-c), 2.6-c) respectivamente do Anúncio Preliminar (PT) de 6 de Fevereiro de 2006, Anúncio do Lançamento (PT) de 12 de Janeiro de 2007 e Prospecto (PT) de 12 de Janeiro de 2007.

caso a Administração não o solicite ao Presidente da Mesa (375.°/1 do CSC), poderá ser necessário ao oferente requerer essa convocação (art. 375.°/2 do CSC). Aliás, mesmo que a Administração pretenda vir a convocá-la (e não se tratando de matéria da competência da Administração- v. art. 373.°/3 do CSC), poderá ao oferente convir requerê-la em primeiro lugar ao Presidente da Mesa, para partir da *pool position* na discussão dessa matéria, designadamente em termos da projecção da iniciativa na comunicação social[425].

Seja por essas razões ou seja por outras, o oferente poderá igualmente ser accionista da sociedade e pretender votar em Assembleia Geral para efeitos do art. 182.°/3-b) do CVM. E obviamente que o sentido de voto deste oferente será directamente influenciado pela sua intenção de "ganhar" a OPA.

É discutível, dada a distinta redacção dos preceitos se, tal como quanto às sociedades por quotas, também no que respeita às sociedades anónimas existe uma genérica proibição de votar em conflito de interesses ou se esse tipo de situações deve ser taxativamente compreendido atendendo ao disposto no art. 384.°/6 do CSC (em oposição com o disposto no art. 251.°/1 do CSC)[426]. A opinar-se no segundo sentido, nem esta situação está prevista especialmente, nem se resume (ainda que indirectamente) a qualquer das hipóteses discriminadas no art. 384.°/6 do CSC, pelo que poderia votar[427]. Designadamente, não está em causa uma qualquer

---

[425] De qualquer modo, dada a importância da matéria em causa para os accionistas, dificilmente não deverá constar como um dos primeiros assuntos da ordem de trabalhos – v. a propósito MAIA (2002, 441).

[426] Para uma posição de encontro com o disposto quanto às sociedades por quotas v. JCSILVA (2001-i, 121ss), ESTACA (2003, 132), VASCONCELOS (2006, 148) e POCUNHA (2007, 289); salientando que o art. 384.°/6 do CSC é taxativo, v. VENTURA (1989, 284s). Afirmando que o art. 384.°/6 do CSC é aparentemente taxativo, devendo contudo algumas das situações previstas no art. 251.°/1 do CSC ser aplicáveis analogicamente, v. ABREU (2009, 245). Para uma posição bastante restritiva quanto ao âmbito do conflito de interesses do sócio v. os acórdãos do Supremo Tribunal de Justiça de 28 de Novembro de 1995 (Joaquim de Matos) e de 12 de Junho de 1996 (Sousa Inês).

[427] No âmbito da situação em análise e tendo em conta o disposto no §136 da AkG KIEM (2000, 1512) entende que o oferente pode votar, notando adicionalmente que no caso de necessidade de consentimento da sociedade para a transmissão de acções nominativas nos termos do §68(2) da AkG se deve entender igualmente que o accionista alienante pode votar (no sentido de que tanto o accionista alienante como adquirente podem votar nos

relação a estabelecer entre a sociedade e o sócio (assim no n.° 6-d)), mas uma relação entre um sócio e os demais sócios[428]. Em boa verdade, o interesse directamente conflituante com o do oferente não é o interesse da sociedade mas o interesse dos accionistas de controlo.

Por outro lado, também não me parece proceder o raciocínio que entende que esta Assembleia Geral deverá ser entendida como uma assembleia dos destinatários da oferta, tal como existem outros tipos de assembleias especiais (*Sonderversammlungen*) e, como tal, o oferente não poderia votar[429]. Este interessante raciocínio analógico choca com o facto de que, se a OPA for lançada também sobre acções preferenciais e/ou outros valores mobiliários que confiram o direito à subscrição ou aquisição de acções, quem poderá deliberar serão, não obstante, tão-só os titulares de acções com direito de voto na Assembleia Geral, enquanto que os titulares dessoutros valores mobiliários não têm direito de voto[430]. De contrário, estaríamos perante um castramento inadmissível dos poderes orgânicos societários.

Finalmente, tal como se poderá dizer que o oferente está em conflito de interesses porque pretende adquirir participações (e assim poder votar contra os seus "*interesses de longo prazo*"), igualmente se terá de dizer que boa parte dos restantes accionistas poderão estar em conflito de interesses, seja por poderem pretender alienar na OPA e assim votarem exclusivamente no interesse do oferente (antes que em atenção aos seus "*interesse de longo prazo*"), seja por pretenderem alienar a um preço superior e assim votarem para impedir o sucesso da oferta ao preço oferecido (antes que em atenção aos seus "*interesse de longo prazo*"). Levado a esses extremos teríamos então que todos os accionistas poderiam estar em situação de conflito de interesses e assim impedidos de votar.

---

termos do art. 328.°/2-a) do CSC v. MARTINS (2006, 430ss)). No ordenamento alemão também KRAUSE/PÖTZSCH (2005, 1076-§197) entende inexistir um conflito de interesses relevante na situação supra. Para o ordenamento italiano VELLA (2002, 899s) apela, antes, a uma análise casuística (e no mesmo sentido, mas em geral, v. ALBANESE (2000, 470)).

[428] Salientando o mesmo aspecto, mas no âmbito de uma venda de quotas próprias, v. o acórdão do Supremo Tribunal de Justiça de 30 de Abril de 1976 (Miguel Caeiro).

[429] V. MAIER-REIMER (2001, 276s). Sobre as assembleias especiais de accionistas (art. 389.° do CSC) v. POCUNHA (2007, 552ss).

[430] Diversamente pretendia PENNINGTON (1974, 32), v. art. 22.°-i); v. também WINTER *et alii* (2002-i., 28s).

Em conclusão, não me parece que o oferente deva considerar-se como estando em conflito[431].

80. Natureza da intervenção

Contrariamente ao que parece indicar a epígrafe da norma, não é a sociedade visada que se encontra limitada na sua actuação, mas antes a sua Administração[432]. Efectivamente, os actos que antes da OPA poderiam ser praticados continuam todos a poder ser praticados, simplesmente será necessário cumprir um determinado procedimento preliminar em alguns casos. Melhor do que o português esteve, por exemplo, o legislador espanhol, que epigrafou o art. 28.º do *Real Decreto 1066/2007*, de 27 de Julho, de *"Limitación de la actuación de los órganos de administración y dirección de la sociedad afectada y de su grupo"*.

Como já foi referido, a Administração de uma sociedade tem dois deveres fundamentais a seu cargo: gerir a sociedade e representá-la perante terceiro, isto é, decidir o que fazer e fazê-lo (ou determinar a vontade da sociedade e executá-la). Bem vistas as coisas, não é a primeira vertente que essencialmente se encontra afectada, mas antes a segunda; a lei é clara quando diz que a Administração *"não pode praticar"* determinados actos[433] e não que os não pode decidir. A norma dirige-se em primeira

---

[431] Ao que sei, atentando no exemplo da Assembleia Geral da PT de 2 de Março de 2007, nem o oferente, nem uns nem outros daqueloutros accionistas foram considerados pelo Presidente da Mesa (o Professor Menezes Cordeiro) como estando em conflito de interesses, nem se recorreu a tribunal por esse motivo.

[432] Salvo num caso muito particular já antes apontado, no caso de a Administração da visada tomar conhecimento da oferta antes da divulgação do anúncio preliminar e até à publicação deste.

[433] A par da Administração pode igualmente perguntar-se se um procurador (especialmente com poderes para actuar sem o contributo de algum administrador), cujos poderes tenham sido outorgados previamente ao lançamento da OPA, vê os mesmos igualmente limitados. Parece-me que, apesar do disposto no art. 266.º/1 do CC e assumindo que o período de limitação em concreto se inicia no momento da publicação do anúncio preliminar da OPA, o problema e o quadro argumentativo é essencialmente o mesmo quanto ao procurador e quanto à Administração; v. a propósito ABREU (2008, 1237). Dúvidas adicionais, mas (parece-me) a resolver no mesmo sentido, poderá levantar o facto de se tratar de uma procuração irrevogável, outorgada por definição no interesse do próprio procurador (art. 265.º/3 do CC).

210   *Orlando Vogler Guiné*

linha aos seus poderes previstos nos arts. 405.º/2 e 431.º/2 do CSC, antes que aos seus poderes previstos nos arts. 405.º/1 e 431.º/1 do CSC, que somente são visados reflexamente[434]. E isto porque não é através da tomada de deliberações orgânicas, mas antes através da respectiva execução que os objectivos do oferente se contrariam.

Na pendência da OPA, não se aplicando uma das outras excepções, pode existir um requisito suplementar para a prática de determinado acto pela Administração: uma autorização especial da Assembleia Geral[435]. Mas, tratando-se de um assunto da competência decisória da Administração, a deliberação da Assembleia Geral não servirá obviamente a mesma função da deliberação da Administração, assume-se antes como uma autorização. Donde que nem a Assembleia Geral pode propor a prática do acto nem uma deliberação favorável da Assembleia (proposta à Assembleia Geral enquanto mera autorização) poderá impor a prática do acto à Administração; assim o exige o respeito pelo princípio da separação de poderes decorrente da lógica das sociedades anónimas (v. arts. 373.º/3, 405.º/1 e 431.º/1 do CSC). Por outro lado, se a contingência da OPA passar, e ainda estando em tempo nos termos da deliberação da Administração, a Administração poderá perfeitamente, sem deliberação da Assembleia Geral, executar o acto conforme o poderia ter executado previamente ao lançamento da OPA.

Um caso muito conhecido sucedeu durante a OPA sobre o BPI, um dos maiores accionistas do oferente BCP na pendência da OPA, em que a Administração do primeiro submeteu à Assembleia Geral a alienação das acções que o banco detinha directamente no segundo e indirectamente através da BPI Vida Companhia de Seguros de Vida, S.A.. A proposta foi aprovada nos termos do art. 182.º/3-b) do CVM[436], mas isso não constituiu a Administração na obrigação da prática do acto[437]. E, aliás, nem o acto terá sido praticado na pendência da OPA.

Portanto, na pendência de uma OPA, a Assembleia Geral assume assim um poder autorizativo (quanto ao "quando" e não quanto ao "*quid*",

---

[434] Perspectiva contrária é a de DUARTE (1998, 199ss).

[435] Qualificando a intervenção da Assembleia como "*vero e próprio atto di autorizzazione*", v. GATTI (2000, 632s).

[436] V. o Comunicado do BPI sobre Deliberações da Assembleia Geral de 19 de Janeiro de 2007.

[437] No mesmo sentido, para os respectivos Direitos, v. GATTI (2000, 634) e KRAUSE/PÖTZSCH (2005, 1093-§236).

Da Conduta (Defensiva) da administração "Opada" 211

como vimos) sobre a realização de determinadas operações. Um tal poder representa de certa forma uma competência partilhada, entre o proponente da medida e o titular desse poder[438].

O lançamento de uma OPA sobre uma sociedade anónima é sempre um espectro que não poderá ser liminarmente afastado, o que não significa que inquine uma deliberação da Administração para a prática de um determinado acto. A decisão para a prática do acto em si mesma não é afectada pela competência extraordinária da Assembleia Geral na pendência de uma OPA. A deliberação da Administração é simplesmente ineficaz para esse efeito em caso de pendência de OPA, enquanto não for obtido o assentimento da Assembleia Geral ou enquanto a OPA estiver pendente[439]. Se aquele assentimento for obtido ou a OPA falhar, a deliberação será plenamente eficaz.

Agora, caso seja tomada uma deliberação pela Administração, antes ou na pendência da OPA, que preveja, expressa ou tacitamente (v.g. caso se fixe um prazo de prática do acto que não se compadeça com a convocação da Assembleia Geral nos termos do art. 182.º do CVM), que o acto deva ser, ou também ser, executado na pendência de OPA sem prévio recurso à Assembleia Geral nos termos do art. 182.º do CVM, tal deliberação contradiz nessa parte frontalmente o disposto imperativamente neste artigo e é por isso nessa parte nula à luz do art. 411.º/1-c) (e art. 433.º//1-proémio) do CSC[440]. Agora, poder-se-á, depois, discutir se efectivamente essa parte é uma deliberação autónoma, caso em que seria nula e o restante poderia ser válido, ou se é uma parte de uma só deliberação, caso

---

[438] Tratando-se de uma deliberação anterior da Assembleia Geral ainda não parcialmente executada, não se poderá falar de qualquer competência partilhada. O que sucede é que o legislador impõe que, caso o "quando" caia na pendência de uma OPA, deve a Assembleia Geral confirmar nessa pendência a execução do acto nesse período, o que em certos casos corresponde a uma visão demasiado paternalista do legislador, como já vimos antes. Infra discutiremos o tema das deliberações da competência própria da Assembleia Geral na pendência de OPA.

[439] As deliberações ineficazes são justamente aquelas que, por motivos extrínsecos (no nosso caso, a superveniência da OPA), não possam produzir os seus efeitos – assim CORDEIRO (2007-i, 182). Pode perguntar-se também se tal assentimento poderá ser dado *a posteriori*, como ratificação de um acto já praticado. À partida, não vejo por que não – v. art. 268.º/2 do CC e ABREU (2008, 1230-nota 65).

[440] Sobre a qualificação das normas como imperativas v. ABREU (2006-i, 113ss), CORDEIRO (2007-i, 194ss) e VASQUES (2007, 78ss).

em que se poderá questionar se o restante se mantém validamente ou não e em que termos, tendo em conta o disposto no art. 292.º do CC – é uma questão de interpretação da deliberação social.

Diversamente, se a Administração na pendência da OPA deliberasse ela própria autorizar a prática do acto, tal deliberação seria nula, porque não é à Administração, mas à Assembleia Geral, que cabe deliberar sobre autorizar ou não a prática do acto; tratar-se-ia de um vício de competência e por isso, em meu entender, de uma deliberação que pela sua natureza não estaria sujeita à deliberação da Administração, nos termos do art. 411.º/ /1-b) (e 433.º/1-proémio) do CSC[441].

Finalmente, cabe perguntar se, no que toca a deliberações tomadas pela Assembleia Geral em matérias da sua competência própria durante a pendência da OPA, a respectiva execução igualmente cairá no disposto neste artigo 182.º do CVM. Ou, em alternativa e numa perspectiva mais eficiente, se serão de aplicar igualmente os requisitos procedimental e decisional exigidos nos termos do art. 182.º/3-b)/4-b) do CVM àquelas deliberações. Quando a Assembleia Geral não se encontra a exercer um poder de autorização, mas antes a sua competência de decisão sobre determinadas matérias e em que, portanto, a Administração não se assume como órgão decisor mas somente como executor[442], uma competência que já lhe assistia fora do quadro de uma OPA em curso, devem aplicar-se também aqueles requisitos?[443] Como exemplos, tome-se uma distribuição anual de dividendos (v. 376.º/1-b)), uma aquisição ou alienação de acções próprias (arts. 319.º/1 e 320.º/1), ou uma emissão de obrigações

---

[441] Análogo, portanto, ao sentido que Xavier (1985, 18), Ventura (1992, 557) e POCunha (2007, 639s) fazem decorrer de referência semelhante no art. 56.º/1-c) do CSC, que se refere às deliberações dos sócios. E tal como, aliás, seria nula pelo mesmo motivo, nos termos desta última norma, uma deliberação da Assembleia Geral decidindo, antes que autorizando, uma determinada medida defensiva da competência decisória da Administração (v. a propósito JCSilva (2001-i, 118) que indica qualquer uma das alíneas, c) e d)). Note-se, contudo, que o sentido desta norma é controverso, podendo encontrar-se soluções divergentes *inter alia* em Ascensão (2002, 380ss), Abreu (2006-i, 116ss) e Cordeiro (2007, 187ss). O exposto neste e nos últimos parágrafos relativamente às deliberações da Administração deverá valer *mutatis mutandis* quanto às deliberações do Conselho Geral e de Supervisão nos termos do art. 442.º/1 do CSC (v. art. 182.º/7 do CVM).

[442] O problema aqui é, desde logo, que na própria execução a Administração acaba muitas vezes por ter ainda basta discricionariedade.

[443] Em sentido negativo v. Duarte (1998, 197ss).

Da Conduta (Defensiva) da administração "Opada"   213

(art. 350.°/1-1.ª-parte, todos os artigos do CSC), em que o órgão decidente é justamente a Assembleia Geral e não a Administração.

Em primeiro lugar, recorde-se que o disposto no art. 182.°/1 do CVM, conforme já fomos referindo, dirige-se, em primeira linha, à actuação executiva da Administração, antes que deliberativa. Isto porque o que pode colidir com os interesses do oferente é a prática de actos e não a aprovação de quaisquer deliberações. Ora, a Administração tanto executa as próprias deliberações como as da Assembleia Geral.

Depois, vimos que os requisitos da convocação exclusiva e da maioria qualificada se arvoram respectivamente em atenção à necessidade de especialmente alertar os accionistas para a potencialidade defensiva do acto em questão e a uma intenção de favorecimento da possibilidade de realização de mais-valias pelos accionistas, mesmo contra a intenção de uma maioria simples deles. Tanto uma como outra circunstância se precipitam também no caso em análise (deliberação da Assembleia Geral no âmbito da sua própria competência na pendência da OPA), pelo que parece que se justifica que aqui igualmente sejam aplicáveis[444]. Apesar de não estarmos perante deliberações tomadas pela Administração e, portanto, inexistindo o *"omnipresent specter that a board may be acting primarily in its own interests"* (*Unocal*), para o accionista, que pode estar interessado em realizar mais-valias na OPA, é indiferente qual o órgão que decida sobre dada medida defensiva, releva é que ela possa ser tomada e a OPA por esse motivo seja obstaculizada. Novamente, se o legislador erigiu requisitos especiais, um para alertar melhor os accionistas para o teor da deliberação em causa e outro para criar um consenso mais alargado (e por via desse alargamento dificultando também a adopção de medidas defensivas), requisitos que são aplicáveis (indubitavelmente) às situações em que a Assembleia Geral exerça um poder autorizativo, igualmente aqui, em que este órgão exerce uma competência decisória própria, parece que os mesmos deverão ser aplicáveis. Diversamente seria se, no lugar dos tais dois requisitos fixados no art. 182.°/3-b)/4-b) do CVM, o legislador tivesse relegado a decisão para as regras gerais do CSC. Por fim, sublinhe-se que seria um contra-senso que se impusesse que deliberações anteriores da Assembleia Geral devessem ser "confirmadas" segundo aqueles requi-

---

[444] No mesmo sentido v. n.°s 7-§2 da Resposta da CMVM à Sonaecom de 6 de Abril de 2006 e da Resposta da CMVM ao BCP de 6 de Abril de 2006.

sitos mas exactamente as mesmas deliberações tomadas na pendência da OPA não o devessem ser.

Já a possibilidade de lançar mão do prazo reduzido de quinze dias para convocar a Assembleia Geral (art. 182.º/4-a) do CVM) pode discutir-se se deve ser aplicável. Por um lado, este prazo visa essencialmente garantir uma rápida intervenção da Assembleia Geral ali onde a Administração é normalmente exclusivamente competente (e em que por norma existe maior urgência decisória) e não quando originariamente esta não é competente. Mas, por outro lado, a OPA é uma circunstância externa excepcional, que pode justificar (em geral) o apressar da realização de uma qualquer Assembleia Geral.

CONSEQUÊNCIA

81. (In)Eficácia do acto?

O último passo é determinar o que entender por a Administração não poder praticar o acto, o que passa por uma clara opção legislativa. Se a Administração não pode praticar um acto, obviamente que não o deverá praticar. Agora, a questão está em saber se a consequência de uma conduta contrária da Administração tem como efeito tão só a responsabilização dos administradores, por infracção de um seu dever, constante do art. 182.°/1 do CVM[445], ou se, além disso, o acto poderá ser ineficaz perante a socie-

---

[445] Sobre o sentido da responsabilização em caso de violação do disposto no §33 da WpÜG (sociedade visada, accionistas e/ou oferente) pode ver-se LOHRMANN/VON DRYANKE (2002, 311-§73ss), SCHWENNICKE (2002, 507ss-§87ss), HIRTE (2003, 997ss--§159ss) e KRAUSE/PÖTZSCH (2005, 1122ss-307ss). No Direito pátrio refira-se que o §21(13) do preâmbulo do DL n.° 142-A/91, de 10 de Abril, que aprovou o CMVM', mencionava relativamente ao art. 575.° do CMVM', os *"legítimos interesses dos accionistas e do oferente"*, MONTEIRO/SÁ (1998, 423) parecendo acompanhar nesse sentido o disposto nesse artigo, e, no mesmo sentido mas relativamente ao art. 182.° do CVM, podendo ver--se JBPEREIRA (2000, 180); diversamente entende DUARTE (1998, 208ss), no âmbito da primeira norma, que nem oferente nem accionistas são titulares de um tal interesse. Pelo meu lado, quanto à sociedade, é natural que os administradores devam indemnizar a sociedade pelos prejuízos a ela causados pela violação do disposto no art. 182.°/1 do CVM, conjugado com o art. 72.°/1 do CSC. Agora, parece-me que procurar ver o oferente como titular de um interesse juridicamente protegido pela primeira norma é ir longe de mais, o oferente é somente protegido reflexamente, enquanto beneficiário da protecção conferida em primeira linha aos accionistas; doutro modo, conforme já encontrei referido, não apenas a Administração, mas a própria sociedade, estaria impedida de adoptar medidas defensivas. Já quanto aos accionistas parece mais consistente vê-los como titulares de um interesse juridicamente protegido (para os requisitos da chamada segunda variante da ilicitude, ao abrigo do art. 483.°/1 do CC, v. por todos VARELA (2000, 539ss), mas a questão não tem a mesma importância que poderia ter ao abrigo do CMVM', dada a sujeição dos adminis-

216   *Orlando Vogler Guiné*

dade visada[446] e, portanto, não vincular a sociedade visada perante terceiros, nos termos do art. 409.º/1 (e v. 431.º/3) do CSC combinado com aquela norma do CVM. Em termos práticos, o que está em causa é a prática de um acto que reúna os requisitos referidos no art. 182.º/1 do CVM, quando não seja aplicável nenhuma das excepções possíveis (art. 182.º/3-a)/b)/6 e 182.º/2-c) *a contrario* do CVM). Note-se também que a discussão sobre a devida consequência se centra na prática de actos jurídicos. Uma vez que a administração de uma sociedade compreende também actos materiais e que estes igualmente hão-de compreender-se no disposto no art. 182.º/1 do CVM[447], nesses casos a consequência de uma eventual violação do disposto nesta norma será somente a responsabilização dos administradores.

---

tradores ao princípio da boa fé plasmado no art. 181.º/5-d) do CVM, constituindo a adopção de medidas defensivas, não justificadas ao abrigo do art. 64.º/1-b) do CSC, uma violação desse princípio e, assim, constituindo os administradores em responsabilidade nos termos do artigo 79.º do CSC. Questão controversa é se se justifica que efectivamente a sociedade responda ao lado dos administradores, ao abrigo do art. 6.º/5 do CSC (tanto num caso como noutro, ou seja, tanto em caso de infracção do disposto no art. 182.º/1 como do 181.º/5-d) do CVM). Parece-me que a responsabilidade pelo prejuízo decorrente da perda da possibilidade de alienar as acções em mercado secundário, em resultado da adopção de medidas defensivas da Administração, deve merecer a mesma resposta que aqueloutra situação em que o accionista teve prejuízos por a Administração de uma sociedade ter negado ilegitimamente o consentimento à transmissão das acções e tal tenha impedido a sua transacção em mercado secundário para terceiro (v. arts. 328.º/2-a) e 329.º/1/2 do CSC). Em ambos os casos não me parece claro que, atendendo ao racional subjacente ao art. 6.º/5 do CSC, a sociedade deva necessariamente responder, enquanto comitente, perante o accionista, titular de uma participação social na própria sociedade.

[446] Por outro lado, note-se que não é claro que a infracção do disposto nesta norma esteja prevista no elenco de condutas contra-ordenacionais previstas no art. 393.º do CVM, sobre ofertas públicas, isto porque o disposto no art. 393.º/2-j) parece-me apontar (literalmente) para o mesmo tipo de situação que o disposto no art. 393.º/4-h) (v. art. 180.º do CVM e respectiva epígrafe; sobre a valência interpretativa das epígrafes v. ASCENSÃO (2001, 393)), dando lugar a uma curiosa sobreposição de normas, antes que visando (literalmente) uma infracção ao disposto no art. 182.º/1 do CVM. Ainda assim, seria de perguntar se não lhe cabe a qualificação de contra-ordenação menos grave, nos termos do art. 400.º-a) do CVM. Compare-se com a diversa actual solução no Direito alemão, nos termos do §60(1).8 da WpÜG e note-se também que o art. 671.º24-e) do CMVM' estipulava explicitamente que à infracção do disposto no art. 575.º/1 correspondia uma contra-ordenação.

[447] Como salientado por DUARTE (1998, 205).

Não se pode dizer que a resposta seja totalmente clara.

A letra da lei parece ser bastante expressiva. Se não os pode praticar é porque lhe falece competência para tanto, por o acto estar fora dos limites dos poderes que a lei confere aos administradores (art. 409.°/1 do CSC)[448]. Com efeito, consta da norma que a Administração *"não pode praticar"* certos actos e não que não os deve praticar.

Atente-se na diversa expressão utilizada no art. 6.°/4 do CSC, a propósito da prática de actos para além de cláusulas contratuais e de deliberações sociais que fixem à sociedade determinado objecto ou proíbam certos actos. Aquelas não limitam a capacidade da sociedade, mas constituem os órgãos da sociedade no dever de não excederem ou praticarem esses actos. Se o legislador, cuja racionalidade devemos presumir (art. 9.°/3 do CC), empregou o verbo "poder" e não o "dever", terá justamente pretendido dar-lhe um sentido diverso do constante ali no art. 6.°/4 do CSC.

Mas, se o literal é um dos tradicionais elementos interpretativos, não se assume hoje em dia como decisivo[449]. Aliás, há mesmo casos em que o legislador terá trocado um pelo outro verbo, escrevendo "pode" em vez de "deve"; v.g. quando determina a forma do contrato de locação financeira ou da cessão de créditos para titularização (arts. 3.°/1 do DL n.° 149/95, de 24 de Junho, e 7.°/1 do DL n.° 453/99, de 5 de Novembro)[450], o que não só demonstra que o sentido literal mais imediato nem sempre é o mais adequado como que aquela presunção de razoabilidade é muitas vezes ilidida em concreto.

Sistematicamente, parece existir um argumento forte para a ineficácia da actuação da Administração, quando se compare a letra e a epígrafe dos arts. 181.° *"(Deveres da sociedade visada)"* e 182.° *"(Limitação dos poderes da sociedade visada)"* (sublinhados meus). No entanto, uma leitura deste tipo obriga, por exemplo, a que se interprete teleologicamente

---

[448] Ou permite conferir – em atenção ao disposto no art. 9.°/1 da Primeira Directiva 68/151/CEE do Conselho, de 9 de Março de 1968, tendente a coordenar as garantias que, para protecção dos interesses dos sócios e de terceiros, são exigidas nos Estados-Membros às sociedades, na acepção do segundo parágrafo do artigo 58.° do Tratado, a fim de tornar equivalentes essas garantias em toda a Comunidade; assim Martins (2002, 493s). No mesmo sentido v. Abreu (2008, 1229), onde se poderá encontrar em nota doutrina e jurisprudência contrária.

[449] V. a propósito Neves (1994, 103ss).

[450] V. JCSilva (2005, 101s) e JCSilva (2001-ii, 422s).

o disposto no art. 173.°/3 do CVM, no sentido de aí se incluírem também as normas referentes à limitação de poderes da Administração da sociedade visada, uma vez que o art. 182.°/1 do CVM não tem sentido que se aplique fora dos casos ali previstos.

Historicamente há a salientar que a redacção em análise já consta desde o CMVM', que já no seu art. 575.° a empregava. Do preâmbulo do DL n.° 142-A/91, de 10 de Abril (que aprovou o CMVM'), dos Trabalhos Preparatórios do Código dos Valores Mobiliários, dos preâmbulos do DL n.° 486/99, de 13 de Novembro, que aprovou o CVM, e do DL n.° 219/2006, de 2 de Novembro, que transpôs a DirOPA, nada decorre sobre o sentido da norma. Deve, no entanto, salientar-se que, durante os trabalhos de transposição na CMVM, o tema foi suscitado e discutido, tendo-se, no entanto, optado por manter a solução anterior, que se concluiu no §11 do Relatório Final da Consulta Pública n.° 11/2005 sobre o Anteprojecto de diploma de transposição da Directiva das OPA apontar para uma solução de ineficácia.

Quanto ao disposto na DirOPA, nela a estipulação das consequências jurídicas concretas é deixada para cada Estado-Membro (art. 17.°). Poderia, contudo, dar alguns indícios sobre qual a preferência comunitária, mas aí ela também não é conclusiva. O disposto no art. 9.°/2§1 dá ideia de que se trata essencialmente de uma obrigação da Administração, esta está obrigada a obter autorização da Assembleia Geral, mas não se diz que o incumprimento desse dever implique a ineficácia do acto. Por outro lado, o art. 9.° da DirOPA é epigrafado de *"Deveres do órgão de administração da sociedade visada"* e, aliás, é estritamente de um dever que trata o disposto no n.° 5. No entanto, no Considerando 16 (e v. também o 21) a este propósito o legislador comunitário já utiliza a expressão *"limitados os poderes"*. Trata-se de uma das (muitas) questões que ficaram na discricionariedade de cada legislador nacional. Por exemplo, diversamente do legislador nacional, o legislador italiano manteve nessa parte inalterado o (agora) art. 104.°/1-bis do *Testo Unico della Finanza*, que, ao referir expressamente na sua parte final a responsabilização dos administradores, parece apontar no sentido da mera responsabilidade, sem impacto na vinculação da sociedade[451].

---

[451] VELLA (2002, 901ss), por exemplo, defende a tese da mera responsabilização dos administradores. O trecho legal referido é o seguinte: *"Resta ferma la responsabilità*

Atentando, agora, na teleologia do art. 182.°/1 do CVM, facilmente os interesses dos accionistas (alienantes) e reflexamente do oferente sairão mais reforçados caso o acto praticado seja também ineficaz perante a sociedade visada[452], antes que somente gerador de responsabilidade dos administradores. Aliás, dados os enormes prejuízos potenciais eventualmente envolvidos, a responsabilidade civil (ao nível dos administradores) poderia acabar por actuar mais sancionatoriamente do que com fito reparador[453]. O grande argumento contra a solução mais tuteladora daqueles interesses são os interesses do comércio jurídico[454], uma vez que, diversamente do que sucede em geral, em que os terceiros podem concluir se o acto vincula ou não a sociedade, consultando essencialmente o registo comercial da sociedade visada (v. arts. 5.° do CSC, 3.°/1-a), 70.°/1-a)/2, 73.°/1 e 74.°/1 do Código do Registo Comercial)[455], agora, além disso, terão de (i) conhecer que foi lançada uma OPA sobre a sociedade visada[456], (ii) fazer um juízo de conjugação complexo com base em três critérios indeterminados e (iii), dependendo dos casos, saber se é aplicável alguma excepção.

Quanto ao primeiro ponto, o anúncio preliminar é de conhecimento público (art. 175.°/1 do CVM), pelo que o seu desconhecimento por terceiros não deve ser um verdadeiro problema. Quanto ao terceiro ponto, relativamente à excepção da reciprocidade, além da sua divulgação no anúncio preliminar (art. 176.°/1-h) do CVM) – que vale o que vale –, estatisticamente note-se também que o residual mercado das OPA's português não tem propriamente conhecido OPA's transfronteiriças. E relativamente ao conhecimento sobre uma intervenção da Assembleia Geral, também não parece que seja um problema, dado que a convocatória e a divulgação de uma deliberação da Assembleia Geral de uma sociedade cotada deve-

---

degli amministratori, dei componenti del consiglio di gestione e di sorveglianza e dei direttori generali per gli atti e le operazioni compiuti."

[452] Como se sublinha também no §11 do Relatório Final da Consulta Pública n.° 11/2005 sobre o Anteprojecto de diploma de transposição da Directiva das OPA.

[453] Sobre estas duas funções da responsabilidade civil, v. por todos e resumidamente VARELA (2000, 542s). Já PENNINGTON (1974, 82) se interrogava na sede de que se cura sobre este ponto.

[454] V. DUARTE (1998, 206) e VELLA (2002, 902s).

[455] Assim ALEMAGNA (2004, 290). V. a propósito ABREU (2006-i, 135).

[456] O que se complicará se o período de limitação se iniciar antes da entrega do anúncio preliminar, hipótese que deixaremos aqui de lado.

rão ser do conhecimento público (v. arts. 248.º do CVM). Além do mais, igualmente noutros contextos terceiros contratando com, ou com relação a, sociedades comerciais de responsabilidade limitada têm necessidade de averiguar se determinado assunto foi aprovado pela Assembleia Geral, sendo que na ausência de deliberação o acto é, não obstante ter sido praticado, ineficaz (v.g. arts. 246.º/1-b), 266.º/4, 460.º do CSC)[457]. A protecção dos terceiros (de boa fé) surge antes noutro momento, em caso de nulidade ou anulação da necessária deliberação precedente da Assembleia Geral, que aqui não surge como fundamento de actuação, mas como requisito para essa mesma actuação e que me parece que deve gozar também do regime do art. 61.º/2 do CSC[458]. Assim, se a deliberação tiver existido mas for por qualquer motivo declarada nula ou anulada, se a Administração tiver praticado o acto com base nela, estão protegidos os terceiros de boa fé, diversamente do caso em que não tenha havido tal deliberação.

Tendo em conta o exposto, o problema atém-se essencialmente, além da verificação (essencialmente fáctica) da excepção de cumprimento de obrigações prévias ou de existência de uma decisão prévia parcialmente executada, com o juízo (essencialmente jurídico) referido supra em (ii)[459].

Mas deve reconhecer-se que, em princípio, a sociedade visada não actuará defensivamente através de transacções a realizar com o público em geral, mas com contrapartes especialmente qualificadas e com grande disponibilidade de capital e experiência empresarial e nos mercados de capitais, e que, portanto, decerto não dispensarão aconselhamento jurídico

---

[457] V. ABREU (2008, 1230), onde os exemplos foram colhidos (v. também o acórdão do Supremo Tribunal de Justiça de 8 de Julho de 2003 (Ferreira de Almeida)). Para outro exemplo v. o art. 29.º/5 do CSC, o que não significa que o âmbito da ineficácia seja exactamente o mesmo nos casos referidos supra e neste último caso.

[458] Brevemente sobre este artigo em geral pode ver-se ABREU (2008, 1231).

[459] SCHWENNICKE (2002, 507-§85) entende, relativamente ao §33 da WpÜG, que se tratará de uma norma de diligência somente, dadas as dificuldades práticas que uma norma especial de competência redigida naqueles termos comportaria e também com um argumento de analogia com a doutrina *Holzmüller*, pois a adopção de *grundsätzliche Massnahmen* pela Administração sem prévio recurso à Assembleia Geral poderá, em regra, originar responsabilidade dos administradores e não a ineficácia perante terceiros. No mesmo sentido v. DRYGALA (2001, 1870s) e Krause/PÖTZSCH (2005, 1120-§303). Com muito interesse v. MAIER-REIMER (2001, 266), podendo também ver-se sobre o tema MÖLLER/ /PÖTZSCH (2001, 1259) e FERNÁNDEZ DE LA GÁNDARA / SÁNCHEZ ÁLVAREZ (2002, 233).

Da Conduta (Defensiva) da administração "Opada"

especializado, seja quanto à qualificação da situação, seja quanto ao acautelamento (por via contratual) das respectivas posições. Por outro lado, (ainda) vale o tradicional aforismo relativamente a um eventual desconhecimento do disposto no art. 182.° do CVM: *ignorantia legis non excusat* (v. art. 6.° do CC).

Agora, a ineficácia do acto não parece justificar-se em todos os cenários. É necessário que o acto seja ineficaz na pendência da OPA e após o final desta, caso a mesma tenha tido sucesso; se a OPA não tiver sucesso a eficácia do acto deixa de se justificar na mesma medida. A solução mais adequada passaria, assim, por considerar que a eficácia de um acto praticado pela Administração em violação do disposto no art. 182.°/1 do CVM (não se aplicando nenhuma das excepções) se encontra, antes, sujeita a uma condição legal suspensiva[460], o acto somente sendo eficaz perante a sociedade caso a OPA venha a ser votada ao insucesso (nomeadamente, caso se concretize alguma condição resolutiva a que o oferente tenha sujeitado a OPA – v.g. uma determinada alteração estatutária ou um montante de capital mínimo de aceitações, como aconteceu respectivamente nas referidas OPAs sobre a PT e o BPI). No entanto, cabe também reconhecer que, se a conjugação dos diversos pressupostos positivos e negativos da norma já implicam bastante indeterminação (para o comércio jurídico, terceiros e oferente), desta forma se lança uma nota adicional de incerteza – quanto à consequência jurídica e à verificação de um acontecimento futuro e incerto (para utilizar a linguagem do art. 270.° do CC). Por último, a vontade das partes (da visada e, especialmente, do terceiro) poderá também não se compadecer com uma tal condição. Assim sendo, é aconselhável que a Administração sujeite sempre a prática de actos em violação do disposto no art. 182.°/1 do CVM (quando não se aplique nenhuma excepção) à condição voluntária suspensiva do insucesso da OPA. Conforme referido supra, a aposição de uma tal condição não deverá considerar-se abrangida pelo art. 182.°/1-2.ª parte do CVM, uma vez que a transacção não se verificará se a OPA tiver sucesso e, portanto, não afectará o objecto indirecto da OPA, enquanto que predispõe uma alternativa aos accionistas, que decidirão vendendo ou mantendo a sua participação, conforme o que entenderem que melhor serve os seus interesses. Em atenção ao seu dever de boa fé e salvo se razões de confidencialidade do negócio

---

[460] Sobre as *conditiones iuris* v. por todos Pinto (2005, 562).

se opuserem, deverão os administradores da visada dar a conhecer tal situação aos accionistas.

Por fim, pode cogitar-se se a tese da (in)eficácia supra não terá como limite a praticabilidade dessa consequência[461]. Se aquém desse limite os administradores efectivamente não poderiam nem deveriam, além desse limite acabariam por poder mas não dever.

Imagine-se uma alienação de activos e que seria considerada proibida ao abrigo do art. 182.°/1 do CVM uma alienação no valor de 100 e que nenhuma excepção é aplicável. Se a Administração celebra na pendência da OPA um contrato de alienação de activos com valor de 100, independentemente de o efeito translativo se produzir sucessivamente (v.g. do conjunto de activos, cada um é transferido em momento diferentes no tempo) ou instantaneamente, essa actuação cairá naturalmente no âmbito da proibição. Agora, se a Administração, encapotadamente, decide e pratica diversos actos com contrapartes diferentes cada um com valor inferior a 100, mas que, encadeados acabam por implicar um valor de 100, *quid iuris*? Note-se que nos termos da nota 2-§final da regra 21.1 do City Code, para a consideração da materialidade de uma transacção, devem agregar-se justamente as diversas transacções. O que tem toda a lógica, mas, nomeadamente entre nós, tenho bastantes dúvidas sobre se a sanção da ineficácia deva ser aplicável a cada um daqueles actos, sobretudo se forem uma imensidão deles.

Imaginemos, agora, que a sociedade visada realiza um conjunto de alienações ou aquisições de valores mobiliários em bolsa interdito pelo disposto no art. 182.°/1 do CVM[462]. Em mercado cruzam-se ordens de compra e venda anónimas, comprador e vendedor desconhecendo-se reciprocamente, pelo que a outra parte desconhece de quem adquire os valores mobiliários[463]. Se a eficácia da actuação não resultasse já directamente

---

[461] Assim o §11 do Relatório Final da Consulta Pública n.° 11/2005 sobre o Anteprojecto de diploma de transposição da Directiva das OPA.

[462] Um exemplo semelhante é apresentado no §11-*in fine* do Relatório Final da Consulta Pública n.° 11/2005 sobre o Anteprojecto de diploma de transposição da Directiva das OPA. No que toca a aquisições de acções da própria sociedade visada feitas pelos administradores ou por pessoas relacionadas nos termos do art. 20.° do CVM existe um importante dever de comunicação diária à CMVM, nos termos do art. 181.°/5-a) do CVM.

[463] Elucidativamente sobre este anonimato v. ASCENSÃO (1999, 180s).

[464] Efectivamente, o encadeamento da introdução e cruzamento das ordens em mercado e a sua liquidação através dos sistemas de liquidação de valores mobiliários

Da Conduta (Defensiva) da administração "Opada" 223

das regras regentes da liquidação aplicáveis[464], neste caso também dificilmente seria praticável impor a ineficácia da actuação da Administração.

Em conclusão, não se aplicando alguma excepção (art. 182.º/ /3-a)/b)/6 e 182.º/2-c) *a contrario* do CVM), o acto é praticado pela Administração fora dos poderes que a lei lhe confere, nos termos conjugados dos arts. 182.º/1 do CVM e 409.º/1 (a 431.º/3) do CSC, pelo que o acto praticado é, por regra, ineficaz perante a sociedade[465] – pelo menos durante a pendência da OPA e, após o final desta, se a mesma não tiver sido bem sucedida.

82. A regra da não frustração e dever de lealdade

Finalmente um esclarecimento só no que toca à interpenetração entre o regime fiduciário do art. 64.º/1-b) do CSC e o disposto no art. 182.º do CVM. Não são de modo nenhum excludentes um do outro e facilmente se percebe a sua articulação. Se a proibição do disposto no art. 182.º/1 do CVM não for aplicável, seja por não se preencher algum dos pressupostos ou requisitos, seja por ser aplicável alguma das excepções, aplica-se somente o regime fiduciário de actuação dos administradores nos termos referidos no capítulo anterior. Se aquela proibição for aplicável, esse regime tem aplicação dentro do âmbito da actuação permitida à Administração. Esta já não poderá é praticar actos requeridos pelo disposto no art. 64.º/1-b) do CSC, quando a sua prática implique colisão com o disposto no art. 182.º/1 do CVM, mas, sustentando-se a interpretação da primeira norma defendida no capítulo anterior, em princípio um tal tipo de situação dificilmente ocorrerá.

---

acabam por poder resolver a contento dos interesses dos terceiros a maioria destes problemas; para os sistemas de liquidação portugueses, v. arts. 258.º ss do CVM, especialmente para esta questão os arts. 276.º s. Embora não se trate rigorosamente de legitimidade do ordenador à luz do art. 325.º-a) do CVM, poderá também questionar-se até que medida o disposto no art. 182.º do CVM deve ou não afectar o juízo do intermediário financeiro quanto à aceitação e execução/transmissão da ordem recebida da sociedade visada.

[465] Assim também VAZ (2000, 188-nota 474). No sentido de que um acto praticado sem a intervenção prévia de outro órgão quando legalmente devida é ineficaz v. MARTINS (1998, 180). Parece-me, portanto, que é em sede de (in)eficácia do acto que a discussão se deve centrar e não em sede de (in)validade do acto (este último sentido é o discutido por DUARTE (1998, 203ss) e também o aflorado por ANTAS *et alii* (1992, 218)).

CONCLUSÕES

Feito o excurso, apresentam-se infra as conclusões mais importantes resultantes do presente trabalho.

i) As medidas defensivas podem (a) ter como o escopo primário impedir uma OPA ou antes prosseguir a estratégia definida para a sociedade independentemente das repercussões que possa ter numa OPA, podendo designar-se respectivamente por medidas defensivas subjectivas e objectivas, e (b) ser adoptadas e executadas antes ou depois do lançamento de uma OPA, podendo designar-se respectivamente por medidas defensivas prévias ou subsequentes.

ii) Uma sociedade deve ser administrada de acordo com um (a) critério modal de diligência e (b) um critério final de prossecução do interesse social, cujo conteúdo é determinado em função da necessidade de criação sustentada de valor para os sócios, devendo os interesses dos *stakeholders* ser, em princípio, considerados instrumentalmente pela Administração, somente excepcionalmente se devendo poder atribuir relevância autónoma a tais interesses, caso um muito grande prejuízo nestes mesmo interesses não seja contrabalançado por um substancial benefício no interesse comum dos sócios.

iii) O sucesso de uma OPA (e assim a transição de controlo e modificações estratégicas daí decorrentes) representa um facto futuro e incerto que deverá ser tratado pela Administração como outros factos do mesmo tipo, sustendo na medida do possível a adopção de medidas defensivas objectivas subsequentes, numa óptica de não desperdício de recursos.

iv) Uma OPA representa uma escolha para os accionistas, que naturalmente escolherão manter ou alienar a sua participação, consoante o que entenderem mais conveniente, não devendo a Administração adoptar medidas defensivas subjectivas subsequentes quando considerar que a melhor alternativa para os accionistas é a segunda alternativa.

v) Mesmo quando no entender da Administração a alienação das acções não seja a melhor escolha, ponderando os benefícios eventualmente decorrentes de uma actuação defensiva da Administração e as desvantagens daí podendo decorrer, não é no interesse dos accionistas que a Administração adopte medidas defensivas subjectivas subsequentes (podendo mesmo duvidar-se que uma tal actuação se inclua no escopo do mandato de administração), nem sendo de concluir em sentido diverso através de um argumento *a contrario* tirado do art. 182.° do CVM nem através do menor poder negocial da Administração daí resultante.

vi) Fora da administração dos negócios sociais, no âmbito negocial com o oferente, a Administração deve assumir-se como agente (*agent*) dos interesses de curto prazo dos accionistas na realização de mais-valias, devendo nessa sua actuação pautar-se por um princípio de boa fé, a adopção de medidas defensivas subjectivas subsequentes podendo inclusivamente implicar a violação desse princípio.

vii) Naquele âmbito negocial a Administração deve elaborar um relatório informativo sobre as condições da oferta, o que implica um juízo complexo que deve concluir pelo mérito ou demérito da oferta, de molde a permitir uma decisão fundamentada dos accionistas sobre alienar ou não na OPA.

viii) A BJR apenas é aplicável ao exercício discricionário da actividade de administração, pelo que não deve ser aplicável à adopção de medidas defensivas subjectivas subsequentes pela Administração, pois nessa sede a Administração não deve ter escolha.

ix) A superveniência de uma OPA não transmuda imediatamente os administradores numa situação de conflito de interesses, situação essa que deverá ser apreciada casuisticamente.

x) Nos termos do art. 182.°/1-1.ª parte do CVM, é exigido o conhecimento de uma decisão definitiva incondicionada de lançamento de uma

OPA, sendo de criticar, a jusante e a montante, os termos em que o objecto mínimo da oferta foi construído.

xi) A alteração patrimonial relevante não tem necessariamente de corresponder a uma alteração no balanço social, mas deve corresponder a uma alteração patrimonial presente.

xii) O conceito de gestão normal, mais amplo do que o de gestão corrente, mas não se confundindo com o de alta direcção, deve entender- -se em termos móveis, incluindo entre os seus elementos o impacto patri- monial do acto, o objecto social, a comparação com outras sociedades em similares circunstâncias e especialmente a estratégia da sociedade (assente objectiva e documentalmente).

xiii) Os objectivos do oferente podem ser directa ou indirecta- mente afectados pela actuação da Administração, consoante esta tenha impacto no domínio e gestão dos activos sociais que interessam ao ofe- rente ou na obtenção do domínio da sociedade, devendo entender-se que uma eficiente transição do controlo é um objectivo implícito a qual- quer OPA.

xiv) A limitação à Administração abrange (a) a execução de deci- sões que tenham sido tomadas pela Administração ou pela Assembleia Geral previamente ao lançamento da OPA e que ainda não tenham sido executadas pelo menos parcialmente e (b) a actuação das Administrações de sociedades que estejam em relação de grupo com a visada.

xv) Aplicam-se três excepções explícitas ao disposto no art. 182.º/1 do CVM – (a) o cumprimento de obrigações prévias, cujo subjacente é o mesmo racional do conceito de gestão normal, (b) a falta de reciprocidade entre o disposto nesta norma e o regime aplicável ao oferente ou a socie- dade que o domine, cuja *ratio* é uma suposta igualdade de armas entre visada e oferente, e (c) a intervenção deliberativa da Assembleia Geral – e uma excepção implícita – a existência de uma decisão prévia (pelo menos) parcialmente executada.

xvi) A Assembleia Geral deverá deliberar na pendência da OPA, ser exclusivamente convocada para esse efeito, embora possa ser tomada mais do que uma deliberação numa mesma Assembleia Geral ao abrigo do art. 182.º/3-b) do CVM.

xvii) É exigida uma maioria qualificada, que visa a potenciação da realização de mais-valias pelos accionistas, existindo a possibilidade de opção estatutária por um mecanismo de rompimento (*break-through*) e não se devendo considerar o accionista como estando em situação de conflito de interesses pelo facto de ser oferente.

xviii) A Assembleia Geral ao abrigo do art. 182.º/3-b) do CVM assume um poder autorizativo face a matérias da competência originária da Administração, assumindo-se tal deliberação como requisito necessário para a prática do acto pela Administração, mas sem que esta fique obrigada à prática do acto.

xix) No que toca a matérias da competência originária da Assembleia Geral na pendência da OPA, parece que os requisitos relativos à convocatória e à maioria exigida, nos termos do art. 182.º/3-b)/4-b) do CVM, devem também ser aplicáveis, dado o racional subjacente aos mesmos.

xx) A prática de um acto pela Administração contra o disposto no art. 182.º/1 do CVM, não sendo aplicável nenhuma excepção, deve, em regra, entender-se como sendo ineficaz perante a sociedade, por se tratar de acto praticado para além dos poderes que a lei confere aos administradores (art. 409.º/1 do CSC) – pelo menos durante a pendência da OPA e, após o final desta, se a mesma não tiver sido bem sucedida.

Como racional creio que comum subjacente às mais importantes questões e conclusões aqui analisadas, nada melhor do que uma das reflexões plasmadas num documento que culmina um trabalho de mais de três décadas, inciado com o relatório Pennington, passando por um extenso número de propostas e contra-propostas, comunicações e projectos e cujo epílogo foi justamente a Directiva 2004/25/CE do Parlamento Europeu e do Conselho de 21 de Abril de 2004 relativa às ofertas públicas aquisição: *"Para evitar operações que possam comprometer o êxito de uma oferta, deverão ser limitados os poderes do órgão de administração da sociedade visada em relação a certas operações de carácter excepcional, sem impedir indevidamente a sociedade visada de prosseguir o curso normal das suas actividades."* (Considerando 16 da DirOPA)

FONTES

BIBLIOGAFIA

ABREU, Jorge Manuel Coutinho de
— — Curso de Direito Comercial. Vol. II. Das Sociedades, Almedina, 3.ª edição, 2009
— — Vinculação das Sociedades Comerciais, Estudos em Homenagem ao Professor Doutor Oliveira Ascensão, Almedina, 2008, 1213ss
— — Responsabilidade Civil dos Administradores de Sociedades, IDET, Almedina, 2007
— — Governação das Sociedades Comerciais, Almedina, 2006 [2006-i]
— — Curso de Direito Comercial. Volume I. Introdução, Actos de Comércio, Comerciantes, Empresas, Sinais Distintivos, 6.ª edição, 2006 [2006-ii]
— — Do Abuso de Direito. Ensaio de um critério em Direito civil e nas deliberações sociais, Almedina, (reimpressão), 1999

ALBANESE, Fabiana
— — Il conflito d'interessi deve essere accertato nel caso concreto, Le Società, 4, 2000, 468ss

ALBUQUERQUE, Pedro de / PEREIRA, Maria de Lurdes
— — As "golden shares" do Estado Português em empresas privatizadas – limites à sua admissibilidade e exercício, Coimbra Editora, 2006

ALEMAGNA, Emanuele
— — Potere di gestione e rappresentanza degli administratori delle s.p.a. dopo la riforma, Le Società, 3, 2004, 284ss

ALLEN, William T. / JACOBS, Jack B. / STRINE, Leo E.
— — The Great Takeover Debate: A Mediation on Bridging the Conceptual Divide, University of Chicago Law Review, 69, 2002, 1067ss

ALLEN, William T. / KRAAKMAN, Reinier
— — Commentaries and Cases on the Law of Business Organization, Aspen Publishers, 2003

ALMEIDA, António Pereira de
— — Sociedade Comerciais e Valores Mobiliários, 5.ª Edição, Coimbra Editora, 2008
— — Administradores independentes, A Reforma do Código das Sociedades Comerciais. Jornadas em homenagem ao Professor Doutor Raúl Ventura, Almedina, 2007, 153ss
— — Sociedades Abertas, Direito dos Valores Mobiliários, VI, Coimbra Editora, 2006, 9ss

ALTMEPPEN, Holger
— — Neutralitätspflicht und Pflichtangebot nach dem neuen Übernahmerecht, Zeitschrift für Wirtschaftsrecht (ZIP), 25-26/2001, 1073ss

ALVES, Carlos Francisco
— — Uma perspectiva económica sobre as (novas) regras de *corporate governance* do Código das Sociedades Comerciais, A Reforma do Código das Sociedades Comerciais. Jornadas em homenagem ao Professor Doutor Raúl Ventura, Almedina, 2007, 173ss

ALVES, Carlos Francisco / CUNHA, Jorge Arriaga da / MONTEIRO, Manuel Alves / SILVA, Artur Santos / VITORINO, António
— — Livro Branco Sobre *Corporate Governance* em Portugal, Instituto Português de Corporate Governance, 2006

ALVES, Gabriel Correia / COSTA, Carlos Baptista da
— — Contabilidade Financeira, Editora Rei dos Livros, 1996

AMADO, João Leal
— — Os efeitos do despedimento ilícito (sobre os arts. 436.º a 440.º do Código do Trabalho), Temas Laborais, Coimbra Editora, 2007, 67ss

ANDRADE, Manuel da Costa
— — Comentário ao artigo 235.º do Código Penal, Comentário Conimbrincense do Código Penal. Parte Especial. Tomo II. Artigos 202.º a 307.º, Coimbra Editora, 1999 (dirigido por Jorge de Figueiredo Dias), 540ss

ANDRADE, Margarida da Costa
— — Algumas Considerações Sobre a Oferta Pública de Aquisição de Acções Simples e Voluntária no Regime Jurídico Português, Boletim da Faculdade de Direito da Universidade de Coimbra, Coimbra Editora, 2002, 699ss

ANGELILLIS, Andrea / MOSCA, Chiara
— — Considerazioni sul recepimento della tredicesima direttiva in material di offerte publique di acquisto e sulla posizione espresso nel documento della Commissione Europea, Rivista delle Società, 52.º, 5, 2007, 1106ss

ANTAS, Maria Luísa / FERREIRA, António Artur / JÚDICE, José Miguel / PEREIRA, Jorge Brito
— — OPA. Ofertas Públicas de Aquisição. Legislação Comentada, Proinfec, 1992

ANTUNES, José Brito

— — Notas Pessoais Sobre o Processo Lamfalussy, Cadernos do Mercado de Valores Mobiliários, 18, 2004, 48ss

ANTUNES, José Engrácia

— — A Empresa como Objecto de Negócios – "Asset Deals" Versus Share Deals", Revista da Ordem dos Advogados, II/III, 2008, 715ss

— — Os Grupos de Sociedades. Estrutura e organização jurídica da empresa plurissocietária, 2.ª edição, Almedina, 2002

— — Os Direitos dos Sócios da Sociedade-Mãe na Formação e Direcção dos Grupos Societários, Estudos e Monografias, Universidade Católica Portuguesa (Porto), 1994

APFELBACHER, Gabriele / BARTHELMESS, Stephan / BUHL, Thomas / VON DRYANDER, Christoph

— — Preface, German Takeover Law. A Commentary, Verlag C.H. Beck oHG, 2002 (Gabriele Apfelbacher, Stephan Barthelmess, Thomas Buhl, Christof von Dryander), 1ss

APFELBACHER, Gabriele / BREMS, Michael

— — §§18-22 WpÜG, German Takeover Law. A Commentary, Verlag C.H. Beck oHG, 2002 (Gabriele Apfelbacher, Stephan Barthelmess, Thomas Buhl, Christof von Dryander), 178ss

APFELBACHER, Gabriele / MANN, Jochen

— — §§23-28 WpÜG, German Takeover Law. A Commentary, Verlag C.H. Beck oHG, 2002 (Gabriele Apfelbacher, Stephan Barthelmess, Thomas Buhl, Christof von Dryander), 213ss

APFELBACHER, Gabriele / SPERLICH, Hanno

— — §§10-17 WpÜG, German Takeover Law. A Commentary, Verlag C.H. Beck oHG, 2002 (Gabriele Apfelbacher, Stephan Barthelmess, Thomas Buhl, Christof von Dryander), 123ss

ASCENSÃO, Oliveira

— — O novíssimo conceito de valor mobiliário, Direito dos Valores Mobiliários, VI, Coimbra Editora, 2006, 139ss

— — Invalidades das deliberações dos sócios, Problemas do Direito das Sociedades, IDET, Almedina, 2002, 371ss

— — O Direito. Introdução e Teoria Geral. Uma Perspectiva Luso-Brasileira, 11.ª edição, Almedina, 2001

— — Direito comercial. Volume IV. Sociedades Comerciais. Parte Geral, Lisboa, 2000

— — A Celebração de Negócios em Bolsa, Direito dos Valores Mobiliários, Volume I, Coimbra Editora, 1999, 177ss

ASENCIO, Stéphane

— — Le dirigeant de societé, un mandataire "special" d'interérêt commun, Revue des Sociétés, 4, 2000, 683ss.

ASSMANN, Heinz-Dieter

— — Verhaltensregeln für freiwillige öffentliche Übernahmeangebote, Der Übernahmekodex der Börsensachverständigenkommission, Die Aktiengesellschaft, 12/1995, 563ss

BANKE, Klaus

— — International Aspects of Takeovers and Other Bids, German Takeover Law. A Commentary, Verlag C.H. Beck oHG, 2002 (Gabriele Apfelbacher, Stephan Barthelmess, Thomas Buhl, Christof von Dryander), 450ss

BARTHELMESS, Stephan / HÄRING, Jörg / SCHULZ, Robert

— — Antitrust Aspects of Takeovers and Other Bids, German Takeover Law. A Commentary, Verlag C.H. Beck oHG, 2002 (Gabriele Apfelbacher, Stephan Barthelmess, Thomas Buhl, Christof von Dryander), 383ss

BAYER, Walter

— — Vorsorge- und präventive Abwehrmassnahmen gegen feindlichen Übernahmen, Zeitschrift für Unternehmens- und Gesellschaftsrecht, 4-5/2002, 588ss

BEAUFORT, Viviane de

— — Les OPA en Europe, Economica, Collection Droit des Affaires et de l'Enterprise, Série: Recherches, 2001

BEBCHUCK, Lucian Ayre

— — The Case Against Board Veto in Corporate Takeovers, University of Chicago Law Review, 69, 2002, 973ss

BECKER, Dietrich

— — Verhaltenspflichten des Vorstands der Zielgesellschaft bei feindlichen Übernahmen, Zeitschrift für das gesamte Handelsrecht und Wirtschaftsrecht, 2-3/2001, 281ss

BERLE, Adolf

— — Corporate powers in trust, Harvard Law Review, 44, 1930/1, 1049ss

— — For whom corporate managers are trustees: A note, Harvard Law Review, 45, 1932, 1365ss

BIRKE, Max / MÜLBERT, Peter

— — Das übernahmerechtliche Behinderungsverbot- Die angemessene Rolle der Verwaltung einer Zielgesellschaft in einer feindlichen Übernahme, Zeitschrift für Wirtschafts- und Bankrecht, 14/2001, 705ss

BISSARA, Philipe

— — L'intérêt social, Revue des Sociétés, 1, 1999, 5ss

BRATTON, William

— — Enron and the Dark Side of Shareholder Value, Tulane Law Review, 76, 2002, 1275ss

BRONZE, Fernando José Pinto

— — Lições de Introdução ao Direito, Coimbra Editora, 2002

Da Conduta (Defensiva) da administração "Opada"

— — "Quae sunt Caesaris, Caesari: et quae sunt iurisprudentiae, iurisprudentiae", Comemorações dos 35 Anos do Código Civil e dos 25 anos da Reforma de 1977. Volume II. A Parte Geral do Código e a Teoria Geral do Direito Civil, Coimbra Editora, 2006, 77ss

CARDENAS SMITH, Carlos de

— — Regímen Jurídico de las Ofertas Publicas de Adquisición, Editorial Civitas, 1993

CÂMARA, Paulo

— — O Governo das Sociedades e a Reforma do Código das Sociedades Comerciais, Código das Sociedades Comerciais e Governo das Sociedades, Almedina, 2008, 9ss

— — The end of the "Golden" Age of Privatisations? – The recent ECJ decisions on Golden-shares, European Business Organization Law Review, n.° 3, 202, 503ss

— — O Dever de Lançamento de OPA no Novo Código dos Valores Mobiliários, Cadernos do Mercado de Valores Mobiliários, 7, 2000, 195ss

CAMPBELL, Rob / LLEWELLYN, David / HUANG, Zhihong / KUO, Andrew / KIM, Min / WANG, Vivian / YU, Sophia / ZHAN, Stanley

— — Vodafone´s Hostile Takeover Bid for Mannesmann, 2005, disponível em *http://finance.sauder.ubc.ca/~fisher/courses/bafi580d_2005/Case4VodafoneStudents/Vodofone.doc*

CANARIS, Klaus Wilhelm

— — Pensamento Sistemático e Conceito de Sistema na Ciência do Direito, Fundação Calouste Gulbenkian, 1989 (tradução de António Menezes Cordeiro)

CANDEIAS, Ricardo

— — Os Gerentes e os Actos de Mero Expediente, Revista da Ordem dos Advogados, I, 2000, 243ss

CANOTILHO, J. J. Gomes / MOREIRA, Vital

— — CRP. Constituição da República Portuguesa Anotada. Artigos 1.° a 107.°, Coimbra Editora, 2007

CARVALHO, Orlando de

— — Critério e Estrutura do Estabelecimento Comercial. I. O problema da empresa como objecto de negócios, Coimbra, 1967.

CASTRO, Carlos Osório de

— — Imputação de Direitos de Voto no Código dos Valores Mobiliários, Cadernos do Mercado de Valores Mobiliários, 7, 2000, 161ss

— — Da Admissibilidade das Chamadas "OPA's Estatutárias" e dos seus Reflexos Sobre a Cotação das Acções em Bolsa, Juris Et De Jure. Nos vinte anos da Faculdade de Direito da Universidade Católica Portuguesa – Porto, Universidade Católica Portuguesa (Porto), 1998

COATES IV, John

— — Ownership, Takeovers and EU Law: How Contestable Should EU Corporations Be?, Rivista delle Società, 6, 2003, 1178ss

COLAÇO, António Pragal

— — As OPAs nas Sociedades Anónimas Desportivas, Áreas Editora, 2008

CORDEIRO, Menezes António

— — O presidente da mesa da Assembleia Geral e as grandes assembleias mediáticas de 2007 (PT e BCP), O Direito, 139.°, IV, 2007, 697ss [2007-iii]

— — SA: Assembleia Geral e Deliberações Sociais, Almedina, 2007 [2007-i]

— — Os deveres fundamentais dos administradores, A Reforma do Código das Sociedades Comerciais. Jornadas em homenagem ao Professor Doutor Raúl Ventura, Almedina, 2007, 19ss [2007-ii]

— — Do Abuso do Direito: Estado das Questões e Perspectivas, Revista da Ordem dos Advogados, 65, II, 2005, 327ss

— — Tratado de Direito Civil Português I, Parte Geral, Tomo I, Almedina, 3.ª edição, 2005

— — A OPA estatutária como Defesa contra Tomadas Hostis, Revista da Ordem dos Advogados, 58, I, 1998, 133ss

— — Ofertas Públicas de Aquisição, Revista da Ordem dos Advogados, 56, 1996, 499ss

— — Da Tomada de Sociedades (Takeover). Efectivação, Valoração e Técnicas de Defesa, Revista da Ordem dos Advogados, 54, 1994, 761ss

CORREIA, Luís Brito

— — Os administradores de sociedades anónimas, Almedina, 1993

COSTA, Mário Júlio de Almeida

— — Direito das Obrigações, 9.ª edição, Almedina, 2001

COSTA, Ricardo

— — Responsabilidade dos administradores e business judgement rule, Reformas do Código das Sociedades Comerciais, Almedina, 2007, 51ss

CRIPPS, John

— — "Caballeros blancos", La lucha por el control de las grandes Sociedades. Las Ofertas Públicas de Adquisición, Ediciones Deusto S.A., 1992 (José Luís Urquijo, Juan Manuel Moreno-Luque, António Alonso), 501ss

CUIF, Pierre-François

— — Le conflit d'intérêts. Essai sur la détermination d'un príncipe juridique en droit prive, RTDcom, Janeiro/Fevereiro, 2005, 1ss

CUNHA, Paulo Olavo [POCUNHA]

— — Direito das Sociedades Comerciais, 3.ª edição, Almedina, 2007

CUNHA, Tânia [TMCUNHA]

— — Da Responsabilidade Civil dos Gestores de Sociedades perante os Credores Sociais. a Culpa nas Responsabilidades Civil e Tributária, Almedina, 2004

DAILHUSEN, J. H.
— — Dalhuisen on Transnational and Comparative Commercial, Financial and Trade Law, 3.ª edição, Hart Publishing, 2007

DARNELL, Alana J. / LUBBEN, Stephen J.
— — Delaware's Duty of Care, Delaware Journal of Corporate Law, 31, 2006, 589ss

DAVIDOFF, Steven
— — Fairness Opinions, American University Law Review, 55, 2006, 1558ss

DODD, Merrick
— — For whom are corporate managers trustees, Harvard Law Review, 45, 1932, 1145ss

DRYGALA, Tim
— — Die neue deutsche Übernahmeskepsis und ihre Auswirkungen auf die Vorstandspflichten nach §33 WpÜG, Zeitschrift für Wirtschaftsrecht (ZIP), 42/2001, 1861ss

DUARTE, José Miguel
— — OPA – A Sociedade Visada e os seus Accionistas, Dissertação de Mestrado (não publicada), Universidade Católica, 1998

EASTERBROOK, Frank / FISCHEL, Daniel
— — The proper role of a target's management in responding to a tender offer, Harvard Law Review, 94, 1981, 1161ss

EISENBERG, Melvin
— — The duty of good faith in corporate law, Delaware Journal of Corporate Law, 31, 2005, 1ss

EMANUEL, Steven L.
— — Corporations, Emanuel law outlines, Aspen Law & Business, 4.ª edição, 2002

ENGISCH, Karl
— — Introdução ao Pensamento Jurídico, Gulbenkian, 1965 (tradução de Baptista Machado)

ESTACA, José Nuno Marques
— — O Interesse da Sociedade nas Deliberações Sociais, Almedina, 2003

ECGI (European Corporate Governance Institute) / ISS (Institutional Shareholders Service) / Shearman&Sterling LLP
— — Proportionality between Ownership and Control in EU Listed Companies. Comparative Legal Study, 2007, disponível em: *http://ec.europa.eu/internal_market/company/shareholders/indexb_en.htm*

FERNANDES, Luís A. Carvalho / LABAREDA, João
— — Código da Insolvência e da Recuperação de Empresas Anotado, volume II (artigos 185.º a 304.º), Quid Iuris, 2005

FERNÁNDEZ DE LA GÁNDARA, Luis / SÁNCHEZ ÁLVAREZ, Manuel
— — Limitación de la actuación del órgano de administración de sociedad afec-

tada por el lanzamiento de una oferta pública de adquisición, Revista de Derecho de Sociedades, 18, 2002-1, 231ss

FERRARINI, Guido

— — Corporate Ownership and Control. Law Reform and the Contestability of Corporate Control, Company Law Reform in OECD Countries. A Comparative Outlook of Current Trends, Stockholm, Sweden, 7-8 December 2000, OECD, 2001

FERREIRA, Manuel Requicha

— — OPA Concorrente, Cadernos do Mercado de Valores Mobiliários, 30, 2008, 19ss

FIGUEIREDO, Isabel Mousinho de

— — O administrador delegado (A delegação de poderes de gestão no Direito das Sociedades), O Direito, 137, III, 2005, 547ss

FLEISCHER, Holger

— — Zur Leitungsaufgabe des Vorstands im Aktienrecht, Zeitschrift für Wirtschaftsrecht (ZIP), 1/2003, 1ss

— — Die "Business Judgement Rule": Vom Richterrecht zur Kodifizierung, Zeitschrift für Wirtschaftsrecht (ZIP), 15/2004, 685ss

FONT GALÁN, Juan Ignacio

— — El deber de diligente administración en el Nuevo sistema de deberes de los administradores socials, RdS, 25, 2005-2, 71ss

FORSTINGER, Christin

— — Takeover Law in the EU and the USA. A Comparative Analysis, Kluwer Law International, 2002

FRADA, Manuel Carneiro da

— — A Responsabilidade dos Administradores na Insolvência, Revista da Ordem dos Advogados, 66, II, 2006, 653ss

— — A *business judgement rule* no quadro dos deveres gerais dos administradores, A Reforma do Código das Sociedades Comerciais. Jornadas em homenagem ao Professor Doutor Raúl Ventura, Almedina, 2007, 61ss

FRAGOSO, Luís

— — A OPA Inibitória e a limitação de poderes da sociedade visada – O art. 182.º do CVM, 2005, disponível em *http://www.verbojuridico.net/*

FUHRMANN, Lambertus

— — "Gelatine" und die Holzmüller-Doktrin: Ende einer juristischen Irrfahrt?, Die Aktiengesellschaft, 7/2004, 339ss

GALGANO, Francesco

— — Diritto Civile e Commerciale, Volume III, Tomo I, Cedam, 4.ª edição, 2004

GARCIA, Augusto Teixeira

— — OPA: Da Oferta Pública de Aquisição e seu Regime Jurídico, Studia Iuridica, 11, Coimbra Editora, 1995

GARCÍA DE ENTERRÍA, Javier
— — Mercado de Control, Medidas Defensivas Y Ofertas Competidoras. Estúdios Sobre OPA, Estúdios de Derecho Mercantil, Civitas, 1999
GATTI, Matteo
— — OPA e Strutura del Mercado del Controllo Societário, Universitá degli studi di Milano – Bicocca, Giuffré Editore, 2004
— — La società *target* in pendenza di offerta pubblica d'acquisto, Giurisprudenza Commerciale, 27.4, 2000, 599ss
GAUGHAN, Patrick
— — Mergers, Acquisitions, and Corporate Restructurings, 3.ª edição, University Edition, Johan Wiley & Sons, Inc., 2002
GEVURTZ, Franklin
— — Corporation Law, Hornbook Series, West Group, 2000
GIÃO, João
— — Notas sobre o Anunciado Fim do Bloqueio de Acções como Requisito do Exercício do Direito de Voto em Sociedades Cotadas, Cadernos do Mercado de Valores Mobiliários, 21, 2005, 48ss
GILSON, Ronald J. / KRAAKMAN, Reinier H.
— — The Mechanics of Market Efficiency, Virginia Law Review, 70, 1984, 549ss
— — Delaware's Intermediate Standard for Defensive Tactics. Is the substance to proportionality review?, The Business Lawyer, Fevereiro, 1989, 247ss
GOFFAUX-CALLEBAUT, Géraldine
— — La définition de l'intérêt social. Retour sur la notion après les evolutions legislatives récentes, RTDcom, Janeiro/Fevereiro, 2004, 35ss
GOMES, Fátima
— — Reflexões em torno dos deveres fundamentais dos membros dos órgãos de gestão (e fiscalização) das sociedades comerciais à luz da nova redacção do artigo 64.º do CSC, Nos 20 Anos do Código das Sociedades Comerciais. Homenagem aos Profs. Doutores A. Ferrer Correia, Orlando de Carvalho e Vasco Lobo Xavier, II, Vária, Coimbra Editora, 2007, 551ss
GORJÃO-HENRIQUES, Miguel
— — Direito comunitário, 4.ª edição, Almedina, 2007
GORJÃO-HENRIQUES, Miguel / SUTCLIFFE, Madalena
— — The Portuguese merger regime narrows the time limits for control (Act, 2 Nov. 2006), e-Competitions, January 2007-ii
GRIFFITH, Sean
— — Good faith business judgement: a theory of rethoric in corporate law jurisprudence, Duke Law Journal, 55, 1, 2005, 1ss
GUERRA MARTÍN, Guillermo
— — Comentarios al Proyecto de ley, d 13 de octubre de 2006, de reforma de la Ley 24/1988, de 28 de júlio, del Mercado de Valores, para la modificación

del régimen de las ofertas públicas de adquisición y de la transparência de los emissores: La transposición al Derecho Español de la Directiva sobre OPAS (El Proyecto de Ley, de 1 de octubre de 2006, de reforma de la Ley de Mercado de Valores), Revista de Derecho de Sociedades, 27, 2006-2, 161ss

GUINÉ, Orlando Vogler

— — A Transposição da Directiva 2004/25/CE e a Limitação dos Poderes do Órgão de Administração da Sociedade Visada, Cadernos do Mercado de Valores Mobiliários, 22, 2005, 21ss

— — A Responsabilização Solidária nas Relações de Domínio Qualificado – Uma primeira noção sobre o seu critério e limites, Revista da Ordem dos Advogados, 2006, I, 295ss

— — Do Contrato de Gestão de Carteiras e do Exercício do Direito de Voto – OPA Obrigatória, Comunicação de Participação Qualificada e Imputação de Direitos de voto, Direito dos Valores Mobiliários, VIII, Coimbra Editora, 2008, 151ss

HARBARTH, Stephan / WINTER, Martin

— — Verhaltenspflichten von Vorstand und Aufsichtsrat der Zielgesellschaft bei feindlichen Übernahme angeboten nach dem WpÜG, Zeitschrift für Wirtschaftsrecht (ZIP), 1/2002, 1ss

HAMERSH, Lawrence / SPARKS III, Gilchrist

— — Corporate Officers and the Business Judgement Rule. A Reply to Professor Johnson, The Business Lawyer, Maio, 2005, 865ss

HEISER, Kristian / SEIBT, Christoph

— — Analyse des Übernahmerichtlinie-Umsetzungsgesetzes (Regierungsentwurf), Die Aktiengesellschaft, 9/2006, 301ss

HERMOSILLA MARTÍN, Rámon

— — Estratégias anti-OPA (financieras y jurídicas). Problemas registrales, La lucha por el control de las grandes Sociedades. Las Ofertas Públicas de Adquisición, Ediciones Deusto S.A., 1992 (José Luís Urquijo, Juan Manuel Moreno-Luque, António Alonso), 305ss

HIRTE, Heribert

— — §33 WpÜG, Kölner Kommentar zum WpÜG: mit Ageg VO und §§ 327a--327f AkG (Heribert Hirte, Christoph von Bülow et alii), Carl Heymanns Verlag, 2003

HOPT, Klaus

— — Corporate Law, corporate governance and takeover law in the European Union: Stocktaking, reform problems and perspectives, Australian Journal of Corporate Law, 20, 2007

— — A harmonização do Regime das Ofertas Públicas de Aquisição (OPAs) na Europa, Direito dos Valores Mobiliários, V, Coimbra Editora, 2004, 215ss

— — Verhaltenspflichten des Vorstands der Zielgesellschaft bei feindlichen Übernahmen, Festschfrift für Marcus Lutter, Verlag Dr. Otto Schmidt, 2000, p. 1361ss

HOPT, Klaus, / MÜLBERT, Peter / KUMPAN, Christoph

— — Reformbedarf im Übernahmerecht, Die Aktiengesellschaft, 4/2005, 109ss

JAEGER, Pier

— — L'interesse sociale rivisitato (quarant'anni dopo), Giurisprudenza Commerciale, 27.6, 2000, 795ss

JOHNSON, Lyman

— — Corporate Officers and the Business Judgement Rule, The Business Lawyer, Fevereiro, 2005, 439ss

JOHNSTON, Andrew

— — Takeover Regulation. Historical and Theoretical Perspectives on the City Code, Cambridge Law Journal, 66, 2, 2007, 422ss

KIEM, Roger

— — Der Hauptversammlungsentscheid zur Legimitation von Abwehrmassnahmen nach dem neuen Übernahmegesetz, Zeitschrift für Wirtschaftsrecht (ZIP), 35/2000, 1509ss

KIRCHNER, Christian

— — Managementpflichten bei "feindlichen" Übernahmeangeboten, Zeitschrift für Wirtschafts— — und Bankrecht, 37/2000, 1821ss

KIRCHNER, Christian / PAINTER, Richard

— — Towards a European Modified Business Judgement Rule for Takeover Law, disponível em: *http://papers.ssrn.com/sol3/papers.cfm?abstract_id= 247214* (publicado na European Business Organisation Law Review, 1, 2000, 253ss)

KOPP, Thomas / VON DRYANDER, Christoph

— — §§1-9 WpÜG, German Takeover Law. A Commentary, Verlag C.H. Beck oHG, 2002 (Gabriele Apfelbacher, Stephan Barthelmess, Thomas Buhl, Christof von Dryander), 97ss

KORT, Michael

— — Rechte und Pflichten des Vorstands der Zielgesellschaft bei Übernahmeversuchen, Festschfrift für Marcus Lutter, Verlag Dr. Otto Schmidt, 2000, 1421ss

— — "Change of Control"-Klauseln nach dem "Mannesmann"-Urteil des BHG: zulässig oder unzulässig?, Die Aktiengesellschaft, 4/2006, 106ss

KRAUSE, Hartmut

— — Das neue Übernahmerecht, Neue Juristische Wochenschrift, 2002, 705ss [2002-i]

— — Prophylaxe gegen feindliche Übernahmeangebote, Die Aktiengesellschaft, 3/2002, 133ss [2002-ii]

240 *Orlando Vogler Guiné*

— — Zur "Pool- und Frontenbildung" im Übernahmekampf und zur Organzuständigkeit für Abwehrmassnahmen gegen "feindliche" Übernahmeangebote, Die Aktiengesellschaft, 5/2000, 217ss

KRAUSE, Hartmut / PÖTZSCH, Thorsten

— — Handlungen des Vorstands der Zielgesellschaft, Wertpapiererwerbs- und Übernahmegesetz Kommentar, org. Heinz-Dieter Assmann, Thorsten Pötzsch, Uwe Schneider, Verlag Dr. Otto Schmidt, 2005, 975ss

KRIEGER, Gerd / LUTTER, Marcus

— — Rechte und Pflichten des Aufsichtsrats, Verlag Dr. Otto Schmidt, 2002

KUHNER, Christoph

— — Unternehmensinteresse vs. Shareholder Value, Zeitschrift für Unternehmens- und Gesellschaftsrecht, 2/2004, 245ss

LAMFALUSSY, Alexandre / HERKSTRÖTER, Cornelius / ROJO, Luís Angel / RYDEN, Bengt / SPAVENTA, Luigi / WALTER, Norbert / WICKS, Nigel (WRIGHT, David / DELSAUX, Pierrer)

— — Final Report of the Committee of Wise Men on the Regulation of European Securities Markets, Bruxelas, 2001, disponível em
http://www.cesr.eu/index.php?page=document_details&id=347

LANGE, Oliver

— — Das Unternhemensinteresse der Zielgesellschaft und sein Einfluss auf die Rectsstellung der dir Übernahme fördernden Aufsichtsratmitglieder, Zeitschrift für Wirtschafts- und Bankrecht, 34/2002, 1737ss

LEITÃO, Luís Manuel Menezes

— — As medidas defensivas contra uma oferta pública de aquisição hostil, Direito dos Valores Mobiliários, VII, Coimbra, 2007, 57ss

— — A responsabilidade civil no âmbito da OPA, Direito dos Valores Mobiliários, IV, Coimbra, 2003, 111ss

LIKEFETT, Kai

— — Bietergleichbehandlung bei öffentlichen Übernahmeangeboten, Die Aktiengesellschaft, 21/2005, 802ss

LIPTON, Martin

— — Pills, Polls, and Professors Redux, University of Chicago Law Review, 69, 2002, 1037ss

LOHRMANN, Frank / VON DRYANDER, Christoph

— — §§29-34 WpÜG, German Takeover Law. A Commentary, Verlag C.H. Beck oHG, 2002 (Gabriele Apfelbacher, Stephan Barthelmess, Thomas Buhl, Christof von Dryander), 243ss

LOYRETTE, Jean

— — Les offers publiques d'achat. Etude juridique des O.P.A. e des O.P.E., Dictionnaires André Joly, 1971

Da Conduta (Defensiva) da administração "Opada" 241

LUTTER, Marcus
—— Die Business Judgement Rule und ihre praktische Anwendung, Zeitschrift für Wirtschaftsrecht (ZIP), 18/2007, 841
MACEY, Jonathan / MILLER, Geoffrey
—— Trans Union Reconsidered, Yale Law Journal, 98, 1988, 127ss
MAIA, Pedro
—— O Presidente das Assembleias de Sócios, Problemas do Direito das Sociedades, IDET, Almedina, 2002, 421ss
—— Função e Funcionamento do Conselho de Administração da Sociedade Anónima, Studia Iuridica, 62, Coimbra Editora, 2002
MAIER-REIMER, Georg
—— Verhaltenspflichten des Vorstands der Zielgesellschaft bei feindlichen Übernahmen, Zeitschrift für das gesamte Handelsrecht und Wirtschaftsrecht, 2-3/2001, 258ss
MACHADO, João Baptista
—— Lições de Direito Internacional Privado, 3.ª edição (reimpressão), Almedina, 1999
MARCELO, Paulo Lopes
—— A Blindagem da Empresa Plurissocietária, Almedina, 2002
MARTINS, Alexandre Soveral
—— Cláusulas do Contrato de Sociedade que Limitam a Transmissibilidade das Acções. Sobre os arts. 328.º e 329.º do CSC, Almedina, 2006
—— Os Poderes de Representação dos Administradores de Sociedades Anónimas, Studia Iuridica, 34, Coimbra Editora, 1998
—— Capacidade e Representação das Sociedades Comerciais, Problemas de Direito das Sociedades, IDET, 2002, 471ss
MATOS, Pedro Verga / RODRIGUES, Vasco
—— Fusões e Aquisições. Motivações, Efeitos e Política, Principia, 2000
MAUL, Silja / MUFFAT-JEANDET, Danièle
—— Die EU-Übernahmerichtlinie – Inhalt und Umsetzung in nationals Recht (Teil II), Die Aktiengesellschaft, 6/2004, 306ss [2004-ii]
—— Die EU-Übernahmerichtlinie – Inhalt und Umsetzung in nationals Recht (Teil I), Die Aktiengesellschaft, 5/2004, 221ss [2004-i]
MCCAHERY, Joseph A. / RENNEBOOG, Luc (TITTER, Peer / HALLER, Sacha)
—— The Economics of the Proposed European Takeover Directive, CEPS Research Report in Finance and Banking, 32, April 2003
MENDONÇA, Jorge Ribeiro
—— A tomada de sociedade através de oferta pública de aquisição, Revista da Faculdade de Direito da Universidade de Lisboa, 2004, 47ss
MERKT, Hanno
—— Angloamerikanisierung und Privatisierung der Vertragspraxis versus Euro-

242   *Orlando Vogler Guiné*

päisches Vertragsrecht, Zeitschrift für das gesamte Handelsrecht und Wirtschaftsrecht, 171, 2007, 490ss

— — Zum Verhältnis von Kapitalmarktrecht und Gesellschaftsrecht in der Diskussion um die Corporate Governance, Die Aktiengesellschaft, 3/2003, 126ss

MIRANDA, Jorge

— — Artigos 18.º e 61.º, Constituição Portuguesa Anotada, Tomo II, Introdução Geral. Preâmbulo. 1.º a 79.º, Coimbra Editora, 2005 (organizado por Jorge Miranda e Rui Medeiros, com colaboração de Germano Marques da Silva, Américo Taipa de Carvalho, Damião da Cunha, José Lobo Moutinho, Paula Ribeiro de Faria, António Cortês, Jorge Pereira da Silva, Pedro Garcia Marques, António de Araújo, António Rocha Marques, Margarida Meneres Pimentel e Miguel Nogueira de Brito), 619ss

— — Comentário ao artigo 186.º, Constituição Portuguesa Anotada, Tomo II, Organização Económica. Organização do Poder Político. Artigos 80.º a 201.º, Coimbra Editora, 2006 (organizado por Jorge Miranda e Rui Medeiros, com colaboração de Eduardo Paz Ferreira, Manuel Afonso Vaz, Lino Torgal, António de Araújo, António Rocha Marques, Margarida Meneres Pimentel e Miguel Nogueira de Brito), 643ss

MÖLLER, Andreas / PÖTZSCH, Thorsten

— — Das neue Übernahmerecht – Der Regierungsentwurf vom 11. Juli 2001, Zeitschrift für Wirtschaftsrecht (ZIP), 29/2001, 1256ss

MONTEIRO, António Pinto

— — Contrato de Agência (Anteprojecto), Boletim do Ministério da Justiça, 360, 1986, 43ss

— — Cláusula Penal e Indemnização, Almedina, reimpressão, 1999

— — Direito Comercial. Contratos de Distribuição Comercial, Almedina, 2002

MONTEIRO, Sinde/ SÁ, Almeno de

— — Do combate de uma OPA em curso, Revista Jurídica da Universidade Moderna, I, 1998, 407ss

MÜLBERT, Peter O.

— — Shareholder Value aus rechtlicher Sicht, Zeitschrift für Unternehmens- und Gesellschaftsrecht, 2, 1997, 130ss

MÜLBERT, Peter O.

— — Übernahmerecht zwischen Kapitalmarktrecht und Aktien(konzern) recht -die konzeptionelle Schwachstelle des RegE WpÜG, Zeitschrift für Wirtschaftsrecht (ZIP), 29/2001, 1221ss

NABASQUE, Hervé le

— — Les measures de défense anti-OPA depuis la loi n.º 2006-387 du 31 mars 2006, Revue des Societés, 2, 2006, 237ss

Da Conduta (Defensiva) da administração "Opada"   243

NEVES, António Castanheira

—— Metodologia Jurídica. Problemas Fundamentais, Studia Iuridica, Coimbra Editora, 1994

—— Questão-de-Facto – Questão-de-Direito ou O Problema Metodológico da Juridicidade (Ensaio de uma Reposição Crítica), Almedina, 1967

NEVES, Rui de Oliveira

—— O Administrador Independente, Código das Sociedades Comerciais e Governo das Sociedades, Almedina, 2008, 143ss

NUNES, Pedro Caetano

—— Responsabilidade Civil dos Administradores Perante os Accionistas, Almedina, 2001

OLIVEIRA, Ana Perestrelo de

—— Anotação ao artigo 501.º, Código das Sociedades Comerciais Anotado (Coordenado por António Menezes Cordeiro), Almedina, 2009, 1203ss

OLIVEIRA, António Fernandes de

—— Responsabilidade Civil dos Administradores, Código das Sociedades Comerciais e Governo das Sociedades, Almedina, 2008, 257ss

OPROMOLLA, Gabriella

—— La nuova normative italiana sulle OPA e le misure defensive contro le OPA ostili. Cosa cambia?. Le Società, 12, 2007, 1441ss

OSÓRIO, José Diogo Horta

—— Da Tomada do Controlo de Sociedades (Takeovers) por Leveraged Buy-Out e sua Harmonização com o Direito Português, Almedina, 2001

PAREDES GALEGO, Carlos

—— Reflexiones Sobre La Anunciada Nueva Normativa De OPAS, Homenage al professor D. Rodrigo Uría González en el centenário de su nacimiento / / número extraordinário-2006, Actualidad Jurídica Uría Menéndez, 143ss

PENNINGTON, Robert

—— Report on Takeover and other Bids, 1974

PEREIRA, Jorge Brito [JBPEREIRA]

—— A Limitação dos Poderes da Sociedade Visada Durante o Processo de OPA, Direito dos Valores Mobiliários, II, Coimbra Editora, 2000, 175ss

PEREIRA, José Nunes [JNPEREIRA]

—— O Regime Jurídico das Ofertas Públicas de Aquisição no Recente Código do Mercado de Valores Mobiliários: Principais Desenvolvimentos e Inovações, Revista da Banca, 18, 1991, 29ss

PICONE, Luca

—— Applicabilitá della "passivity rule" alle operazioni in corso, Le Società, 3, 2000, 358ss

244   *Orlando Vogler Guiné*

PINHEIRO, Luís de Lima

— — Anotação ao artigo 3.º, Código das Sociedades Comerciais Anotado (Coordenado por António Menezes Cordeiro), Almedina, 2009, 74ss

PINTO, Carlos Mota

— — Teoria Geral do Direito Civil, 4.ª edição (por António Pinto Monteiro e Paulo Mota Pinto), Coimbra Editora, 2005

PORTER, Michael

— — What is Strategy?, Harvard Business Review, November-December, 1996

REGAN, Paul

— — What's left of Unocal, Delaware Journal of Corporate Law, 26, 2001, 948ss

REIS, Jair Teixeira dos

— — Reforma do Mercado de trabalho no Direito Internacional, Temas Laborais Luso-Brasileiros, JUTRA, LTR, 2006, 104ss

RESENDE, João Mattamouros

— — A Imputação de Direitos de Voto no Mercado de Capitais, Cadernos do Mercado de Valores Mobiliários, 26, 2007, 60ss

RIBEIRO, Joaquim Sousa

— — O Problema do Contrato. As cláusulas contratuais gerais e o princípio da liberdade contratual, Almedina, 1999

RIBEIRO; Ricardo

— — Do Direito de Indemnização dos Administradores de Sociedades Anónimas Destituídos Sem Justa Causa, Boletim da Faculdade de Direito da Universidade de Coimbra, Coimbra Editora, 2008, 805ss

RODRIGUES, Nuno cunha

— — As "golden-shares" no direito Português, Direito dos Valores Mobiliários, VII, Coimbra, 2007, 191ss

ROSENZWEIG, Michael

— — Target Litigation, Michigan Law Review, 85, 1986, 110ss

SÁNCHEZ-CALERO GUILARTE, Juan

— — El interés social y los varios intereses presentes en la sociedad anónima cotizada, Revista de Derecho Mercantil, 246, 2002, 1653ss

SANTOS, Filipe Cassiano dos

— — Estrutura Associativa e Participação Societária Capitalística, Contrato de sociedade, estrutura societária e participação do sócio nas sociedades capitalísticas, Coimbra Editora, 2006

SANTOS, Hugo Moredo

— — Ofertas Concorrentes, Coimbra Editora, 2008

— — Aquisição tendente ao domínio total de sociedades abertas, Direito dos Valores Mobiliários, VII, Coimbra Editora, 2007, 275ss

SCHNEIDER, Uwe
— — Die Zielgsellschaft nach Abgabe eines Übernahme- oder Pflichtangebot, Die Aktiengesellschaft, 3/2002, 125ss

SCHWENNICKE, Andreas
— — §33 WpÜG, Wertpapiererwerbs- und Übernhamegesetz (WpÜG) Kommentar (Stephan Geibel, Rainier Süssman), C.H.Beck, 2002, 465ss

SCHIESSL, Maximilian
— — ECLR Fairness Opinions im Übernahme- und Gesellschaftsrecht. Zugelich ein Beitrag zur Organverantwortung in der AG, Zeitschrift für Unternehmens- und Gesellschaftsrecht, 5-6/2003, 815ss

SCOG, Rolf
— — The Takeover Directive – an endless Saga?, European Business Law Review, 13, 4, 2002, 301ss

SILVA, João Calvão da [JCSILVA]
— — Responsabilidade civil dos administradores não executivos, da comissão de auditoria e do conselho Geral, Jornadas em homenagem ao Professor Doutor Raul Ventura, Almedina, 2007,103ss
— — Titula[riza]ção de Créditos, 2.ª edição, Almedina, 2005
— — Estudos Jurídicos [Pareceres], Almedina, 2001 [2001-i]
— — Direito Bancário, Almedina, 2001 [2001-ii]
— — Estudos de Direito Comercial, Almedina, 1999

SILVA, João Soares da [JSSILVA]
— — Responsabilidade Civil dos Administradores de Sociedade: os Deveres Gerais e a Corporate Governance, Revista da Ordem dos Advogados, 57, 1997, 605ss
— — Algumas Observações em Torno da Tripla Funcionalidade da Técnica de Imputação de Votos no Código dos Valores Mobiliários, Cadernos do Mercado de Valores Mobiliários, 26, 2007, 47ss

SILVA, Paula Costa e [PCSILVA]
— — O conceito de accionista e o sistema de *record date*, Direito dos Valores Mobiliários, VIII, Coimbra, 2008, 447ss
— — A imputação de direitos de voto na oferta pública de aquisição, Direito dos Valores Mobiliários, VII, Coimbra, 2007, 403ss
— — Ofertas públicas e alteração das circunstâncias, Direito dos Valores Mobiliários, IV, Coimbra, 2003, 127ss

TRIEM, Fred
— — Judicial Schizophrenia in corporate law: confusing the standard of care with the business judgement rule, Alaska Law Review, 24, 2007, 23ss

TRIUNFANTE, Armando Manuel
— — Código das Sociedades Comerciais Anotado (Anotações a todos os preceitos alterados), Coimbra Editora, 2007

246 *Orlando Vogler Guiné*

VASCONCELOS, Pedro Pais de
—— A Participação Social nas Sociedades Comerciais, Almedina, 2.ª edição, 2006
VARELA, João de Matos Antunes
—— Direito das Obrigações, 10.ª edição, Almedina, 2000
VARELA, João de Matos Antunes / BEZERRA, J. Miguel / NORA, Sampaio e
—— Manual de Processo Civil, 2.ª edição, Coimbra Editora, 1985
VASQUES, José
—— Estruturas e conflitos de poderes nas Sociedades Anónimas, Coimbra Editora, 2007
VAZ, João Cunha
—— As OPA na União Europeia face ao novo Código dos Valores Mobiliários, Almedina, 2000
VEIGA, Alexandre Brandão da
—— Crime de Manipulação, Defesa e Criação de Mercado, Estudos Sobre o Mercado de Valores Mobiliários, Almedina, 2001
VELLA, Francesco
—— Autorizzazione dell'Assemblea, Testo Unico Della Finanza – Comentario diretto da Gian Franco Campobasso, UTET, 2002, 887ss
VELASCO, Julian
—— Structural bias and the need for substantive review, Washington University Law Quarterly, 82, 3, 2004, 821ss
VENTURA, Raúl
—— Estudos Vários Sobre Sociedades Anónimas, Comentário ao Código das Sociedades Comerciais, Almedina, 1992
—— Fusão, Cisão, Transformação de Sociedades, Comentário ao Código das Sociedades Comerciais, Almedina, 1990
—— Sociedades por Quotas. Vol. II. Comentário ao Código das Sociedades Comerciais, Almedina, 1989
VIANDIER, Alain
—— OPA, OPE: Garantie de Cours, Retrait (Droit des Opérations de Marche), Librarie de la Cour de cassation, 1991
VICENTE, Dário Moura
—— Ofertas Públicas de Aquisição Internacionais, Direito dos Valores Mobiliários, VII, Coimbra, 2007, 465ss
VON COLBE, Walther Busse
—— Was ist und was bedeutet Shareholder Value aus betriebswirtschaftlicher Sicht?, Zeitschrift für Unternehmens- und Gesellschaftsrecht, 2, 1997, 271ss
WERDER, Axel von
—— Shareholder Value-Ansatz als (einzige) Richtschnur des Vorstandshandelns?, Zeitschrift für Unternehmens- und Gesellschaftsrecht, 1/1998, 69ss

WINTER, Jaap / GARRIDO GARCIA, José Maria / HOPT, Klaus J. / ROSSI, Guido / SCHANS CHRISTENSEN, Jan / SIMON, Jöelle (THIENPONT, Dominique / VAN HULLE, Karel)

— — Report of the High Level of Company Law Experts on Issues related to Takeover Bids, 2002 [2002-i]

— — Report of the High Level of Company Law Experts on a Modern Regulatory Framework for Company Law in Europe, 2002 [2002-ii]

WOLLBURG, Ralph

— — Unternehmensinteresse bei Vergütungsentscheidungen, Zeitschrift für Wirtschaftsrecht (ZIP), 14/2004, 646ss

XAVIER, Lobo

— — O regime das deliberações sociais no projecto de Código das Sociedades Comerciais, Separata de Conferências no Conselho Distrital do Porto da Ordem dos Advogados, 1985

ZÖLLNER, Wolfgang

— — Unternehmensinnenrecht: Gibt es das?, Die Aktiengesellschaft, 1/2003, 2ss

JURISPRUDÊNCIA

Acórdão do Supremo Tribunal de Justiça de 30 de Abril de 1976 (Miguel Caeiro), Processo 066228, *www.dgsi.pt*

Acórdão do Supremo Tribunal de Justiça de 28 de Novembro de 1995 (Joaquim de Matos), Processo 087563, *www.dgsi.pt*

Acórdão do Supremo Tribunal de Justiça de 12 de Junho de 1996 (Sousa Inês), Processo 96B071, *www.dgsi.pt*

Acórdão do Supremo Tribunal de Justiça de 4 de Março de 1997 (Pais de Sousa), Colectânea de Jurisprudência/Supremo V (1997), I, 121ss

Acórdão do Supremo Tribunal de Justiça de 9 de Novembro de 1997 (Henrique de Matos), Boletim do Ministério da Justiça, 470.°, 1997, 546ss

Acórdão do Supremo Tribunal de Justiça de 27 de Junho de 2001 (Ferreira de Almeida), Processo 02B1145, disponível em *www.dgsi.pt*

Acórdão do Supremo Tribunal de Justiça de 5 de Novembro de 2001 (Abel Freire), Processo 02B1152, *www.dgsi.pt*

Acórdão do Supremo Tribunal de Justiça de 8 de Julho de 2003 (Ferreira de Almeida), Processo 03B1938, *www.dgsi.pt*

Acórdão do Supremo Tribunal de Justiça de 11 de Julho de 2006 (Azevedo Ramos), Processo 06A1884, *www.dgsi.pt*

Acórdão do Supremo Tribunal de Justiça de 1 de Março de 2007 (Borges Soeiro), Processo 06A4571, *www.dgsi.pt*

Acórdão do Supremo Tribunal de Justiça de 26 de Junho de 2007 (Afonso Correia), Processo 07A1274, *www.dgsi.pt*

Acordão do Tribunal Constitucional n.° 249/90 (Monteiro Diniz), *http://w3.tribunalconstitucional.pt/PesquisaAvancada2.html*

Acórdão do Tribunal da Relação de Coimbra de 8 de Fevereiro de 2000 (Marques da Costa), Colectânea de Jurisprudência XXV (2000), I, 17ss

Acórdão do Tribunal da Relação de Lisboa de 23 de Março de 1995 (Antunes Pina), Processo 0099032, *www.dgsi.pt*

Acórdão do Tribunal da Relação de Lisboa de 11 de Novembro de 2004 (Salazar Casanova), Processo 2993/2004-8, *www.dgsi.pt*

Acórdão do Tribunal da Relação de Lisboa de 15 de Março de 2007 (Manuel Gonçalves), Processo 9007/2006-6, *www.dgsi.pt*

Acórdão do Tribunal da Relação de Lisboa de 2 de Outubro de 2008 (Sousa Pinto), Processo 2254/2008-2, *www.dgsi.pt*

Acórdão do Tribunal da Relação de Lisboa de 18 de Abril de 2002 (Salvador da Costa), Colectânea de Jurisprudência, XXVII (2002), II, 104ss

Acórdão do Tribunal da Relação do Porto de 27 de Junho de 2002 (Gonçalo Silvano), Processo n.° 0230597, *www.dgsi.pt*

Sentença da 3.ª Vara Cível de Lisboa de 27 de Outubro de 2003 (Caetano Nunes), *Corporate Governance* (Pedro Caetano Nunes), Almedina 2006, 9ss

Acórdão do Tribunal de Justiça de 23 de Outubro de 2007 (Processo C-112/05 (Alemanha)), disponível em: *http://eur lex.europa.eu/LexUriServ/do?uri =OJ:C:2007:315:005:005:EN:PDF*

Cede&Co. v. Technicolor, Inc., 634 A.2d 345 (Del 1993) ("Cede II")

Cede & Co. v. Technicolor, Inc., 663 A.2d 1156 (Del. 1995) ("Cede III")

William Brehm and Geraldine Brehm... v. Michael D. Eisner, Michael S. Ovitz..., A.2d 27 (Del. 2006) ("Disney 2006")

Bundesgerichtshof Urteil vom 26 April 2004, Die Aktiengesellschaft 7/2004, 384ss ("Gelatine")

Bundesgerichtshof Urteil vom 25 Februar 1982, Neue Juristische Wochenschrift, 1982, 31, 1703ss ("Holzmüller")

Landesgerichtshof Düsseldorf Beschluss vom 14 December 1999, Die Aktiengesellschaft, 5/2000, 233ss ("Mannesmann")

Moran Corporation v. Household International, Inc., 500 A.2d 1346 (Del. 1985) ("Moran")

Sinclair Oil Corp. v. Levien, 280 A.2d 717 (Del. 1971) ("Sinclair")

Smith v. Van Gorkon, 488 A.2d (858) (Del 1985) ("Van Gorkon")

Paramount Communications Inc. v. QVC Network Inc., 637 A.2d 34 (Del. 1994) ("Paramount")

Paramount Communications, Inc. v. Time Incorporated, 571 A.2d 140 (Del. 1989) ("Time")

Revlon, Inc. v. Macandrews and Forbes Holdings, Inc., 506 A.2d 173 (Del. 1986) ("Revlon")

Unitrin, Inc. v. American General Corp., 651 A.2d 1361 (Del. 1995) ("Unitrin")

Unocal Corp. v. Mesa Petroleum Co., 493 A.2d 946 (Del. 1985) ("Unocal")

LEGISLAÇÃO E REGULAMENTAÇÃO

(todos os diplomas conforme alterados à data de 30 de Abril de 2009 ou de revogação)

Portuguesa:

Código Civil (aprovado pelo DL n.º 47.344, de 25 de Novembro de 1966)

Código da Insolvência e Recuperação de Empresas (aprovado pelo DL n.º 53/2004, de 18 de Março)

Código das Sociedades Comerciais (aprovado pelo DL n.º 262/86, de 2 de Setembro)

Código do Procedimento Administrativo (aprovado pelo DL n.º 442/91, de 15 de Novembro)

Código do Registo Comercial (aprovado pelo DL n.º 403/86, de 3 de Dezembro)

Código do Trabalho (aprovado pelo DL n.º 99/2003, de 27 de Agosto)

Código dos Valores Mobiliários (aprovado pelo DL n.º 486/99, de 13 de Novembro)

Código do Mercado de Valores Mobiliários (aprovado pelo DL n.º 142-A/91, de 10 de Abril; revogado)

Código Penal (aprovado pelo DL n.º 400/82, de 23 de Setembro)

Constituição da República Portuguesa

DL n.º 178/86, de 3 de Julho (agência)

DL n.º 495/88, de 30 de Dezembro (sociedades gestoras de participações sociais)

DL n.º 20-A/95, de 30 de Janeiro (reprivatização do Banco Português do Atlântico, S.A.)

DL n.º 172/95, de 15 de Abril (sociedades de locação financeira)

DL n.º 149/95, de 24 de Junho (locação financeira)

DL n.º 67/97, de 3 de Abril (sociedade anónimas desportivas)

DL n.º 94-B/98, de 17 de Abril (actividade seguradora)

DL n.º 172/99, de 20 de Maio (warrants autónomos)

DL n.º 453/99, de 5 de Novembro (titularização de créditos)

DL n.º 252/2003, de 17 de Outubro (regime jurídico dos organismos de investimento colectivo)

DL n.º 59/2006, de 20 de Março (obrigações hipotecárias)

Lei da Concorrência (Lei n.º 18/2003, de 11 de Junho)

Regime Geral das Instituições de Crédito e Sociedades Financeiras (aprovado pelo DL n.º 198/92, de 31 de Dezembro)

Regime do Arrendamento Urbano (aprovado pelo DL n.º 321-B/90, de 15 de Outubro; revogado)

Regulamento da CMVM n.º 7/2001 (governo das sociedades cotadas)

Regulamento da CMVM n.º 15/2002 (valores mobiliários convertíveis)

Regulamento da CMVM n.º 3/2006 (ofertas e emitentes)

Regulamento II (Regras de Mercado Não Harmonizadas) da Euronext Lisbon

Comunitária:

Directiva 2004/25/CE do Parlamento Europeu e do Conselho de 21 de Abril de 2004 relativa às ofertas públicas de aquisição

Directiva 2004/39/CE do Parlamento Europeu e do Conselho, de 21 de Abril de 2004 relativa aos mercados de instrumentos financeiros. Altera as Directivas 85/611/CEE e 93/6/CEE do Conselho e a Directiva 2000/12/CE do Parlamento Europeu e do Conselho e revoga a Directiva 93/22/CEE do Conselho

Regulamento (CE) n.º 139/2004 do Conselho de 20 de Janeiro de 2004 relativo ao controlo das concentrações de empresas

Directiva 86/653/CEE do Conselho de 18 de Dezembro de 1986 relativa à coordenação do direito dos Estados-Membros sobre os agentes comerciais

Directiva 2007/36/CE do Parlamento Europeu e do Conselho de 11 de Julho de 2007 relativa ao exercício de certos direitos dos accionistas de sociedades cotadas

Primeira Directiva 68/151/CEE do Conselho, de 9 de Março de 1968, tendente a coordenar as garantias que, para protecção dos interesses dos sócios e de terceiros, são exigidas nos Estados-Membros às sociedades, na acepção do segundo parágrafo do artigo 58.º do Tratado, a fim de tornar equivalentes essas garantias em toda a Comunidade

Regulamento (CE) n.º 1287/2006 da Comissão de 10 de Agosto de 2006 que aplica a Directiva 2004/39/CE do Parlamento Europeu e do Conselho no que diz respeito às obrigações de manutenção de registos das empresas de investi-

Da Conduta (Defensiva) da administração "Opada" 253

mento, à informação sobre transacções, à transparência dos mercados, à admissão à negociação dos instrumentos financeiros e aos conceitos definidos para efeitos da referida directiva
Tratado da União Europeia

Estrangeira:

Aktiengesetz, disponível em:
http://bundesrecht.juris.de/bundesrecht/aktg/gesamt.pdf
Bundesgesetz über die Börsen und den Effektenhandel (Suíça) disponível em: *http://www.admin.ch/ch/d/sr/9/954.1.de.pdf*
Code de Commerce, disponível em: *http://www.legifrance.gouv.fr/affich-Code.do?cidTexte=LEGITEXT000005634379&dateTexte=20080617*
Companies Act 2006, disponível em:
http://www.opsi.gov.uk/acts/acts2006/pdf/ukpga_20060046_en.pdf
Delaware General Corporation Code, disponível em:
http://delcode.delaware.gov/title8/c001/index.shtml
Gesetz über die Überführung der Anteilsrechte an der Volkswagenwerk Gesellschaft mit beschränkter Haftung in private Hand, disponível em:
http://www.gesetze-im-internet.de/bundesrecht/vwgmbh_g/gesamt.pdf
Grundgesetz, disponível em:
http://www.gesetze-im-internet.de/bundesrecht/gg/gesamt.pdf
Indiana Code, disponível em:
http://www.in.gov/legislative/ic/code/
Ley de Sociedades Anónimas, aprovada pelo Real Decreto Legislativo 1564/1989 (22 de Dezembro), disponível, juntamente com as sucessivas alterações em:
http://www.boe.es/g/es/
Ley del Mercado de Valores, disponível em:
http://www.cnmv.es/index.htm
Real Decreto 1197/1991 (26 de Julho; revogado), disponível em:
http://www.boe.es/g/es/
Real Decreto 1066/2007 (27 de Julho), disponível em:
http://www.cnmv.es/index.htm
Securities Exchange Act (1934), disponível em:
http://www.sec.gov/about/laws/sea34.pdf
Securities Exchange Act (1934) Rules, disponíveis em:
http://www.law.uc.edu/CCL/34ActRls/index.html
Statutory Instrument No. 255 (2006) (Irlanda), disponível em:
http://www.entemp.ie/publications/sis/2006/si255.pdf

Testo Unico della Finanza, disponível em: *http://www.consob.it/main/rego-lamentazione/tuf/tuf.html?queryid=main.regolamentazione.tuf&resultmethod=tu f&search=1&symblink=/main/regolamentazione/tuf/index.html*

Übernahmegesetz (Áustria), disponível em:

http://www.takeover.at/Download/UEbG-idF-BGBl-I-Nr-72-2007.pdf

Verordnung der Übernahmekommission über öffentliche Kaufangebote (Suíça), disponível em: *http://www.admin.ch/ch/d/sr/9/954.195.1.de.pdf*

Wertpapiererwerbs- und Übernahmegesetz, disponível em:

http://www.gesetze-im-internet.de/bundesrecht/wp_g/gesamt.pdf

Soft law:

American Law Institute Principles of Corporate Governance (1994), disponível em:

Páginas 113ss da obra de Pedro Caetano Nunes, *Responsabilidade Civil dos Administradores Perante os Accionistas*, Almedina, 2001

City Code on Takeovers and Mergers, disponível em:

http://www.thetakeoverpanel.org.uk/new/codesars/DATA/code.pdf (nota: v. secções 942ss da Companies Act 2006)

Corporate Governance Kodex, disponível em:

http://www.corporate-governance-code.de/ger/download/D_Kodex %202007_final.pdf

Model Business Corporation Act, disponível em *http://www.abanet.org/ buslaw/library/onlinepublications/mbca2002.pdf*

Princípios da OCDE sobre o Governo das Sociedades (2004), disponível em: *http://www.oecd.org/dataoecd/1/42/33931148.pdf*

Übernahmekodex, disponível em:

Die Aktiengesellschaft, 3/1998, 133ss (já não está em vigor)

Recomendações da CMVM sobre o Governo das Sociedades Cotadas (Setembro de 2007), disponível em:

http://www.cmvm.pt/NR/exeres/A81AE03A-59EF-4178-8587-0124F85F0B DF.htm#I.6

OUTRA DOCUMENTAÇÃO

Documentos comunitários:

Proposta alterada de décima terceira directiva do Conselho em matéria de direito das sociedades relativa às ofertas públicas de aquisição (COM(90) 416 final – SYN 186), publicada em:
Jornal Oficial das Comunidades Europeias, n.º C-240, de 26 de Setembro de 1990

Entraves aux Offres Publiques d'Achat ou d'Exchange (SEC (90) 901 final), recebida pelo autor da Comissão Europeia (*sg-acc-doc@ec.europa.eu*)

Proposta de directiva do Parlamento Europeu e do Conselho relativa às ofertas públicas de aquisição (COM/2002/0534 final), disponível em:
http://eur-lex.europa.eu/LexUriServ/LexUriServ.do?uri=OJ:C:2003: 208:0055:0058:PT:PDF

Comunicação da Comissão relativa à Responsabilidade Social das Empresas: um contributo das empresas para o desenvolvimento sustentável (COM(2002) 347 final) , disponível em:
http://eur-lex.europa.eu/LexUriServ/LexUriServ.do?uri=COM:2002:0347: FIN:PT:PDF

Recomendação da Comissão de 15 de Fevereiro de 2005 relativa ao papel dos administradores não executivos ou membros do conselho de supervisão de sociedades cotadas e aos comités do conselho de administração ou de supervisão, disponível em:
http://eur-lex.europa.eu/LexUriServ/LexUriServ.do?uri=OJ:L:2005:052: 0051:0063:PT:PDF

Report on the implementation of the Directive on Takeover Bids, SEC (2007) 268, disponível em:
http://ec.europa.eu/internal_market/company/docs/takeoverbids/2007-02-report_en.pdf

Impact Assessment on the Proportionality between Capital and Control in Listed Companies, SEC(2007) 1705, disponível em: *http://ec.europa.eu/internal_market/company/docs/shareholders/impact_assessment_122007.pdf*

Documentos da CMVM relativos às OPA's sobre a PT/PTM:

(disponível em: *http://www.cmvm.pt/NR/exeres/A017ACA9-6D55-4F0E-BEFB-FEC6F25E7739.htm*)
Resposta da CMVM de 8 de Março de 2006
Resposta da CMVM à Sonaecom de 6 de Abril de 2006
Comunicado da CMVM de 24 de Maio de 2006
Parecer genérico da CMVM sobre os deveres de comportamento na pendência de oferta pública de aquisição (OPA)
Comunicado da CMVM de 21 de Fevereiro de 2007
Comunicado da CMVM de 22 de Fevereiro de 2007

Documentos da CMVM relativos à OPA sobre o BPI:

(disponível em: *http://www.cmvm.pt/NR/exeres/35AF1A5C-9311-4138-B290-63A40772517F.htm*)
Resposta da CMVM ao BCP de 6 de Abril de 2006
Parecer genérico da CMVM sobre os deveres de comportamento na pendência de oferta pública de aquisição (OPA)

Outros Documentos da CMVM:

Consulta Pública sobre o Regime dos Artigos 9.º e 11.º da Directiva relativa às Ofertas Públicas de Aquisição (Consulta Pública n.º 1/2005), disponível em:
http://www.cmvm.pt/NR/exeres/2FBC1994-19A9-4F19-9E8D-CE01CEA8E410.htm (10/6/ 2008)
Ante-Projecto de Diploma de Transposição da Directiva das OPA (Consulta Pública n.º 11/2005), disponível em:
http://www.cmvm.pt/NR/exeres/87AE0518-24D0-484F-9D4F-749DC57632C6.htm
Relatório Final da Consulta Pública n.º 11/2005 sobre o Anteprojecto de diploma de transposição da Directiva das OPA, disponível em:
http://www.cmvm.pt/NR/rdonlyres/A231CE26-2672-4BCB-8C0A-BE3881FD0061/7137/FBStatementDirectivaOPAS.pdf
Governo das Sociedades Anónimas: Propostas de Alteração ao Código das Sociedades Comerciais (Consulta Pública 1/2006), disponível em:
http://www.cmvm.pt/NR/rdonlyres/9A6DF665-B529-426E-B266-75E08A225352/5654/proposta_alter_csc.pdf

Projecto de Articulado das Alterações ao Código das Sociedades Comerciais (Consulta Pública 1/2006), disponível em:

http://www.cmvm.pt/NR/rdonlyres/9A6DF665-B529-426E-B266-75E08A225352/5703/proposta_articulado_csc.pdf

Projecto de Regulamento da CMVM sobre Registo de Investidores Não Qualificados, disponível em:

http://www.cmvm.pt/NR/rdonlyres/A962E000-137B-47CB-9781-DB00CFFC88E1/11359/ProjectoRegulamentoInvestidoresQualificados.pdf

Documentos das oferentes e das visadas relativos às OPA's sobre a PT/PTM:

(disponíveis em: *http://www.cmvm.pt/NR/exeres/A017ACA9-6D55-4F0E-BEFB-FEC6F25E7739.htm*)

Anúncio Preliminar (PT) de 6 Fevereiro 2006

Anuncio Preliminar (PTM) de 7 de Fevereiro de 2006

Comunicado da PT de 7 de Fevereiro de 2006

Comunicado da PTM de 8 de Fevereiro de 2006

Requerimento da Sonaecom de 6 de Março de 2006

Relatório da Administração da PT de 6 de Março de 2006

Relatório da Administração da PTM de 6 de Março de 2006

Apresentação da PT a Investidores de Março de 2006

Apresentação da Sonaecom a Investidores de Março de 2006

Convocatória para a Assembleia Geral da PT a realizar no dia 21 de Abril de 2006

Convocatória para a Assembleia Geral da PTM a realizar no dia 19 de Abril de 2006

Comunicado da PT de 19 de Abril de 2006

Comunicado da PTM de 19 de Abril de 2006

Comunicado da PT de 3 de Agosto de 2006

Requerimento da Sonaecom de 20 de Novembro de 2006

Comunicado da PT de 28 de Dezembro de 2006

Anúncio de Lançamento (PT) de 12 de Janeiro de 2007

Prospecto (PT) de 12 de Janeiro de 2007

Anúncio de Lançamento (PTM) de 12 de Janeiro de 2007

Prospecto (PTM) de 12 de Janeiro de 2007

Convocatória para a Assembleia Geral da PT a realizar em 2 de Março de 2007

Relatório da Administração da PT de 20 de Fevereiro de 2007

Comunicado do Presidente Mesa da Assembleia Geral da PT de 20 de Fevereiro de 2007

Comunicado do Presidente Mesa da Assembleia Geral da PT de 22 de Fevereiro de 2007

Aditamento ao Relatório do Conselho de Administração da PT de 27 de Fevereiro de 2007

Comunicado da PT de 2 de Março de 2007

Documentos das oferentes e da visada relativos à OPA sobre o BPI:

(disponíveis em: *http://www.cmvm.pt/NR/exeres/35AF1A5C-9311-4138-B290-63A40772517F.htm*)

Anúncio Preliminar (BPI) de 13 Fevereiro de 2006

Comunicado do BCP de 15 de Fevereiro de 2006

Comunicado do BPI de 15 de Março 2006

Convocatória para a Assembleia Geral do BPI a realizar no dia 20 de Abril de 2006

Anúncio de Lançamento (BPI) de 5 de Abril de 2007

Prospecto (BPI) de 5 de Abril de 2007

Relatório da Administração do BPI de 10 de Abril de 2006

Comunicado do BPI de 20 de Abril de 2006

Comunicado do BPI de 30 de Novembro de 2006

Convocatória para Assembleia Geral do BPI a realizar em 19 de Janeiro de 2007

Comunicado do BPI sobre Deliberações da Assembleia Geral de 19 de Janeiro de 2007

Relatório da Administração do BPI de 26 de Abril de 2007

Outros documentos:

Assembleia geral da PT com 67,4 por cento dos votos dos accionistas, nota disponível em: *http://dossiers.publico.pt/noticia.aspx?idCanal=1647&id=1287158*

Comunicado da PT de 27 de Abril de 2007, disponível em: *http://web3.cmvm.pt/sdi2004/emitentes/docs/FR13118.pdf*

Comunicado do BCP de 7 de Agosto de 2007, disponível em: *http://web3.cmvm.pt/sdi2004/emitentes/docs/FR14590.pdf*

Comunicado do BPI de 14 de Novembro de 2006, disponível em: *http://web3.cmvm.pt/sdi2004/emitentes/docs/FR11117.pdf*

Comunicado do BPI de 4 de Maio de 2007, disponível em: *http://web3.cmvm.pt/sdi2004/emitentes/docs/PQ13218.pdf*

Comunicazione Consob n.° DIS/99085578 (19 de Novembro de 1999), disponível em:

Le Società, 3, 2000, 359

Decisão Não Confidencial da Autoridade da Concorrência no Processo AC - I - 8/2006- Sonaecom/PT, disponível em:

http://www.concorrencia.pt/Download/2006_08_final_net.pdf

GM devolve 18 milhões ao Estado, notícia do:

Expresso, Caderno de Economia, de 8 de Junho de 2008, página 8

Informação sobre Programa PT de *share buy-back*, disponível em: *http://ir.telecom.pt/InternetResource/PTSite/PT/Canais/Investidores/Cotacoes/ca pital+social/capsoc.htm*

OPA de Berardo coloca em causa transferências de jogadores, notícia do:

Jornal de Negócios de 19 de Junho de 2007, página 25

Orientação Geral dos Serviços da Autoridade de Concorrência definidos pelo seu Conselho e relativas às alterações à Lei n.° 18/2003, introduzidas pelo Decreto-Lei n.° 219/2002, de 2 de Novembro, disponível em:

http://www.concorrencia.pt/download/AvaliacaoPrevia_concentracoes.pdf

Regierungsentwurf eines Übernahmegesetzes, disponível em:

Zeitschrift für Wirtschaftsrecht (ZIP), 21/2001, 1262ss

The Panel on Takeovers and Mergers. Consultation Paper. The Implementation of the Takeover Directive. Proposals Relating to Amendments to be Made to the Takeover Code (PCP 2005/5; 18 November 2005), disponível em:

http://www.thetakeoverpanel.org.uk/new/consultation/DATA//PCP%20200 505.pdf

Trabalhos Preparatórios do Código dos Valores Mobiliários, Ministério das Finanças – Comissão do Mercado de Valores Mobiliários, 1999

Outros documentos societários:

Estatutos da Brisa – Auto-Estradas de Portugal, S.A., disponíveis em:
http://www.brisa.pt/Brisa/vPT/Investidores/Governo+da+Sociedade/Estatutos/

Estatutos do BCP, disponíveis em: *http://www.millenniumbcp.pt /pubs/pt/grupobcp/quemsomos/contratodesociedade/*

Estatutos do BPI, disponíveis em:
http://bpi.bancobpi.pt/index.asp?riIdTopo=7

Estatutos da EDP – Energias de Portugal, S.A., disponíveis em: *http://www.edp.pt/EDPI/Internet/PT/Group/CorporateGovernance/ByLawsAn dInternalRegulations/Estatutos/Bylaws.htm*

Estatutos da Galp Energia, SGPS, S.A., disponíveis em:

http://investor.relations.galpenergia.com/NR/rdonlyres/14B04D10-F344-41E1-92C0-DD57919A1FF3/0/Estatutos_Galp_Energia.pdf

Estatutos da PT, disponíveis em:

http://www.portugaltelecom.pt/NR/rdonlyres/CC4220E2-E6C7-49F9-BC2C-B8378EA2995A/1423980/Bylaws_PTSGPS_P1_081210.pdf

Estatutos da Sonae-SGPS, S.A., disponíveis em

http://www.sonae.pt/files/mdocs/mdoc253_estatutos.pdf

Relatório e contas do Banco Santander Totta, S.A. (2006), disponível em;

http://web3.cmvm.pt/sdi2004/emitentes/docs/PC14031.pdf

Relatório e contas do BPI (2004), disponível em: *http://web3.cmvm.pt/sdi2004/emitentes/docs/PC5996.pdf*

Relatório e contas do BPI (2005), disponível em: *http://web3.cmvm.pt/sdi2004/emitentes/docs/PC9438.pdf*

Relatório e contas da Caixa Geral de Depósitos, S.A. (2006), disponível em: *http://web3.cmvm.pt/sdi2004/emitentes/docs/PC13312.pdf*

Relatório e contas do Banco Espírito Santo, S.A. (2006), disponível em: *http://web3.cmvm.pt/sdi2004/emitentes/docs/PC12959.pdf*

Relatório e contas do BCP (2006), disponível em:

http://web3.cmvm.pt/sdi2004/emitentes/docs/PC14078.pdf

DEFINIÇÕES

Administração	— Órgão de administração
AkG	— Aktiengesetz (Lei das sociedades anónimas alemã)
Art(s).	— Artigo(s)
BJR	— *Business judgement rule*
BCP	— Banco Comercial Português, S.A.
BPI	— Banco BPI, S.A.
City Code	— City Code on Takeovers and Mergers
CMVM	— Comissão do Mercado de Valores Mobiliários
CC	— Código Civil
CRP	— Constituição da República Portuguesa
CSC	— Código das Sociedades Comerciais
CVM	— Código dos Valores Mobiliários
DL	— Decreto-Lei
N.º	— Número
Parecer Genérico da CMVM	— Parecer genérico da CMVM sobre os deveres de comportamento na pendência de oferta pública de aquisição (OPA)
Princípios da ALI	— American Law Institute Principles of Corporate Governance (1994)
PT	— Portugal Telecom, SGPS, S.A.
PTM	— PT – Multimédia, SGPS, S.A. (hoje ZON- Multimédia, SGPS, S.A.)
Reforma Societária	— Reforma do CSC, implementada pelo DL n.º 76-A/2006, de 29 de Março

Sociedade cotada	— Sociedade que tenha valores mobiliários admitidos à negociação em mercado regulamentado[466].
S(s)	— Seguinte(s)
V.	— *Vide*
V.g.	— *Verbi gratia*
WpÜG	— Wertpapiererwerbs- und Übernahmegesetz (Lei das OPAs alemã)

---

[466] O conceito de "mercado regulamentado" é definido no art. 4.º/1(14) da Directiva 2004/39/CE do Parlamento Europeu e do Conselho, de 21 de Abril de 2004 relativa aos mercados de instrumentos financeiros. [E que] Altera as Directivas 85/611/CEE e 93/6/CEE do Conselho e a Directiva 2000/12/CE do Parlamento Europeu e do Conselho e revoga a Directiva 93/22/CEE do Conselho. Veja-se em sentido naturalmente similar o art. 199.º do CVM, que transpôs essa definição para o ordenamento português. Mas neste trabalho incluir-se-á também sob a definição de "sociedade cotada" sociedades que tenham valores mobiliários admitidos à negociação em mercados sujeitos a princípios similares aos dos mercados regulamentados, mas localizados em jurisdições extra-comunitárias, *maxime* norte-americanas.

ERRATA

Na página 221 na 4.ª linha do 3.º parágrafo *onde se lê* ... a eficácia do acto deixa... *deveria ler-se* ... a ineficácia do acto deixa...

Na página 223 na 6.ª linha do 1.º parágrafo *onde se lê* ... se a mesma não tiver sido bem sucedida. *deveria ler-se* ... se a mesma tiver sido bem sucedida.

Na página 228 na última linha do 4.º parágrafo *onde se lê* ... se a mesma não tiver sido bem sucedida. *deveria ler-se* ... se a mesma tiver sido bem sucedida.